Explorando la Santidad Cristiana

Tomo 3
Los Fundamentos Teológicos

Tomo 1

Los Fundamentos Bíblicos
por W. T. Purkiser, Ph.D.

Tomo 2

Los Fundamentos Históricos
por Paul M. Bassett, Ph. D., y
William M. Greathouse, M.A., D.D.

Tomo 3

Los Fundamentos Teológicos
por Richard S. Taylor, Th.D.

Explorando la Santidad Cristiana

Tomo 3
Los Fundamentos Teológicos

Por
Richard S. Taylor, Th.D.

CASA NAZARENA DE PUBLICACIONES

Copyright © 1999
Beacon Hill Press of Kansas City

Titulo Original:
Exploring Christian Holiness, Volume 3
By Richard Taylor
Copyright © 1985
Published by Beacon Hill Press of Kansas City
A division of Nazarene Publishing House
Kansas City, Missouri 64109 USA

This edition published by arrangement
with Nazarene Publishing House
All rights reserved

Todos los derechos quedan reservados conforme a la ley.

Todas las citas bíblicas han sido tomadas de la versión Reina Valera 1995.

Traductor: H. T. Reza

Tapa suave
Volume 1 (paperback) 978-1-56344-137-0
Volume 2 (paperback) 978-1-56344-138-7
Volume 3 (paperback) 978-1-56344-139-4

Contenido

Introducción	9
Raíces Históricas	11
CAPÍTULO 1: EL SIGNIFICADO DE LA SANTIDAD DE DIOS	13
I. La Santidad, el Atributo Primario	14
A. La Santidad y Otros Atributos	14
B. La Santidad como Justicia	14
C. Santidad y Soberanía	16
II. La Santidad y la Creación	17
A. El Orden Natural	17
B. El Mundo del Ser Personal	17
III. La Santidad y la Providencia	18
A. La Libertad de la Acción de Dios	18
B. La Moralidad de los Métodos de Dios	19
C. La Santidad Divina y la Providencia Personal	22
IV. La Santidad y el Juicio	23
A. *Los Requisitos Impuestos por la Santidad*	24
B. El Modo Divino de Juicio	26
CAPÍTULO 2: LA SANTIDAD EN EL HOMBRE	30
I. La Naturaleza y el Destino del Hombre	30
A. Un Ser Unico	30
B. El Destino del Hombre	31
C. La Imagen Divina	32
II. La Santidad en el Hombre como Ser Creado	34
A. La Santidad y la Naturaleza Humana	34
B. La Santidad Original	35
C. Una Santidad Subética	38
III. La Santidad en el Hombre como Ser Redimido	40
A. La Sustancia Interna	40
B. El Aspecto Formal de la Santidad	44
CAPÍTULO 3: LA MALDAD DEL HOMBRE	48
I. El Primer Pecado	49
A. ¿Por Qué se Dio la Tentación?	49
B. ¿Por Qué Intervino la Serpiente?	51
C. La Sicología de la Caída	52
D. La Gran Estafa de Satanás	55
E. Los Efectos Personales del Pecado	57

II. El Significado del Pecado 58
  A. Las Notas Esenciales del Pecado 58
  B. El Veredicto de la Escritura 62
  Sumario 66
Apéndice: Actitudes y Prácticas Condenadas en el Nuevo Testamento 66

CAPÍTULO 4: LOS EFECTOS RACIALES DE LA CAÍDA 71

I. Teorías del Pecado Racial 71
  A. Teoría del Medio Ambiente 71
  B. Teoría de la Finitud 73
  C. Teoría del Desarrollo 73
  D. Agustinianismo 75
  E. Pelagianismo 77
  F. Arminianismo Wesleyano 79

II. Evidencias de la Pecaminosidad Innata 81
  A. Evidencia Bíblica 81
  B. Evidencia Empírica 84

III. La Naturaleza del Pecado Innato 89
  A. Terminología 90
  B. Depravación por Privación 90
  C. La Incapacidad y el Libre Albedrío 91
  D. La Cuestión de la Culpa 91
  E. La Depravación Moral y Amoral 92
  F. El Problema Genético 95
  G. Un Pecado Subético 98
  H. Lo Substantivo y lo Relacional 99
  I. El Pecado Innato y la Voluntad 99
  Sumario 100

CAPÍTULO 5: LA PROVISIÓN DE DIOS EN CRISTO 105

I. La Santidad Demostrada 106
  A. Cristo como Modelo 106
  B. La Santidad y la Naturaleza Humana 108

II. La Santidad y la Cruz 108
  A. La Santificación en la Expiación 108
  B. El Principio Vital 109
  C. Teorías de la Expiación 110

III. La Santidad y el Nuevo Pacto 113
  A. La Ley Internalizada 113
  B. Librados de la Ley 114

CAPÍTULO 6: EL PENTECOSTÉS Y EL MINISTERIO DEL ESPÍRITU 120

I. Privilegios de Salvación antes del Pentecostés 121
  A. El Calvario como Punto Central 121
  B. ¿Fue Regeneración? 122

II. El Dispensacionalismo de Wesley y de Fletcher	123
A. Tres Dispensaciones	124
B. Personal así como Histórico	124
C. Ni Opcional ni Reversible	126
III. El Pentecostés como Evento de la Iglesia	126
A. La Información Bíblica	126
B. El Bautismo del Espíritu para la Iglesia	127
IV. El Pentecostés en su Novedad Radical	129
A. En Contraste con Jesucristo	129
B. En Novedad de Privilegio	129
C. El Pentecostés y el Reino	134
Capítulo 7: Nacer del Espíritu: Santificación Inicial	**138**
I. Requisitos del Nuevo Nacimiento	138
A. Despertamiento	138
B. Arrepentimiento	139
II. Concomitantes del Nuevo Nacimiento	141
A. Justificación, Regeneración, Adopción	142
B. Santificación Inicial	142
III. Total, pero Parcial	144
A. Total	144
B. Parcial	145
IV. El Nacimiento por el Espíritu	146
A. Una Presencia Inicial	146
B. Pero no Es Plenitud del Espíritu	146
C. Un Don Dual	147
V. Más allá del Nuevo Nacimiento	148
A. Crisis y Proceso	148
B. La Teología de la Segunda Obra	149
Apéndice: Las Dos Naturalezas	153
Capítulo 8: El Bautismo con el Espíritu Santo:	
La Entera Santificación	**158**
I. Lenguaje y Terminología	159
A. Nomenclatura del Bautismo	159
B. Los Términos como Modelos	160
II. Facetas de la Plenitud del Espíritu	161
A. Perfección Cristiana	161
B. Amor Perfecto	162
C. Investidura de Poder	163
D. Pureza de Corazón	164
E. Entera Santificación	166

Capítulo 9: La Experiencia de la Santidad del Corazón — 172

I. Requisitos que Debemos Cumplir — 172
   A. Arrepentimiento en los Creyentes — 173
   B. Primacía de la Oración — 174
   C. Intensidad del Deseo — 175
   D. Consagración — 175

II. El Catalizador de la Fe — 179
   A. El Lugar de la Fe — 179
   B. El Enigma de la Fe — 180

III. Evidencias de la Plenitud del Espíritu — 186
   A. El Testimonio del Espíritu — 186
   B. ¿Son las Lenguas la Evidencia? — 186
   C. La Evidencia del Cambio — 187
   Sumario — 189

Capítulo 10: La Vida de Santidad — 192

I. Una Vida Llena del Espíritu — 192
   A. El Espíritu y el Yo — 193
   B. El Espíritu y Cristo — 199
   C. Los Dones del Espíritu — 200

II. Una Vida de Amor — 203
   A. La Naturaleza del Amor como Don — 203
   B. Facetas del Amor — 204
   C. Amor Perfecto, pero Limitado — 208
   D. Un Amor Creciente — 209

III. Una Vida Justa — 212
   A. La Demanda Etica — 212
   B. El Entrenamiento de la Conciencia — 213
   C. La Santidad y los Asuntos Sociales — 215

Capítulo 11: La Guerra Santa — 219

I. La Lucha Interna — 220
   A. La Santidad y el Pecado — 220
   B. La Lucha con la Tentación — 223
   C. Cómo Derrotar al Enemigo — 226

II. Proseguimos a la Madurez — 229
   A. La Disciplina en la Vida del Santificado — 229
   B. La Sabiduría para Enfrentar las Circunstancias — 230
   C. Lo Carnal y lo Humano — 234
   D. Las Señales de Crecimiento — 237

Bibliografía — 243
Indice de Temas — 253
Indice de Personas — 259
Indice de Referencias Bíblicas — 262

Introducción

Esta porción de nuestro estudio en tres partes es un intento de presentar sistemáticamente la doctrina de la santidad como un todo coherente. Por tanto, difiere de la exégesis sinóptica del primer tomo y del estudio histórico del segundo. En una presentación tal, es necesario mencionar muchas otras doctrinas, pero sólo una teología sistemática completa podría discutir a fondo estas doctrinas relacionadas. Estas estarán entretejidas en este estudio sólo cuando se relacionen a nuestro tema principal, la santidad. Aun la justificación y la regeneración, así como temas como el mal y la providencia, se tratan primordialmente en relación a la santidad. El libro incluye un estudio de la expiación, aunque no se intenta hacer una exposición completa de ella. Si alguien desea investigar a fondo estos temas, debe examinar los tres volúmenes de *Christian Theology* de H. Orton Wiley, u otra fuente similar.

Muchos de los temas en el desarrollo principal podrían usarse como monografías separadas, tales como la santidad y la ética social y, por supuesto, la santidad y la cultura. Algunos aspectos sicológicos de la santidad merecen atención más cuidadosa. Sin embargo, si la santidad ha de experimentarse como un privilegio de gracia, en vez de ser meramente un tema de especulación, debemos mostrar su lugar central en el plan de salvación y la forma de alcanzarla. Este ha sido el objetivo constante y supremo en nuestro método de tratamiento.

Por esta razón, la santidad se ha tratado, no como un ideal que se deba elogiar, sino como una relación con Dios y un estado del alma que se deben gozar. La clave no es el tiempo, sino la fe. Los ideales (si tienen algún valor) representan normas a las que aspiramos. El concepto tiene que ver con el crecimiento en la gracia y con la madurez del carácter cristiano. Sin embargo, la santidad es una experiencia del corazón que está asequible —de hecho, es obligatoria— ahora mismo. Aquella "santidad" que se ubica en un terreno ilusorio de ideas efímeras, pronto es interpretada en forma romántica y humanista, y deja de ser evangélica o bíblica.

Una palabra más debe decirse para proveer la clave del esquema general. La doctrina de la santidad se presenta en un trasfondo trinitario. Principiamos con la santidad de Dios. De la consideración de Dios como Creador emergen lógicamente nuestra antropología y hamartiología, las doctrinas del hombre y del pecado. A esto le sigue un estudio del Dios Hijo, respecto a la relación de su Persona y de su misión con las posibilidades de gracia para el pecador.

Es inevitable que prosigamos luego con la obra soteriológica especial del Espíritu Santo, la tercera Persona de la Trinidad. El es "la fuente grandiosa de santidad para su iglesia", dice Wesley. Y agrega: "El Espíritu Santo es el principio básico de la conversión y de la entera santificación de nuestros corazones y vidas".[1] Por lo tanto, el ministerio regenerador y santificador del Espíritu domina necesariamente la mayor parte del desarrollo. El nacimiento en el Espíritu, el bautismo con el Espíritu que Cristo otorga al creyente, y la vida en el Espíritu se convierten en los temas principales, con otros como la santificación y el amor perfecto incluidos en ellos. Estos son posibles y significativos sólo como ministraciones del Espíritu y, como tales, forman parte de la provisión redentora de Cristo.

Al exponer doctrina, especialmente en el área de la soteriología, es propio desplegar una dosis generosa de humildad, porque las formulaciones dogmáticas de la experiencia cristiana son intentos de describir la forma en que parecen efectuarse las enseñanzas implícitas y explícitas de las Escrituras. En éstas se entretejen la doctrina y la experiencia, no sólo en las porciones más históricas, como Hechos, sino en las porciones más didácticas, como las epístolas. Los sumarios relativos a las creencias de las etapas y procesos de la experiencia, emanan del estudio de este compuesto de información de doctrina y experiencia. El resultado es una doctrina descriptiva que dice: Así es como sucede.

En aquello en que la Biblia es explícita, la teología puede decir: De esta manera debe suceder. Por ejemplo, el arrepentimiento debe ser la base de la fe, la fe debe ser la base de las obras, y así sucesivamente. Pero cuando la soteriología de la Biblia es implícita, en vez de explícita, la teología sólo puede decir: De esta manera se experimenta generalmente. El dogma, entonces, debe considerarse como guía, no como camisa de fuerza. Se aproxima a ser la norma, pero no puede describir verbalmente cada variación personal en la experiencia de la norma percibida. Puede pronunciar juicio sobre experiencias que obviamente no son cristianas ni bíblicas, pero no puede establecer reglas sobre cada detalle respecto a la manera en que personas diferentes son guiadas por el Espíritu a la santidad y más allá.

—Richard S. Taylor

Raíces Históricas

Las raíces de esta teología de santidad pueden hallarse en numerosos terrenos denominacionales. El campo incluye el abundante desarrollo de conceptos doctrinales del siglo XIX, pero incluye también a los Wesley y su siglo. Es más, incluye a los precursores de Wesley hasta los apóstoles, como puede verse en el tomo 2. Más importante aún, incluye la Biblia, como puede verse en el tomo 1. Pero ninguna declaración resume con mayor exactitud las posiciones de este tomo, que la declaración de la misión de la Iglesia del Nazareno, fundada en Los Angeles por Phineas F. Bresee en octubre de 1895. Tal declaración fue reiterada en el *Manual* de 1908 de la Iglesia Pentecostal del Nazareno que acababa de organizarse:

> Estas personas estaban convencidas de que habían sido llamadas por Dios a la santidad, para enseñar a otros la doctrina, y para guiarlos a la experiencia de la entera santificación. Estaban convencidas, tanto por las enseñanzas de las Sagradas Escrituras como por su propia experiencia, de que la entera santificación implica necesariamente una segunda obra de gracia divina que se recibe por fe en Cristo, y es efectuada por el Espíritu Santo. Estaban convencidas de que la pureza de corazón, con la santidad de vida, es la voluntad de Dios en Cristo Jesús para todos sus hijos y respecto a sus hijos. Estaban convencidas de que los creyentes así santificados, seguirán el ejemplo de Cristo, de predicar el evangelio a los pobres, una obra a la cual se sentían especialmente llamados.[2]

NOTAS BIBLIOGRÁFICAS

1. *The Works of John Wesley* (London: Wesleyan Conference Office, 1872; reimp., Kansas City: Nazarene Publishing House, 1978), 11:420; en adelante *Works*.

2. *1908 Manual of the Pentecostal Church of the Nazarene* (Los Angeles: Nazarene Publishing Co., 1908), pp. 11-12.

1

El Significado de la Santidad de Dios

En el tomo 1 se presentó la enseñanza básica de las Escrituras acerca de la santidad. Queda por considerarse la vasta importancia de la santidad divina en la relación redentora de Dios con el hombre. Sólo al comprender la santidad divina entenderemos por qué el hombre debe ser santo, o entenderemos en parte lo que debe ser esta santidad en el hombre (Lv. 18—19; Is. 6:1-6; 1 P. 1:15-16).

En la naturaleza el hombre puede ver, si quiere, "lo invisible de [Dios], su eterno poder y su deidad" (Ro. 1:20). El mundo que nos rodea, y de cierto los cielos que nos cubren, llevan para el creyente el sello de un Dios cuyo poder está fuera del alcance de toda computación, y cuya actividad es solitaria y trascendente. La contemplación de un Dios tal siempre ha inspirado reverencia y temor.

Pero para llenar los vacíos en nuestra comprensión, y entender el carácter personal de Dios y sus pensamientos acerca del hombre, debemos seguir el desarrollo de sus palabras y obras registradas en la Biblia. El punto culminante y la perfección de la autorrevelación de Dios está en Cristo Jesús, la "imagen misma de su sustancia" (Heb. 1:3; véase Col. 1:15-19).[1]

El conocimiento correcto acerca de Dios no nos asegura una relación personal con El, sin embargo, es esencial. Pues es inevitable que nuestras ideas de Dios moldeen nuestra experiencia religiosa, lo que puede resultar en verdad o falsedad. "Mostradme a vuestros dioses", dijo E. Stanley Jones, "y yo os mostraré a vuestros hombres".

Si nuestra imagen de Dios es la de un déspota cruel, un policía con ojos de águila, un abuelo consentidor, o quizá un duende caprichoso y travieso, nuestros sentimientos hacia El estarán condicionados a esa imagen. Nuestro concepto erróneo producirá ya sea temor mezclado con resentimiento, o presunción, irreverencia e indiferencia. Por otro lado, ver a Dios como El es verdaderamente, tal como se revela en las Escrituras y se refleja en Cristo, engendrará tanto reverencia como amor, absoluto respeto y adoración total. La verdad es que debemos aprender reverencia antes de concedérsenos el derecho a aprender intimidad. Por tanto, necesitamos contemplar a Dios. "Debemos conocer a Aquel delante de quien estamos".[2]

I. La Santidad, el Atributo Primario

A. La Santidad y Otros Atributos

Como atributo divino, ¿es la santidad igual a los otros atributos, y está al mismo nivel de ellos? La mayoría de los teólogos dicen que no, y ven la santidad como la cualidad moral de todos los atributos de Dios.[3] H. Orton Wiley dice: "Podemos decir, entonces, que la santidad pertenece a la naturaleza esencial de Dios en un sentido más profundo que meramente como un atributo entre otros".[4] En todo lo que El es en sí mismo y en sus relaciones, es penetrante y perfectamente santo. Esto es tan básico, que P. T. Forsyth pudo decir: "La santidad de Dios es el principio fundamental, no sólo de nuestra adoración, sino de su total revelación salvadora y régimen de amor. Es el principio moral, tanto del amor como de la gracia. Es el contenido del amor".[5]

B. La Santidad como Justicia

El concepto del Antiguo Testamento de la santidad divina como resplandor, separación y pureza se ha discutido ya en el tomo 1. En este punto es necesario recalcar otra vez la naturaleza ética de la santidad de Dios. Sería posible concebir el resplandor, la separación y la pureza desde el punto de vista amoral. Aun un potentado terrenal podría tener la "santidad" de gran esplendor, de inaccesibilidad, y aun de "pureza" en un sentido ceremonial, todo, sin tener la bondad esencial del carácter moral. Pero como declara Turner, la Biblia nunca permite tal concepto de la santidad de Dios, vacío de moralidad.[6] Más radiante, separado y puro que cualquier otro ser, Dios es primordialmente bondad radiante, separado del mal, y puro en rectitud absoluta. La percepción ética de Dios es inescapablemente penetrante en el Antiguo Testamento. Harold B. Kuhn escribe:

> No responde a las realidades del uso del Antiguo Testamento afirmar que la "santidad" era originalmente una categoría neutral en lo moral, que connotaba una cualidad sobrenatural o misteriosa que despertaba un sentido de temor reverente. Tal punto de vista, al que se le dio forma clásica en el libro de Rudolf Otto, *The Idea of the Holy* (La idea de lo santo), se basa en una reinterpretación radical de la historia de la religión de Israel, un reajuste que está lejos de justificarse en forma evidente.[7]

Pero, ¿es la santidad de Dios una autosujeción voluntaria a la rectitud inherente que El encuentra en la "naturaleza de las cosas"? Si esto fuera verdad, El estaría sujeto a una autoridad fuera de sí mismo, y lo absoluto de El se disolvería en alguna forma de dualismo metafísico. Gordon H. Clark dice:

> Platón y Leibnitz intentaron concebir a Dios como subordinado a principios moralmente independientes. Después limitaron a Dios a una realidad externa en relación a El. No hay tal punto de vista en la Biblia. La más elevada norma de moralidad es la ley de Dios. Es el mandato de Dios lo que hace una acción buena o mala.[8]

Sin embargo, afirmar que la voluntad de Dios crea el bien o el mal en forma caprichosa o arbitraria sería acentuar demasiado el poder éticamente definitivo de la voluntad divina. La voluntad de Dios es siempre la expresión de la totalidad de su naturaleza, que incluye sabiduría, justicia, verdad y amor. Hay una coherencia interna y una armonía que definen la naturaleza divina. Dios no actuará en contra de sí mismo, y en cierto sentido no puede hacerlo. Por tanto, aunque podemos decir que lo justo es lo que Dios manda, podemos decir igualmente que El lo manda porque es justo. "El Juez de toda la tierra, ¿no ha de hacer lo que es justo?", arguyó Abraham (Gn. 18:25).

La santidad de Dios es tal, que es inviolable. Además, hay una intensidad moral en la santidad de Dios que hace imposible la tolerancia de la falta de santidad. "Porque nuestro Dios es fuego consumidor" (Heb. 12:29; véase Dt. 4:24; 9:3; Is. 33:14; 2 Ts. 1:7-8; Heb. 10:27, 31). Esta intolerancia de todo mal es, por un lado, la base fundamental de la necesidad de la expiación, y por el otro, el requisito de santidad real en seres que fueron creados morales. "Sed santos, porque yo soy santo" es la lógica inalterable de la naturaleza divina (1 P. 1:16; véase Lv. 11:44-45; 19:2; 20:7).

C. Santidad y Soberanía

La soberanía no es sólo el derecho inherente de Dios para gobernar, sino también el ejercicio continuo y sin impedimento de ese derecho. La soberanía de Dios no es afectada ni por su autolimitación voluntaria, una limitación que se acomoda al libre albedrío del hombre que ha sido ordenado por la soberanía misma de Dios. Dios eligió, por tanto, crear un ser moral, capaz de actuar moralmente independiente (ya sea en forma creativa o destructiva), y sostener con ese ser una relación flexible, caracterizada por un respeto total a las facultades creadas y delegadas.

Esto no significa, sin embargo, que Dios haya renunciado a sus derechos como Rey, o que los haya disminuido. El declara su soberanía sobre la criatura, tanto sobre el ser libre como el que no lo es. En esta declaración, El demanda y espera obediencia. Tal soberanía es ejercida en la promulgación de leyes para gobernar la conducta del hombre. Se manifiesta igualmente en la prerrogativa de Dios para juzgar, para pedirle cuentas a la criatura por la manera en que ésta acepta la soberanía divina o se rebela contra ella.

La autolimitación de Dios, por tanto, no consiste en privación voluntaria de sus derechos, sino en refrenarse de hacer respetar estos derechos por compulsión universal. Al hombre se le pedirán cuentas, y la rebelión resultará en castigo. Pero el castigo se impone después del evento; esto es, presupone que el culpable actuó con libertad. El don de la libertad es dado soberanamente, así como los términos (en forma de pacto) son impuestos para ser ejercidos en forma apropiada, incluyendo las recompensas por el buen uso y los castigos por el mal uso. La libertad es real, pero en ninguna forma debilita la soberanía de Dios. En esa forma se armonizan los conceptos de libertad de la criatura y de la soberanía divina.

Pero la santidad de Dios determina y asegura la veracidad de estas notas básicas en la soberanía divina. La santidad es aquella integridad que no permite ni siquiera pensar en una soberanía imprevisible. La soberanía que no es santa podría convertirse en tiranía al alterar caprichosamente los términos, ya sea cancelando la libertad o cambiando las recompensas y los castigos. Esto resultaría en caos en el gobierno moral.

Dondequiera que la teología hace de la soberanía divina la piedra angular de su sistema en lugar de la santidad divina, se equivoca de senda. Mera soberanía engendra, no la libertad gozosa de los hijos de Dios, sino el lazo abyecto y sin voz de la esclavitud.

Si asociar la idea de tiranía y Dios parece blasfemia, es sólo porque intuitivamente presuponemos la bondad esencial y absoluta de Dios. Comprendemos que la soberanía se deriva tan verdaderamente de la santidad de Dios, como de sus derechos de creación. Una soberanía que no se base en la santidad, sería una tragedia inconcebible para todos los seres creados. Una criatura que no puede adorar a Dios con la convicción de que es santo, no puede obedecerlo amorosamente como soberano. La mente no puede descansar en la contemplación de obediencia sin amor, o de temor sin devoción. Afortunadamente se nos evita tal dolor con esta certeza: "Tu trono, Dios, por los siglos de los siglos. Cetro de equidad es el cetro de tu Reino" (Heb. 1:8), y "él es la Roca, cuya obra es perfecta, porque todos sus caminos son rectos. Es un Dios de verdad y no hay maldad en él; es justo y recto" (Dt. 32:4; véase Ap. 15:4).

II. La Santidad y la Creación

La doctrina de la creación, fundamental para el cristianismo, es la afirmación de que el universo, y todas las cosas en él, deben su existencia directa y solamente al poder de Dios. Esto se aplica también al universo material y al universo espiritual, esto es, al ser personal. Esta última categoría se extiende a los ángeles, demonios, hombres, y cualquier otra entidad inteligente que pudiera existir.

A. El Orden Natural

Sería inconcebible que el poder creativo de Dios fuera ejercido en forma incompatible con su santidad. Esto quiere decir que lo que Dios creara, reflejaría su propio carácter. La simetría, el equilibrio, lo completo de su ser, la integridad, la benevolencia —atributos todos de la santidad de Dios— serían transmitidos al orden natural. Por tanto, cuando leemos que a cada paso de la creación "vio Dios que era bueno" (Gn. 1:4, 10, 12, 18, 21, 25, 31), debemos entender que fue más que perfección mecánica u orgánica; fue la inversión de valía. Dios vio el reflejo de sí mismo. El orden primitivo fue bueno en su propósito, que fue glorificar a Dios y proveer habitación adecuada para el hombre. Y fue también bueno en su pureza, esto es, estaba libre de desequilibrio o discordia.[9]

B. El Mundo del Ser Personal

En las Escrituras es evidente que Dios creó no sólo al hombre, sino también a los seres espirituales llamados ángeles. Es igualmente evidente que en el universo hay seres espirituales malévolos llamados demonios. La santidad de Dios excluye la creación de seres malévolos. Por tanto, si el hombre o los espíritus son malos, esa maldad tuvo que haber sido autoinducida después que Dios completó su obra. Es más, en ningún sentido se puede culpar a Dios por esta deformación.

Esto fuerza a introducir en el cuadro el concepto del pecado como antítesis de la santidad. También nos ayuda principiar con ciertas verdades axiomáticas de una religión bíblica. (1) Dios y su creación están interrelacionados, pero no debemos confundirlos ni equiparar Uno con otra. El punto de vista cristiano no es deísta, panteísta ni panenteísta, sino teísta. Esto es, Dios es Totalmente Otro y es trascendente; no obstante, es también inmanente (cerca y en cada uno de los miembros de su pueblo): "Dios soy, no hombre; soy el Santo en medio de ti" (Os. 11:9). Además, (2) el mundo de las cosas, del hombre y de los espíritus no es el producto de un mecanismo de causa y efecto, sino creación de la autoridad divina, proclamada con libertad completa. La creación no es una necesidad eterna. Y, (3) la creación está bajo la santidad de Dios, es decir, relacionada a Dios en términos de gobierno moral. Hay mandatos claramente prescritos. Sólo así pudieron emerger las fuerzas que llamamos pecado y redención.

III. La Santidad y la Providencia

Hebreos 1:2-3 adscribe tanto la creación como la providencia directamente al Hijo: "Por quien asimismo hizo el universo... quien sustenta todas las cosas con la palabra de su poder". La primera frase habla de creación, en tanto que la segunda habla de providencia. Ni el principio del orden material ni su preservación son producto de alguna clase de automatismo interno. Dios no creó un mecanismo de "movimiento perpetuo" ni un organismo vivo que tuviera sus propias facultades de desarrollo y continuidad —de tal manera que El pudiera observar mientras la "máquina" trabajara o se desarrollara la vitalidad—. Más bien, la acción directa de Dios es responsable de cada fase de la creación e igualmente responsable de su continua operación y mantenimiento —"sustenta" es el término castellano, o "sostiene"— (Versión Popular).

A. La Libertad de la Acción de Dios

En Génesis vemos que la existencia de las cosas se logra por medio del *fiat*, la palabra hablada. "Sea", "haya", "produzca" son las frases que se repiten, y la respuesta a ellas es la existencia. En Hebreos también se ve la providencia como acción de la palabra. Es sumamente importante entender que tanto la creación como la providencia provienen de la palabra divina, no del ingenio divino o de las manos divinas (para usar un antropomorfismo). El concepto preserva a la vez las ideas de libertad en la acción de Dios, la discontinuidad radical entre Dios y su creación, y el poder último. Dar forma con manos habilidosas a materiales preexistentes, o mantenerlos operando por medio de reparaciones manuales, no puede compararse con el poder imponente e incomprensible de crear o controlar con sólo pronunciar una palabra. Podemos manufacturar y ejercer control remoto de un televisor, pero las fuerzas operantes son fáciles de descubrir y de manipular. Las habilidades del hombre para crear y controlar no son comparables con las de Dios.

Sin embargo, aunque la dependencia del universo en la providencia de Dios, que involucra su poder inmediato y constante, resuelve algunas dificultades, por otro lado, complica otras. Los milagros no pueden constituir un problema teórico si el orden usual, no milagroso, se debe también a la acción continua de Dios. Si es necesario, el Dios que en todo momento sostiene la intrincada interrelación de fuerzas en patrones que llamamos leyes, puede adaptar estos patrones para efectuar una manifestación especial de su poder. Quizá el propósito sea atraer la atención de los hombres o responder a sus necesidades. Y, El puede hacer esto sin que el milagro interrumpa el sistema. Dios valora mucho el orden y la confiabilidad como para permitir que el patrón se desvíe.

B. La Moralidad de los Métodos de Dios

La dificultad real está en armonizar la santidad amorosa de Dios con el postulado de la inmediación divina en los desastres naturales, como terremotos, huracanes y ciclones. Pero la relación de las calamidades mayores con la providencia de Dios no es más difícil de explicar que la existencia de reptiles e insectos ponzoñosos, moho, plagas y enfermedades. Cuando Dios maldijo la tierra y expulsó al hombre del huerto, implicó cierto grado de dislocación. Dios permitió que el orden natural se volviera un obstáculo en lugar de un paraíso bien acabado. Esto pudo haber incluido una multitud de cambios sutiles, desde un desequilibrio en cuanto al número de insectos hasta alteraciones meteorológicas, y problemas graves como la oscilación de las capas de la tierra y de las plataformas continentales.

1. *La Maldición —una Respuesta Moral*

Así como la tierra fue creada y preparada como habitación adecuada para el hombre, la deformación de la tierra fue la respuesta de Dios al pecado del hombre. Pues, aparte del hombre no hay problema. Los terremotos y los violentos huracanes no son necesariamente catástrofes; los vemos como males sólo porque el hombre es afectado por ellos. La tendencia natural es preguntar por qué un Dios bueno incluyó tales peligros en un mundo diseñado para el hombre. Una doctrina bíblica de la providencia respondería que no fueron incluidos, y que el diseño original fue que el hombre en santidad y obediencia estuviese libre de ellos. Pero el castigo por desobediencia, claramente anunciado de antemano, fue la muerte, tanto física como espiritual. Resultó apropiado que las fuerzas materiales, tanto en el cuerpo del hombre como en su medio ambiente, que habían sido diseñadas como instrumentos de vida, llegaran a ser instrumentos de muerte.

No perdamos de vista que fue la santidad de Dios la que ordenó un ajuste en el orden natural para que concordara con el desastre en el alma. La revolución física —en cierto sentido, aun cósmica— fue esencialmente moral; en ninguna forma fue peligrosa, y ciertamente no fue inmoral. A los rebeldes e incrédulos les es difícil entender esto, pues por su misma incredulidad y rebelión, prefieren ver cualquier pérdida de vida humana como una destrucción cruel e innecesaria.

Un orden natural verdaderamente inmoral, respecto al hombre, sería uno que fuera totalmente indiferente a la relación del hombre con Dios, en el cual la violación de las leyes divinas no trajera sufrimiento en forma de consecuencias naturales. Así como es señal de benevolencia que una quemadura cause dolor, también es bondad que el universo esté en contra de nosotros cuando estamos en contra de Dios. El universo no es independiente. Es el instrumento de Dios para efectuar fines morales, y por ese medio, El muestra su aprobación o su desaprobación.

Por tanto, la desobediencia humana tiene consecuencias desagradables, ya sea la desobediencia a un explícito mandato divino a Adán, o a las leyes de Dios escritas en las fibras mismas de la naturaleza. El enfermarnos cuando violamos las reglas de salud es un ejemplo sencillo de esta moralidad básica natural. No importa si las llamamos consecuencias naturales o penales, pues en verdad son ambas —excepto que la consecuencia de violar un mandamiento explícito es principalmente penal, en tanto que la consecuencia de violar una ley escondida es principalmente natural.

2. *Una Necesidad Benevolente*

Reiteramos que la santidad de Dios dicta esta clase de providencia. Lo comprendemos mejor cuando examinamos de cerca los objetivos amorosos de la maldición. Sólo al exponer al hombre caído a un mundo de peligros, recordaría constantemente su fragilidad y dependencia. Sólo al experimentar dolor, pena y tristeza a causa de la muerte —sea por desastre o por enfermedad— el hombre estaría consciente de su pecado y de su necesidad de misericordia de parte de un Poder trascendente. Sólo la necesidad de trabajar y esforzarse para extraer del suelo su sustento, protegería al hombre de la decadencia total.

La necesidad de conquistar la naturaleza y vencer los obstáculos hizo necesaria la inventiva. Así, se preservó en el hombre cierta medida de la imagen divina, como puede verse en su creatividad e ingenio. El progreso tecnológico del hombre no nació en las arboledas idílicas de las islas del mar del Sur, sino ante las necesidades en terrenos escabrosos con climas violentos. Aún más apropiado: Ha sido una comunidad de sufrimiento la que ha mantenido vivo lo mejor del hombre —su capacidad de amar y de compasión— y ha evitado que el hombre se deshumanice totalmente por su egoísmo.

Finalmente, el sufrimiento y la incertidumbre de la vida son el primer instrumento del Espíritu Santo para hacer al hombre receptivo al evangelio. La historia de las misiones está repleta de evidencias que lo confirman. En las islas Fiji, por ejemplo, una terrible epidemia en la pequeña isla de Ono, y la total impotencia de los sacerdotes paganos para reducir sus efectos, condicionaron al pueblo para recibir el mensaje del Dios verdadero y renunciar a sus prácticas idólatras.[10] Pero no es necesario buscar ejemplos lejanos. Todo pastor sabe que la adversidad, la tristeza y el dolor son sus principales aliados. Los más difíciles de alcanzar son los sanos, felices, prósperos —los que se sienten presumidamente satisfechos—. Los problemas son la entrada de Dios al corazón humano.

Así que el propósito del dolor es disciplinario: "Para que participemos de su santidad" (Heb. 12:10). Mientras estemos en este mundo, hemos de procurar al mismo tiempo separarnos de él. Si no hubiera habido maldición después del pecado, y si la vida no fuera peligrosa y disciplinaria; si el hombre hubiera podido desobedecer y permanecer en el huerto sin sufrir ningún efecto; si la raza hubiera podido continuar en pecado y gozar de prosperidad ininterrumpida, felicidad pura y salud sin límite, la confirmación del hombre en el pecado y su entrega total al mal hubiera sido virtualmente absoluta. La dificultad para lograr arrepentimiento habría sido mucho mayor. Tal consideración justifica la acción de Dios al permitir el mal natural, y disuelve toda dificultad aparente para reconciliar el sufrimiento con la santidad divina.

C. La Santidad Divina y la Providencia Personal

Un aspecto más difícil de la doctrina de la providencia, en relación con la santidad de Dios, es la combinación de eventos en nuestra vida personal. Cada vida está compuesta de un tapiz de contingencia y necesidad. Hay la interacción de (1) circunstancias aparentemente accidentales, (2) las acciones —incluyendo pecados— de otros, y (3) la conjunción de miles de fuerzas influyentes. ¿Dónde está Dios en todo esto? ¿Qué tan involucrado está El en los detalles? ¿Los ordena El, o sólo los permite? La respuesta debe incluir el amor de Dios, es decir, su interés activo y su intervención personal en todo lo que sucede. Es seguro que el Dios que se da cuenta de la caída de un gorrión y sabe el número de cabellos que hay en nuestra cabeza, no puede ser un Dios ausente en nuestras desgracias.

Pero la respuesta también debe incluir la justicia de la intervención de Dios, y su justicia debe significar lo correcto no sólo del propósito divino, sino también del respeto que El tiene por la libertad humana. Dios está en una viva relación con el hombre; en ésta, Dios permite que el hombre se hiera a sí mismo, y El rehúsa cancelar las consecuencias o librarlo de las complicaciones que el hombre mismo causó. No obstante, El puede dominar donde no gobierna y asimilar en su plan lo que no debería haber sido, de manera que, literalmente, todas las cosas ayudan para el bien de quienes lo aman (Ro. 8:28). Para quienes no aman a Dios, El puede hacer que todas las cosas obren en favor de la combinación de castigo y protección, cuyo propósito directo es su despertamiento y salvación. En todo esto, la santidad de Dios dirige su providencia entre el determinismo total, por un lado, y la separación total por el otro.

Sin embargo, por fascinante que sea, este no es el lugar para resolver todos los enigmas de la providencia personal o para desarrollar una teodicea completa. Es suficiente saber que la vida no es un barco abandonado que navega sin rumbo en un mar desconocido con un capitán incompetente. No somos víctimas del capricho ni de la casualidad. Estamos en contacto con un Dios que es santo y todopoderoso. El atributo como todopoderoso es nuestra seguridad de que Dios es lo suficientemente grande para satisfacer nuestras necesidades. La santidad es nuestra seguridad de que todas las providencias de Dios —todos sus métodos y principios de operación— son justas. El universo está del lado de la justicia, porque fue creado por un Dios justo. Lo que nos sucede nunca está fuera de su conocimiento y nunca está aparte de la moralidad medular de sus métodos. Estamos en una relación moral con un Dios santo. En este conocimiento descansa nuestra seguridad y nuestra paz (véase Ro. 11:22).

IV. La Santidad y el Juicio

La santidad de Dios es la garantía no sólo de que sus tratos providenciales serán justos, sino de que en el centro mismo de su amor habrá juicio. El amor de Dios no es condescendiente o moralmente indiferente. Harold B. Kuhn dice: "La santidad... en acción implica tanto rectitud estricta como una forma agresiva de justicia".[11] El amor de Dios como santidad requerirá que el pecado sea tratado de acuerdo con su demérito intrínseco, es decir, el pecador será tratado como merece. Pero la santidad de Dios como amor impregnará el juicio con benevolencia en espíritu y en propósito.

Ni el amor ni la santidad pueden ser neutrales o indiferentes a la maldad. El amor hace lo que se debe hacer para alcanzar la restauración moral, y eso con frecuencia incluye infligir dolor. La santidad demanda la preservación y vindicación de lo que es justo. Si la santidad no reaccionara con vigor y juicio ante la falta de santidad, equivaldría a su propia destrucción.

Tener un punto de vista negativo del juicio divino prueba que tenemos un punto de vista inadecuado del pecado. Es imposible que veamos la enormidad del pecado como Dios la ve —su ruina y devastación— si no reconocemos la necesidad moral de una respuesta radical. Debemos ver el pecado como aquello que profana la creación de Dios y rebaja al hombre, obra suprema de la creación.

El pecado extiende su ponzoña mortal como contagio, desafiando la soberanía de Dios y amenazando la integridad de su reino. Trata de controlar el porvenir y la eternidad misma, ayudando y protegiendo el reino de Satanás, el archienemigo de Dios y del universo armonioso. Sería una impiedad enorme que Dios tratara el pecado ligeramente, como si fuera un pecadillo pasajero.

A. Los Requisitos Impuestos por la Santidad

La santidad de Dios requiere que su juicio:

1. *Sea Imparcial*

Dios "hace hasta lo imposible" para ser imparcial. Una síntesis perfecta de misericordia y justicia constituye la vanguardia del juicio divino. Esto se ejemplifica en la negativa de Dios para expulsar a los cananeos en los tiempos de Abraham —"porque hasta entonces no habrá llegado a su colmo la maldad del amorreo" (Gn. 15:16)—. Enviar a los hebreos al exilio en Egipto fue la determinación deliberada de Dios de ser imparcial, dando a los cananeos otros cuatro siglos para que se purificaran (Jon. 4:2; 2 P. 3:7-9).

2. *Muestre Interés por los Débiles*

El juicio de Dios defiende a quienes son tratados injustamente, y a los oprimidos. La Biblia afirma en numerosas ocasiones que Dios está en contra de los que hacen mal, y que El es el Protector de las víctimas débiles (1 R. 8:31-32).

3. *Sea un Modelo para el Hombre*

El juicio de Dios sirve como modelo para los jueces humanos que, bíblicamente, deben verse como representantes de Dios. El modelo del juez ideal descrito en el Antiguo Testamento es significativo sólo porque es la clase de juez que Dios es (2 Cr. 19:5-7). Si los jueces terrenales deben ser justos e imparciales, si no deben aceptar cohecho ni ser intimidados por los fuertes, si deben castigar al culpable y absolver al inocente, es entonces inconcebible que Dios haga menos que eso. La diferencia entre Dios como Juez y el hombre como juez, no será en cuanto a obligación moral, sino en falibilidad e infalibilidad. No importa cuán honrado sea, un juez humano puede dictaminar un mal juicio, pero Dios, nunca. Y El juzgará.

4. *Haga Cumplir la Ley*

El juicio de Dios confirma la integridad de su propia ley. El gobierno moral del universo lo demanda. Cuando Dios declara que ciertos actos tendrán ciertas consecuencias, su santidad debe asegurarse de que esos actos sean seguidos por tales consecuencias. Su palabra está en juego. La ley está escrita profundamente en la naturaleza de los hechos, porque detrás de la naturaleza de los hechos está la santidad de Dios. "No os engañéis; Dios no puede ser burlado, pues todo lo que el hombre siembre, eso también segará" (Gl. 6:7). En el ofrecimiento de misericordia y gracia, dice Harold B. Kuhn, Dios "no violará las normas establecidas por la santidad".[12]

5. *Castigue Redentoramente*

Dios castiga el pecado al mismo tiempo que busca la restauración moral del pecador. El amor, que es santo, sabe que el pecado debe ser castigado (¿no hacen lo mismo los padres sabios?). La santidad, que es amorosa, ansía restaurar al pecador a la santidad. Por tanto, todo juicio divino en esta vida es disciplinario y redentor.

También, desde este punto, todo juicio divino sobre las naciones y las personas apunta al Calvario. La cruz reúne en sí la presión moral inherente en la tensión entre el juicio y la misericordia. Aunque la santidad busca la restauración, no puede, en el nivel más profundo, dejar de lado el castigo. Aun si el pecador se convierte, se debe lidiar con sus pecados; no pueden ignorarse. En esta verdad se basa la razón fundamental del sistema de sacrificios del Antiguo Testamento. Pero, más importante aún, en ella se basa la razón fundamental de la encarnación y de la expiación con sangre en la cruz —para que Dios pudiera ser justo (en castigar el pecado) y justificador (que da misericordia y perdón) de los que creen (Ro. 3:26). El castigo completo sería eterno y excluiría la misericordia. Pero, el pecado castigado vicaria y simbólicamente por medio de la muerte substitutiva de Cristo, permite que Dios salve sobre una base moral. Es decir, el castigo no se ejerce a expensas de su santidad.

El amor de Dios inspiró la idea de la cruz (Jn. 3:16), pero su santidad hizo que fuese necesaria. Esta es la piedra angular de la teología cristiana. Por eso H. Orton Wiley pudo decir: "La propiciación, por tanto, se convierte en la idea dominante de la expiación".[13] En un pasaje elocuente y conmovedor Wiley dice:

> La expiación está basada en la naturaleza y en los derechos de la majestad divina. La naturaleza de Dios es amor santo... Amor es aquello por lo cual El se comunica, o desea una comunión personal con los que son santos, o capaces de ser santos. Por su naturaleza, El no podía tener compañerismo con seres pecadores; y sin embargo, su amor clamaba por las criaturas que El había hecho. El pecado desgarró el corazón de

Dios... Su santidad impidió que el hombre pecador se acercara a El, en tanto que su amor atrajo al pecador hacia El. La propiciación fue necesaria a fin de proveer una base común de encuentro, si es que el compañerismo habría de establecerse otra vez entre Dios y el hombre.[14]

La raíz fundamental de la redención basada en la expiación es la santidad de Dios.

6. *Respete la Libertad Humana*

La expiación es base para la misericordia, no para hacer a un lado la libertad del hombre imponiendo misericordia. Cualquiera otra cosa que la santidad signifique, quiere decir que la relación de Dios con el hombre en cada paso y estado es enteramente moral. Sin una respuesta del hombre que sea esencialmente libre, los términos "santidad" y "pecado" pierden significado. Santidad forzada y pecado necesario son términos contradictorios. Por tanto, la decisión del hombre de no aceptar el ofrecimiento divino tiene el apoyo de Dios, tanto como lo tiene la decisión de aceptarlo. La santidad de Dios debe garantizar que la decisión final del hombre sea válida. El veredicto de la Escritura es agudo y definitivo: Dios paga "a cada uno conforme a su obra" [Sal. 62:12; Pr. 24:12]; "el cual pagará a cada uno conforme a sus obras: vida eterna a los que, perseverando en hacer el bien, buscan gloria, honra e inmortalidad; pero ira y enojo a los que son contenciosos y no obedecen a la verdad, sino que obedecen a la injusticia" (Ro. 2:6-8). Y la ira y el enojo serán eternos e irremediables. Su apaciguamiento fue provisto en el Calvario; si lo ignoramos, no habrá otra manera de escape (Heb. 10:26). Como C. S. Lewis dijo: "Sólo hay dos clases de personas: los que dicen a Dios: 'Sea hecha tu voluntad', y aquellos a quienes Dios dice: 'Sea hecha tu voluntad'".

B. El Modo Divino de Juicio

¿Cómo se ejerce el juicio de Dios?

1. *Por Reprensión*

El juicio se pronuncia primero, y es comunicado a nuestra conciencia por el Espíritu Santo en forma de un sentido de condenación. Los profetas del Antiguo Testamento fueron los portavoces de Dios para declarar su ira y advertir de sus acciones inminentes.

2. *Por Ley Natural*

Dios permite la operación de las leyes que gobiernan el funcionamiento del cuerpo humano, de la psique humana y de la sociedad.

Cuando son violadas, imponen el castigo. El cuerpo se enferma, la psique se trastorna, y el grupo sufre y finalmente se destruye. Por ejemplo, el odio causa estragos en el cuerpo y en el alma.

3. *Por Providencia Especial*

Esto se manifiesta de muchas formas. Dios puede usar un conjunto de eventos o circunstancias para captar nuestra atención y detenernos. "¿Por qué hizo Dios esto?" Ante esta pregunta de la persona enferma o víctima de un accidente, con frecuencia respondemos elocuentemente con el fácil paliativo: "No piense que esto indica algo malo en su vida; probablemente Dios nada tuvo que ver con esto". Tal consuelo bien intencionado puede pasar por alto lo que Dios está procurando hacer, y no toma en cuenta pasajes como: "El Señor al que ama, disciplina, y azota a todo el que recibe por hijo" (Heb. 12:6; véase Ex. 15:26; Jer. 2:19, 30, 35; 4:18; Jn. 5:14; 1 Co. 11:29-32).

Sería mejor decir: "Dios tiene un propósito al permitir esto, y a su debido tiempo le hará saber qué es. Ore diciendo: 'Padre, en ti confío. Si estás tratando de decirme algo, dame oídos para oír'. Puede estar seguro de que, no importa lo que Dios desee hacer o decir, esto ha sucedido, no porque El no lo ame, sino porque lo ama".

El juicio también puede tomar la forma de una calamidad mayor que afecte una comunidad o nación: Lluvia, sequía, hambre, granizo, langostas, avispas —todos fueron instrumentos de Dios en la historia del Antiguo Testamento—. Hageo explica acertadamente los problemas serios de los israelitas: "Buscáis mucho, pero halláis poco; lo que guardáis en casa yo lo disiparé con un soplo. ¿Por qué?... Por cuanto mi Casa está desierta, mientras cada uno de vosotros corre a su propia casa. Por eso los cielos os han negado la lluvia, y la tierra retuvo sus frutos. Yo llamé la sequía" (Hag. 1:9-11; véase Mal. 3:9-12). Dios aún envía juicio en esa forma, pero la gente está demasiado insensible por su cientificismo para percibir lo que sucede. Las crecientes alteraciones en el orden natural en años recientes no son mera casualidad. Dios está tratando de hablarle al hombre moderno (Mt. 24:7-8; Ap. 6:12-16).

El juicio de Dios mediante la providencia especial también puede tomar la forma de violencia humana. Cuando Israel se separaba de Dios, El enviaba espada; cuando Israel se arrepentía, Dios mantenía a sus enemigos bajo control. Respecto a Salomón, Dios le prometió a David: "Si hace mal, yo lo castigaré con vara de hombres, y con azotes de hijos de hombres" (2 S. 7:14). Por otro lado: "Cuando los caminos del hombre son agradables a Jehová, aun a sus enemigos los pone en paz con él" (Pr. 16:7). Negar la intervención de Dios en la grandeza y decadencia de las naciones, y negar la utilización de las maldades del hombre como formas de juicio divino, es repudiar la Biblia entera, pues este modo de juicio es parte de su estructura básica.

4. *Por Castigo Eterno*

Ni el amor ni la santidad permitirán que el cielo sea contaminado y corrompido por la impenitencia deliberada. J. Paul Taylor ha dicho: "Debe haber un Dios santo, con un cielo de santidad y un infierno de impiedad, o un Dios impío con dos infiernos y ningún cielo".[15] Por eso la Biblia habla de las tinieblas de afuera, del castigo eterno, del lago de fuego —la muerte segunda (Ap. 20:14-15)—. En la santidad de Dios hay un imperativo moral que inspira temor y reverencia, y que al fin se convierte en una decisión con consecuencias cósmicas. Satanás, como el enemigo, será silenciado y puesto en inactividad para siempre, y con él, todos los que han escogido seguirlo, sean ángeles u hombres. Ya se ha señalado que Dios respetará el libre albedrío del hombre. "Luego el fin, cuando entregue el Reino al Dios y Padre, cuando haya suprimido todo dominio, toda autoridad y todo poder" (1 Co. 15:24).

NOTAS BIBLIOGRÁFICAS

1. De acuerdo a la interpretación de David L. Mueller, Karl Barth enseña que "la teología sana es aquella que una y otra vez fija su atención en el Dios del antiguo y del nuevo pacto". *Karl Barth* (Waco, TX: Word Books, Publishers, 1972), p. 49.

2. Lema en la pared de la capilla de Hebrew Union College, Cincinnati.

3. William B. Coker nos recuerda que los serafines nunca claman: "¡Dios es amor!", sino "Santo, santo, santo es el Señor Dios Todopoderoso" (Ap. 4:8; Is. 6:3). Y agrega: "De todo lo que podamos decir acerca de Dios, que es luz, que es amor, que es compasión, de seguro en la base de todo lo que podamos decir está la verdad de que Él es santo" (Sermón predicado en Asbury College, otoño de 1978; grabado por Radiant Cassettes, Vancleve, KY).

4. *Christian Theology* (Kansas City: Nazarene Publishing House, 1940), 1:370.

5. Citado por John H. Rodgers en *The Theology of P. T. Forsyth* (London: Independent Press, 1965), p. 32. En otra parte Forsyth dice: "Todo concepto de Dios que exalte su paternidad a expensas de su santidad, o que descuide su santidad, perturba el trono moral del universo. Toda reacción nuestra ante un Dios demasiado estricto, que nos deje con un Dios bondadoso, paciente y lastimero, es una reacción que nos hace caer del mundo moral... Es un concepto que no hace justicia ni siquiera al amor de Dios. Tiende a quitarle autoridad al evangelio, vigor a la predicación, discernimiento a la fe, resistencia al carácter, y disciplina al hogar" (Lyman Beecher Lectures, Yale, 1907, citado en *Positive Preaching and Modern Mind* [New York: George H. Doran Co., s.f.], p. 354).

6. George Allen Turner, *The Vision Which Transforms* (Kansas City: Beacon Hill Press, 1964), pp. 17-20.

7. *God: His Names and Nature* (monografía publicada por *Christianity Today*, s.f.), véase c. 1, pp. 6-17.

8. *Baker's Dictionary of Theology* (Grand Rapids: Baker Book House, 1960), p. 241.

9. Adam Clarke comenta que "todo fue formado a la máxima perfección de su naturaleza, de manera que nada podía agregarse o disminuirse sin afectar las operaciones de la materia y el espíritu, por un lado, o hacerlas ineficaces para el fin propuesto, por el otro" (*Commentary* [New York y Nashville: Abingdon Press, s.f.], 1:39).

10. Robert Hall Glover, *The Progress of World-Wide Missions*, rev. por J. Herbert Kane (New York: Harper and Brothers, Publishers, 1960), pp. 440-441.

11. *God: His Names and Nature*, p. 19.

12. *Ibid.*

13. *Christian Theology*, 2:283.

14. *Ibid.*, pp. 273-274.

15. *Holiness, the Finished Foundation*, edición completa (Winona Lake, IN: Light and Life Press, 1963), p. 18.

2

La Santidad en el Hombre

El ser humano no puede decir que tiene una "chispa de divinidad" en sentido panteísta o teosófico. El no es un fragmento de Dios. Nunca puede alcanzar una unión mística tal, con El, que se confundan la entera otridad de Dios y lo singularmente distintivo del hombre. El destino de los hombres no es llegar a ser dioses, como enseñan los mormones. Dios siempre será infinito y el hombre siempre será finito; Dios siempre el Creador, el hombre, siempre la criatura; Dios siempre omnipotente, omnisciente y omnipresente, el hombre siempre relativamente débil y dependiente, limitado en conocimiento, y aún más, limitado por el tiempo y el espacio. El hombre es, y siempre será, unipresente, no omnipresente.

I. La Naturaleza y el Destino del Hombre

A. Un Ser Unico

A pesar de su finitud, el hombre es el ser más parecido a Dios sobre la tierra, y quizá en el universo. Esto es tan radicalmente verdadero que él no sólo es superior, sino que es de una especie diferente de todas las otras formas de vida. Aunque posee la *bios* como los animales inferiores —depende del agua, el aire y el alimento—, su naturaleza esencial es de clase única. Hay una diferencia cualitativa casi infinita entre el ser humano y el animal más inteligente. Pues, cuando Dios dijo: "Hagamos al hombre a nuestra imagen, conforme a nuestra semejanza" (Gn. 1:26), anunció una innovación radical. El acto simbólico de soplar "en su nariz aliento de vida" (2:7) significa que la naturaleza del hombre es semejante a la de Dios en forma única. El pertenece a la tierra, porque fue formado del polvo, pero pertenece igualmente al orden del ser espiritual; por lo que es diferente, tanto de los animales como de los ángeles; fue hecho "a la semejanza de Dios" (Stg. 3:9).

B. El Destino del Hombre

El hombre fue creado para un destino indeciblemente elevado. El salmista se sintió abrumado por la pequeñez del hombre en comparación con el universo:

> Cuando veo tus cielos, obra de tus dedos, la luna y las estrellas que tú formaste, digo:
> ¿Qué es el hombre para que tengas de él memoria, y el hijo del hombre para que lo visites? (Sal. 8:3-4).

Pero, aunque quedó impresionado por la vasta extensión de los cielos, el salmista percibió en el hombre una grandeza que contrapesaba la mera inmensidad. El hubiera comprendido al joven que fue víctima de las mofas del escéptico. Después de impresionarlo con las maravillas de la astronomía, el escéptico lo desafió diciendo: "En relación con todo esto, ¿qué es el hombre?" A lo que vino la tranquila respuesta: "Señor, él es el astrónomo". El salmista también sabe que la verdad no descansa en una interrogativa, pues continúa:

> Lo has hecho poco menor que los ángeles [o que *dios*]* y lo coronaste de gloria y de honra.
> Lo hiciste señorear sobre las obras de tus manos;
> todo lo pusiste debajo de sus pies (8:5-6).

No obstante, la "gloria" y la "honra" y la autoridad terrena (que impulsan a Eric Sauer a llamar al hombre *El rey de la tierra*, título de su libro) eran los dones de Dios, y debían devolvérsele. El destino del hombre estaba relacionado con Dios y podía cumplirse sólo en El. Cuando el Catecismo de Westminster pregunta: "¿Cuál es el fin principal del hombre?", la respuesta es resuelta y resonante: "Glorificar a Dios y disfrutar con El para siempre". ¿Podría haber algo superior?

Glorificar a Dios es magnificarlo y aumentar su honor en el universo. Puesto que el honor es posible sólo cuando hay seres personales que observen, somos compelidos a ver que la creación divina del hombre tuvo otros seres en mente. Hasta donde

---
* Nota del redactor: Véase nota en la cita bíblica correspondiente.

sabemos, los únicos otros seres que existen son los ángeles —los que cayeron y los que no cayeron, que son fuerzas contrarias enfrascadas en combate—. Satanás y su reino de espíritus malévolos representan el epítome de todo lo que es contrario a Dios: Odio, engaño, violencia. El único objetivo de Satanás es deshonrar y aun destronar a Dios. Lo que Dios llama bueno, Satanás se las arregla para torcerlo y hacerlo malo. ¿Qué papel tiene el hombre en esta lucha cósmica?

Quizá la respuesta no esté demasiado lejos de lo que dijo Oswald Chambers: "Dios creó al hombre para contrarrestar al diablo". Al crear al hombre, Dios creó al menos un ser que podría tomar parte en la lucha y que, de hecho, lo haría. La más sorprendente concepción es ver al hombre como la obra maestra de Dios, el único ser que al fin inclinaría la balanza decisivamente hacia la victoria total y final.

¿De qué otra forma podría el hombre glorificar más a Dios? Los ángeles verían con asombro a este ser, y los demonios lo atacarían, sólo para ser derrotados. He aquí una criatura terrenal y débil, finita en conocimiento y en sabiduría, no obstante con capacidad moral para escoger éticamente y seguir el bien a pesar de los obstáculos. Finalmente, él sería el instrumento de Dios para lograr la caída de Satanás y la destrucción completa del reino del mal. La historia bíblica es la conducta del hombre en este conflicto, y la lucha entre Dios y Satanás en la cual el hombre es el premio. Es un concepto maravilloso y un drama conmovedor.

C. La Imagen Divina

La capacidad del hombre para glorificar a Dios y para disfrutar con El eternamente, es el punto de interacción de la imagen divina en el hombre. ¿Qué es esa semejanza que crea un vínculo entre Dios y este bípedo, un vínculo totalmente inaccesible a los demás seres terrenales?

1. *Personidad*

El primer aspecto en que el hombre fue hecho semejante a Dios fue la posesión de personidad, con todos los atributos relacionados con ella. Esto implica conciencia de sí mismo, o conciencia de identidad propia, con la capacidad de estudiarla con objetividad, y también de estudiar consciente y objetivamente el ambiente que no es el yo. Los animales tienen conciencia, pero no la clase de conciencia de ellos mismos.[1] Experimentan placer y dolor, y muestran cierto grado de reacción selectiva, pero no llega al nivel de la capacidad del hombre que se estudia a sí mismo y lo que está a su alrededor. Con la conciencia de uno mismo y la individualidad, están la memoria, la razón, la imaginación, la inventiva, la creatividad, y la capacidad de proyectarse hacia lo futuro. No hay evidencia de que los animales experimenten alguna vez la idea del "mañana".

Además, la personalidad creada del hombre es como la de Dios en su poder para actuar. Esto incluye la capacidad de moverse a voluntad, incluyendo el cumplimiento de un esquema de acción prediseñado. Incluye también la capacidad de reaccionar al estímulo, no sólo en forma espontánea, sino inteligente y volitivamente. Incluye también la capacidad de ejercer cierto grado de dominio sobre el medio ambiente, en vez de ser su víctima pasiva e indefensa.

Finalmente, la personalidad es semejante a Dios en su capacidad para tener conciencia de las otras personas, y en su habilidad para comunicarse con ellas. Esta es la base de la comunicación entre Dios y el hombre, porque la verdadera comunicación se efectúa en dos direcciones y es necesariamente interpersonal. No puede haber comunicación real entre entidades personales y no personales. Un adolescente puede hablarle a su automóvil y aun desarrollar "sentimientos" hacia él, pero no hay conciencia compartida. El automóvil no participa de los goces y tristezas de su dueño. Podemos hablar con mayor libertad con un perro y tener una respuesta; pero si queremos comunicación satisfactoria, debemos recurrir a otras personas. De hecho, finalmente comprenderemos que para tener una comunicación totalmente satisfactoria, la otra persona tiene que ser Dios.

2. *Inmortalidad*

Si el catecismo está correcto y el destino del hombre es "gozar con Dios para siempre", debió haber sido creado con un tipo de "material" eterno. La muerte no estaba incluida en el plan; pero su intrusión no reduce al hombre a una existencia temporal. Las Escrituras ven la muerte, no como la extinción del ser, sino como su alteración y transposición (a un nivel superior o inferior). La manera tradicional de decirlo es que el hombre tiene (o es) alma inmortal. Más precisamente, es espíritu que habita en un cuerpo físico como un modo de existencia temporal y probatoria. Es espíritu que, aunque siempre principia en un cuerpo, puede finalmente trascender el cuerpo. La disolución del cuerpo no significa el fin de la persona.²

La Escritura también enseña que el plan de Dios incluye un nuevo cuerpo que reemplazará al viejo —uno que no será afectado por los peligros de la *bios*—. Hay, sin embargo, una individualidad, una identidad personal que continúa. Esta es la entidad por la cual los dos cuerpos se relacionan a una persona, en lugar de constituir dos personas. Rufus Jones dijo: "Hace tiempo tuve un par de botas. A través de los años les puse nuevas suelas tres veces y cambié la parte superior dos veces; sin embargo, era el mismo par de botas". Pero esta analogía no ilustra completamente la identidad personal concreta que permanece inalterable a través de cambios sucesivos.

3. *La Imagen Moral*

Lo dicho hasta aquí sobre la naturaleza humana pertenece a lo que llamamos la imagen natural de Dios en el hombre. Como dijimos, esta es el área de la comunicación. Pero dos personas pueden comunicarse sin disfrutar y sin tener compañerismo. Para que haya unidad espiritual, también debe haber, además de la semejanza de personalidad, una semejanza de carácter fundamental. Puesto que Dios es santo en carácter moral (así como en las otras formas únicas de la Deidad), el hombre también debe ser santo. Esto se llama la imagen moral de Dios en el hombre. Pasaremos ahora a una investigación más profunda de esta santidad que puede tener el hombre.

II. La Santidad en el Hombre como Ser Creado

A. La Santidad y la Naturaleza Humana

1. *Natural, pero Puede Perderse*

Se puede decir que la santidad es innata a la naturaleza humana en dos aspectos: Primero, es tan fundamentalmente natural para el hombre que él no puede funcionar en forma apropiada sin ella. Sólo la persona santa es un ser humano normal, como Dios planeó que fuera; en cualquier grado en que el hombre se aleje de la santidad, es anormal y corrupto.

Esto lleva a una característica significativa respecto a la naturaleza y la santidad del hombre. Aunque la personalidad no puede perderse sin que el hombre deje de existir, no puede decirse lo mismo de la santidad. El hombre sin santidad es imperfecto, pero sigue siendo hombre. Por tanto, aunque la santidad sea innata a la naturaleza humana, no es inseparable de ella. No es un atributo inherente del ser humano, porque en su naturaleza (forma probatoria) hay un atributo aún más predominante que la santidad —la capacidad de cambiar—. La naturaleza del hombre en su estado primitivo, no estaba ligada a la santidad en un sentido determinista. En *El paraíso perdido*, Milton adscribe a Dios estas palabras:

Lo hice justo y recto
Lo suficiente para que permaneciera firme, aunque libre para caer.

No es posible que Dios deje de ser santo y siga siendo Dios, pero el hombre puede dejar de ser santo y seguir siendo hombre. La santidad del hombre, por tanto, puede fallar, por ser derivada, dependiente, y por ser la cualidad frágil de un agente libre finito. La santidad puede perderse. Pero esta característica no anula la afinidad innata de la naturaleza humana con la santidad. El pecado es lo no natural y extraño, por tanto, es destructivo.

2. *Santo, no Neutral*

El segundo aspecto en que la santidad es innata al hombre se refiere a que él fue creado santo, no neutral. Esta es una proposición crítica de la cual fluyen algunos sistemas de pensamiento en direcciones opuestas. Examinemos esto más de cerca.

B. La Santidad Original

El hombre fue creado santo, no solamente con capacidad para la santidad, como enseñó Pelagio. La santidad fue creada con la creación de la persona, no como un don especial después de la creación (*donum superaddituum*) como enseñan los católicos romanos. Ellos llegaron a esta conclusión basándose en que si la santidad puede perderse, no debe haber sido un elemento original de la constitución del hombre. Pelagio, por otro lado, erró con la paradoja del carácter moral, producto del escogimiento, al decir que fue creado. El error en ambos extremos es que no se distingue entre la santidad creada y la santidad ética, de lo cual trataremos después.

1. *Una Tendencia Espontánea*

La primera conciencia de sí mismo en el hombre incluyó conciencia de Dios y de su relación personal con El. No debió haber transcurrido mucho tiempo después de la creación, cuando Dios declaró los términos prescriptivos de su relación como (1) asignación, y (2) restricción. El anuncio de las obligaciones del pacto, en el que se declaró la subordinación del hombre a Dios, no encontró resistencia en la primera pareja. Su consentimiento fue de contentamiento y natural, porque intuitivamente percibieron la justicia inherente del arreglo. En otras palabras, no hubo perversidad previa que vencer, como sucede en el caso de la gracia que actúa hacia el hombre caído.

H. Orton Wiley dice:

> Esta santidad creada consiste en una inclinación o tendencia espontánea hacia el bien —una disposición subjetiva que siempre responde a lo recto—. Es más que inocencia. El hombre fue creado no sólo con la ausencia del pecado, sino con la presencia de la santidad, con un entendimiento iluminado acerca de Dios y de las cosas espirituales, y una voluntad enteramente inclinada a ellos. Por tanto, cuando hablamos de la santidad adánica, queremos decir simplemente la inclinación espontánea, o disposición... que le pertenecía por virtud de su creación.[3]

La condición sana debe ser la base de la acción moral sana y precederla. Wesley insistió en esta verdad durante su debate con el unitario John Taylor. Este negaba tanto el pecado innato como la santidad original, porque no tenía un concepto de santidad ni de pecaminosidad, sino de lo totalmente ético. Afirmaba que "la rectitud es la acción recta". A lo que Wesley replicó: "No lo es. Aquí... está su error fundamental. Es una mente recta; que es diferente de acción recta, como la causa difiere del efecto. La rectitud es, propia y directamente, un temple correcto o disposición de la mente, o un conjunto de todos los temples justos".[4]

Es obvio que un concepto de pecado o de santidad que sea exclusivamente volitivo no puede contar con el apoyo de Wesley. Su posición (y la de Wiley) es que la santidad de Adán fue un estado o condición antes que pudiera expresarse en escogimientos concretos y situaciones éticas. Este estado fue un precondicionamiento moral, una disposición original a hacer lo recto. En Adán había afinidad innata con Dios, armonía interna con la voluntad de Dios y contentamiento con la ley de Dios. Adán no halló en sí mismo el impulso para rebelarse, ni un sentido de pérdida o de injusticia por vivir de acuerdo a las directrices divinas.

2. *Una Relación Viviente*

Aunque la santidad se relaciona primero al ser, también es asunto de una relación justa. Adán y Eva tenían una relación triple que se mantenía feliz porque era santa. Incluía la relación (*a*) con Dios, que era la relación principal; (*b*) el uno con el otro; y (*c*) con su ambiente.⁵ La segunda y la tercera fueron relaciones normales y felices en tanto que la primera lo fue. Esta relación principal era también triple: (*a*) El hombre adoraba a Dios como su Creador; (*b*) servía a Dios como Dueño/Soberano; y (*c*) gozaba de compañerismo con Dios el Padre.

La comunión con Dios fue el privilegio más grande del hombre, así como su fuente suprema de gozo y satisfacción. "Un abismo llama a otro" (Sal. 42:7), y el hombre fue creado con un deseo espontáneo por Dios. El amor de Dios satisface perfectamente el hambre espiritual del hombre. Sin la unidad con Dios, el alma del hombre está siempre intranquila. Esta es sencillamente la manera en que funciona su naturaleza. Aunque la relación correcta con Dios puede perderse, la necesidad no. La naturaleza humana está de tal manera dirigida hacia Dios —y esto es tan predominante en ella— que sin Él, la naturaleza humana está ineludiblemente dañada y deforme.

Por tanto, la santidad original no sólo consistía en una naturalidad y facilidad placenteras para amar y obedecer a Dios, sino que incluía la práctica de ese amor y obediencia en una relación diaria y continua.

3. *Una Relación por Medio del Espíritu Santo*

En vista de la entera otridad de Dios, la comunión íntima podía ser posible entonces, como ahora, sólo por mediación de la tercera Persona de la Trinidad, quien tiene a su cargo este peculiar oficio y función. Como afirma William Burt Pope: "La Santa Trinidad debe estar conectada con cada fase de la historia de la humanidad. Como el Protoplasto fue formado a imagen de la Imagen eternal —un hijo de Dios, a la semejanza del Hijo Unigénito— así estaba él bajo el gobierno espiritual y natural del Espíritu Santo que procede del Padre y del Hijo".⁶ Expresa además el concepto de que el "Jehová Dios del huerto era el Espíritu Santo en el alma humana".⁷

Pero inmediatamente agrega una sabia advertencia: "El Espíritu en el espíritu del hombre no debe confundirse, sin embargo, con la imagen de Dios como tal". La tendencia espontánea de la santidad original del hombre encontró su equivalente perfecto en el compañerismo del Espíritu que mora en el creyente, quien moldeó al hombre, operó en él y le enseñó. La receptividad y respuesta de Adán fue un equilibrio entre la docilidad pasiva y la cooperación libre y voluntaria. No obstante, aunque el Espíritu Santo no debe ser equiparado con la imagen moral de Dios en el hombre, toda discusión de la santidad original debe incluir la actividad del Espíritu Santo.

De aquí que la santidad original deba considerarse como aquella relación dentro de la cual principió el hombre. Comprendió (a) la afinidad innata con Dios y lo recto; (b) la relación personal viviente; y (c) el Espíritu Santo que mora en el creyente como el Agente divino o quien sostiene la relación. La iniciativa es totalmente de Dios, la respuesta es del hombre. La santidad del hombre se preserva en la matriz de esta relación sólo mientras él continúe en asociación voluntaria —no como igual, sino con la subordinación de una criatura hacia su Creador—, de un mayordomo hacia el Propietario, y de un hijo hacia su Padre.

C. Una Santidad Subética

Una creada propensión hacia Dios es un estado verdaderamente santo; esta fue la afirmación insistente de Wesley. Pero esa santidad innata no está completa; no es totalmente ética hasta que es probada. Los pelagianos tenían razón en esto. Ellos creían que la santidad, en alguna forma, debía ser un carácter moral adquirido —producto de escogimiento—, así como debía ser una inclinación natural. Wesley hubiera estado de acuerdo con este nivel de definición. Pero él comprendió que la verdad de la santidad como estado o condición, no es cancelada por la verdad de la santidad como escogimiento moral. Los conceptos de pecado original y santidad original van juntos. No podemos comprender el pecado original, excepto a la luz de la santidad original. Ambos son prevolitivos y por tanto, subéticos. Las categorías de la santidad ética no se aplican plenamente a la santidad primitiva, y tampoco las categorías del pecado ético o real se aplican al pecado original. Una teología lógica de pecado y santidad depende, en gran parte, de esta distinción fundamental.

La santidad ética, entonces, puede definirse como la clase de amor y lealtad a Dios que se ha escogido conscientemente, y se ha establecido en forma decisiva a pesar de las posibilidades y presiones contrarias. No sabemos por cuánto tiempo Adán y Eva anduvieron con Dios en comunión ininterrumpida. No sería correcto decir que en ese tiempo eran como misiles programados o sonámbulos morales. Anduvieron con El en forma voluntaria, pero sin experimentar ninguna crisis que los confrontara poderosamente con una tentación seductora. Sólo por medio de tal tentación podía corromperse o confirmarse su bondad innata. Un escogimiento correcto no sólo habría confirmado la santidad original, sino que en el proceso, la habría elevado a un nivel totalmente ético. Sin esa santidad ética, la pareja no estaba a la altura de su potencial como personas y agentes morales.

1. *Lo Deseable de la Santidad Etica*

Por cuanto la santidad ética involucra tanto la naturaleza como el carácter, naturalmente tendría mayor valor intrínseco que la santidad primitiva, la cual no pasaba por pruebas. La vida proporciona muchas analogías. ¿No sentimos mayor placer cuando nuestro perro no obedece al silbido del extraño a fin de responder al nuestro, que cuando nos sigue plácidamente porque no hay nadie más a nuestro alrededor? O, en un nivel superior, ¿no es más significativo éticamente el abrazo con lágrimas, y el "te amo" de un niño de ocho años que acaba de ser castigado, que los graciosos sonidos de un bebé, que carece de conciencia de sí mismo y no hace grandes decisiones? O, ¿no es de más valor y de mayor satisfacción mutua la lealtad amorosa del esposo y la esposa después de 20 años de pruebas, a través de la presión diaria y las tentaciones, que la emoción del amor de adolescentes? Pregúntele al adolescente y él dirá que no; pero pregúntele a la pareja madura y, sin vacilación dirá que sí.

Por tanto, la santidad ética da mayor gloria a Dios. Si el hombre hubiera confirmado su escogimiento de obedecer a Dios cuando fue probado, habría enriquecido inmensurablemente esa relación. Hubiera sido elevado del nivel de infancia al de madurez. Fue maravilloso que Dios creara una pareja humana que lo amara natural y espontáneamente; pero cuánto más habría sido magnificado El, si esta pareja hubiera decidido amarlo a pesar de graves obstáculos.

2. *Las Consecuencias Cósmicas*

La mayor gloria para Dios, sin embargo, no debe verse sólo en su verdad intrínseca o meramente en lo abstracto, sino también en las relaciones y consecuencias mayores que quedaron pendientes. El mundo habría escapado de la maldición, y se hubieran evitado miles de años de mortandad y sufrimiento innecesario, tanto de personas como de animales.

Los efectos en el reino de Satanás habrían sido aún más trascendentales. El hubiera sido derrotado decisivamente y se habrían impedido sus estragos. La derrota de Satanás, lograda más tarde por el segundo Adán a un costo mayor, hubiera sido realizada por el primer Adán. Admitimos que esta es un área complicada de la teología y que aún quedan muchas preguntas sin contestar. Sin embargo, la caída de Adán puso a la raza y al planeta dentro de la esfera de influencia de Satanás y, en un sentido, aun estableció una clase de derecho legal —un dominio que para ser destruido, requirió la muerte del Hijo de Dios— como la muerte de Aslan en Narnia[8] (Heb. 2:14-15; Jn. 12:31; 14:30; 16:11; 1 Co. 2:6; Ef. 2:2; 6:11-12; Ap. 12:10-11).

III. LA SANTIDAD EN EL HOMBRE COMO SER REDIMIDO

La necesidad moral de santidad en el hombre, como condición para el compañerismo continuo con Dios, nunca fue abrogada. Ni pudo haberlo sido. Aun la doctrina que afirma la imputación de la justicia de Cristo es un reconocimiento de esta necesidad. Pero esta es una doctrina de desesperanza, porque no da crédito al poder de la gracia. Sustituye una ficción legal por medio de la que Dios ve al creyente como si éste fuera santo, aunque no lo es. Pero no se necesita tal justicia sustituta. Cristo no vino al mundo para ser representación de santidad en la vida del hombre, sino para hacer posible otra vez la santidad.

A. La Sustancia Interna

¿Cuál es la naturaleza interna de esta santidad? Puesto que dedicaremos el resto del libro a considerar esta pregunta, aquí sólo necesitamos una introducción concisa.

1. *Una Relación Reconciliada*

La santidad debe principiar con la decisión de restaurar nuestra relación con Dios. El rebelde debe cesar en su rebelión y pedir la paz por medio del Hijo. El hijo pródigo debe regresar a casa, confesar su maldad y humillarse por completo; debe experimentar el alivio del perdón, y sentir el beso de aceptación. Esto produce paz con Dios. Esta es la justificación por fe (Ro. 5:1). Por ella, el pecador arrepentido y confiado entra a la relación de pacto con Dios, y se restaura la filiación perdida. Aquí es donde principia la santidad, y donde debe estar fundamentada para siempre la santidad que pertenece a la redención. Ninguna santidad futura es posible sin nuestra dependencia continua de la principal base de aceptación —misericordia pura por medio de Cristo (nunca por méritos).

Las concomitantes de la justificación son regeneración, adopción y santificación inicial (véanse pp. 141-144).

2. *Recuperación de la Imagen Moral*

La reconciliación con Dios, que resulta de la justificación, elimina los impedimentos morales del pasado que hasta ahora han separado al hombre de Dios. El objetivo es recuperar el compañerismo con el cual el redimido puede gozarse con Dios, no sólo en la eternidad, sino ahora mismo (Ro. 5:11). Sin embargo, la pecaminosidad destruirá este compañerismo después de la conversión como lo hizo antes. Por tanto, debe haber un cambio esencial —un cambio "real"— que acompañe el cambio forense o relativo. Un automóvil robado y accidentado necesita no sólo ser recuperado y devuelto a su dueño, sino también ser restaurado a su condición anterior. Un hombre condenado a morir por un crimen, pero quien también esté muriendo de cáncer, necesita una salvación doble —perdón y sanidad—. La comunión continua con Dios demanda semejanza moral a Dios. Por tanto, Romanos 5:9-10 es una gran verdad: "Con mucha más razón, habiendo sido ya justificados en su sangre, por él seremos salvos de la ira, porque, si siendo enemigos, fuimos reconciliados con Dios por la muerte de su Hijo, mucho más, estando reconciliados, seremos salvos por su vida".

Esta "vida" es el poder para la santidad que el Cristo resucitado comparte con nosotros por medio del Espíritu Santo (2 Ts. 2:13). El no sólo puede hacernos rectos, sino conservarnos rectos haciéndonos santos. Casi inmediatamente después de esta buena nueva (Ro. 5:9-10), Pablo empieza su exposición acerca de la santificación. Esta es el complemento de la justificación, y por ella se soluciona completa y radicalmente el problema "del pecado". Por tanto, Wesley es paulino cuando dice:

> Ustedes saben que el fin grandioso de la religión es renovar nuestros corazones a la imagen de Dios, reparar la pérdida total de justicia y de verdadera santidad que sufrimos por el pecado de nuestros primeros padres. Ustedes saben que toda religión que no responde a este fin... es una pobre farsa... ¡Conozcan su enfermedad! ¡Conozcan su cura!... Por naturaleza son totalmente corrompidos: Por gracia serán totalmente renovados.[9]

Es evidente, por tanto, que el tema de la santidad se relaciona esencial e inextricablemente con la pérdida y recuperación de la imagen moral de Dios en la humanidad. Este es, por cierto, el mensaje esencial de la redención. Interpretar la santidad como ilusión secundaria o insignificante, o como un asunto que se desvía del tema principal, muestra que no hemos comprendido el fin primario de la revelación; es ignorar el propósito central de la encarnación, de la cruz, de la resurrección y del Pentecostés.

Esta recuperación de la imagen moral de Dios se experimenta esencialmente en dos crisis diferentes. Cada una de ellas es gobernada por términos morales definibles, y hay una lógica inherente en su distinción y en su secuencia. Es más, no debemos considerar defectuosa esta recuperación simplemente porque el carácter santo todavía esté sujeto a desarrollo, profundización y fortalecimiento. Tampoco debemos considerarla inadecuada porque debamos esperar hasta la próxima vida para ser restaurados completamente de las cicatrices raciales, incidentales a la caída. La imagen esencial es la total adaptación interna a la santidad de Dios, manifiesta en una disposición natural para amar y obedecer. Esta no debe confundirse con madurez, conocimiento o habilidad. Tampoco significa libertad de las flaquezas de la carne, como tampoco la santidad innata en Adán consistió en su destreza mental para dar nombres a los animales. Esto sería confundir la imagen moral con la imagen natural.

3. *El Retorno del Espíritu*

Este objetivo supremo, el retorno del Espíritu, sólo podía suceder cuando se corrigiera la naturaleza del hombre. Ninguna relación podría haber sido más íntima y real, o tan completamente libre de aspectos discordantes, como la relación de Adán y Eva con el Espíritu. Cuando esta unidad se perdió por el pecado y el rechazo del Espíritu, la única posibilidad para la naturaleza del hombre fue desviarse, quedar sola y privada de esperanza; y la raza humana ha luchado con la soledad y la vacuidad desde entonces. Sin embargo, desde el momento de la deserción del hombre, Dios, al tratar con él, ha tenido como objetivo supremo la recuperación de este estado perdido. En el cumplimiento del tiempo vino Cristo, nacido de mujer, no sólo para salvarnos de la culpa terrible del pecado cometido y sus consecuencias, sino para hacer posible el retorno del Espíritu Santo al corazón humano, como Residente y Presidente.

Esto se puede concebir sólo en base a un cambio esencial en el hombre. Mediante ese cambio son removidos los elementos discordantes que impiden que el Espíritu vuelva. El Espíritu los quita en respuesta a la petición del hombre, y los mantiene fuera, mientras

El sea honrado por el agente humano. El Espíritu Santo y el espíritu humano nunca se fusionan para ser una entidad; siempre son dos seres personales distintos. (Véase p. 194). Por tanto, la morada del Espíritu es una relación de pacto, no una fusión metafísica. Recalcar la plenitud del Espíritu, sin la renovación de la naturaleza humana, es perder de vista este hecho. Sin embargo, por medio de la acción santificadora del Espíritu, y la santificación del espíritu humano que la recibe, se normaliza la relación del hombre con Dios.

4. Una Santidad Etica

El plan de salvación es, esencialmente, la provisión de Dios para el hombre por medio de Cristo para alcanzar la santidad ética que la primera pareja no logró obtener. Para ellos hubiera sido relativamente fácil, pues tenían el apoyo de la santidad original. En contraste, hoy enfrentamos las opciones con todas las desventajas. El medio ambiente humano actual es hostil a la santidad. Pero el verdadero problema está en nosotros. No venimos al mundo con santidad innata —inocencia, sí, mas no santidad—. Nuestra naturaleza tiende a separarse de Dios, no ir hacia Dios. Es más fácil esconderse, correr y rebelarse, que ir, postrarse y someterse. Sin embargo, Dios ha iniciado una gracia asequible con el fin de capacitarnos para cambiar la marea que nos arrastra al fondo, tanto interna como externamente. Dios ha hecho posible, no sólo nuestra reconciliación, sino que estemos unidos a El con el amor que conduce a decisiones confirmadas, continuas y firmes (Tit. 2:11-14). No es la unidad de un ventrílocuo y su muñeco, sino la comunión enteramente volitiva y responsable de un amigo con otro amigo.

En todo sentido, el elemento ético de la santidad asequible en Cristo debe ser la nota dominante en cada paso y etapa de nuestra peregrinación. Es ético en el sentido que es conscientemente volitivo y que la volición está relacionada al bien y al mal. Para que un acto moral sea completamente ético, debe estar presente no sólo el aspecto ético, sino también la decisión resuelta frente a posibilidades contrarias. Una decisión incorrecta es éticamente pecaminosa; una decisión correcta es éticamente virtuosa.

Hagamos la aplicación. La vida cristiana principia con arrepentimiento, que es el repudio consciente y sincero al pecado, y la entrega a una vida santa. La purificación subsecuente más profunda de la naturaleza es ética, por cuanto no es un milagro arbitrario efectuado mientras dormimos. Es, más bien, una gracia recibida en términos y condiciones morales claramente definidos que el cristiano acepta y cumple como participante activo. La vida de santidad subsecuente es ética, por cuanto siempre requiere nuevos escogimientos y reafirmaciones del compromiso básico con Dios y el bien. Pero este compromiso diario no es más una lucha diaria contra la disposición más profunda de nuestra naturaleza. Es más bien una tendencia natural. Fue hecha natural por la gracia, de manera que podemos rendir nuestro servicio de obediencia con libertad y gozo.

Gradualmente esta santidad ética asumirá todas las ventajas de la santidad original. Desarrollará ingenuidad, espontaneidad y naturalidad, hasta que nuestro estilo de vida esté tan arraigado que se vuelva virtualmente irreversible. El estilo de vida irreversible que se gozará con facilidad perfecta en el cielo será sólo la extensión del estilo de vida establecido por medio del Espíritu mientras estamos todavía en este mundo probatorio.

B. El Aspecto Formal de la Santidad

Estamos discutiendo todavía aquella santidad asequible al hombre como ser redimido. Ya hemos delineado su naturaleza material o esencial. El término "formal" se usa a veces para designar cualidades secundarias o características externas, para distinguirlas de este contenido interno. Si describimos la santidad cristiana en esta forma, debemos agregarle cuatro proposiciones: Es (1) una doble obra de gracia; (2) un estado del corazón; (3) un estilo de vida; y, (4) un imperativo progresivo.

1. *Una Doble Obra de Gracia*

La santidad evangélica es obra de la gracia divina de principio a fin. Esto contrasta con la idea de que la santidad es una especie de logro humanista que uno alcanza por sí mismo. Nuestras decisiones, disciplina, programas de oración, o cultivo del alma no nos hacen santos. La santidad es un don de gracia, ofrecido en Cristo y efectuado por el Espíritu. Esto también contrasta la santidad con una santidad moralista, que es simplemente el cumplimiento externo de reglas. La contrasta aún más con la santidad ceremonial, que consiste en efectuar los ritos correctos en forma correcta.

Además, esto significa más que un simple reconocimiento de que todos los movimientos de la redención provienen de la misericordiosa iniciativa de Dios. Necesitamos afirmar esto muy concretamente. La regeneración es una obra de gracia. Es el despertamiento interno efectuado por el Espíritu; es un milagro, y en ningún sentido puede efectuarse o duplicarse por medios sicológicos. De la misma manera, la entera santificación es una obra concreta en el alma. Es un cambio esencial más profundo que lleva a cabo el Espíritu Santo. Aunque esto no ocurre sin la intervención activa del creyente, es más que la suma total de lo que el creyente hace. No puede explicarse totalmente en términos de la rendición del creyente, o de alguna clase de descubrimiento sicológico.[10]

2. *Un Estado del Corazón*

Juan Wesley, en su controversia con John Taylor, insistió en la necesidad de un estado de santidad como base de la acción santa. Pero más tarde fue más cauteloso con la palabra "estado", cuando vio el peligro de la complacencia en una experiencia estática. No obstante, nunca cesó de afirmar la santidad real, en vez de la mera imputación. Aunque nuestra santidad es en Cristo, respecto a su fuente constante, es también una cualidad personal del carácter.[11]

Si el corazón es el foco del pecado, como Jesús enseñó (Mc. 7:21-22), el corazón debe ser también el centro de la purificación. Sólo la pureza de corazón (el corazón puro por el que oró David) puede proveer autenticidad y credibilidad a una vida santa. La santidad externa que no fluye del corazón, es sólo hipocresía e ilusión. Un elemento de consuelo en este punto es que Dios siempre ve el corazón santo como tal, aunque no sea evidente para los observadores críticos que sólo ven las fallas de pensamiento y de acción. La santidad es no solamente interna, sino que a veces está escondida. Esto no ofrece problema mientras definamos la santidad como pureza, y no como madurez.

3. *Un Estilo de Vida*

Aunque hay una doctrina de la santidad que debemos creer, la santidad es fundamentalmente una experiencia que podemos gozar y un estilo de vida que debemos seguir. El mandamiento es: "Como aquel que os llamó es santo, sed también vosotros santos en toda vuestra manera de vivir" (1 P. 1:15). Una persona santa nunca justifica el pecado deliberada o conscientemente. Más bien escoge cumplir el mandato: "Vestíos del Señor Jesucristo y no satisfagáis los deseos de la carne" (Ro. 13:14).

Y, esto no es inconsistente con el hecho de que la santidad es primordialmente interna, porque ningún corazón está cerrado en forma hermética; necesariamente es la fuente dinámica de un estilo de vida. Jesús dijo: "Si el árbol es bueno, su fruto es bueno... porque por el fruto se conoce el árbol" (Mt. 12:33).

Procurar que nuestra salvación llegue a ser nuestro estilo de vida y ética, es responsabilidad nuestra (Flp. 2:12). Esto requiere cierto grado de inteligencia y de gracia. Por tanto, tal vez se necesite algún tiempo para que lo externo armonice con lo interno. La acción puede ser todavía imperfecta por nuestra flaqueza, y hacernos víctimas de personas que sólo esperan la oportunidad para atacarnos. Pero la sinceridad del esfuerzo debe ser lo suficientemente obvia para asegurar credibilidad ante los testigos imparciales.

Sin embargo, aunque se requiere tiempo para perfeccionar al hombre externo en los detalles de la vida cristiana, ciertas características observables pertenecen desde el principio a toda santidad verdadera: Genuina disposición para lo espiritual, fuerte interés por lo moral y un estilo de vida religioso sumamente visible. La iglesia, la Biblia, la oración y el testimonio constituyen elementos nuevos y diferentes de la rutina diaria. La santidad es una vida estructurada por una apasionada devoción a Dios, y tal devoción no puede estar escondida. Es posible ser religioso sin ser santo, pero no es posible ser santo sin ser religioso o sin que la religión sea la dinámica penetrante en todas las áreas de la vida.

4. *Un Imperativo Progresivo*

La santidad es un imperativo universal, y es la norma irreductible para todos los agentes morales dondequiera que estén en el universo. Es más, es siempre un imperativo actual. Ser santo es una obligación presente. Posponer la santidad es preferir lo contrario a ella.

Pero el imperativo se extiende a la santidad como un continuo, creciente y progresivo andar con Dios. Ser santo es proseguir andando en la luz (véase 1 Juan 1:7). Puesto que la luz será progresiva, el andar debe ser progresivo. La santidad estática es una imposibilidad. La piedad que pierde su frescor es impiedad. En el corazón de la santidad auténtica hay una relación viva y de diálogo con el Señor. Esta relación implica comunicación mutua, instrucción, reprensión, restricción, dirección, descubrimiento y emoción. Hacemos decisiones morales; rechazamos tentaciones. Las adaptaciones de hábitos, costumbres, relaciones interpersonales, gastos, recreación; o sobre todo, las actitudes, son la respuesta diaria a la dirección del Espíritu. Y si contristamos al

Espíritu, nuestro pronto recurso es la Sangre, que sigue siendo la única base de nuestra justificación.

Sin embargo, esto no es esencialmente llegar a ser más santo, en el sentido de pureza o entera santificación. Es desarrollo del carácter. Es un progresivo andar con Dios, no hacia el camino de santidad, sino en el camino de santidad.

NOTAS BIBLIOGRÁFICAS

1. "Hombres, gatos, árboles y rocas, todos *son*; tienen ser, los encontramos en el mundo. Pero hasta donde sabemos, sólo el hombre tiene acceso a la conciencia de su ser, en el sentido de que no sólo es, sino que está consciente de que es, y está consciente también en cierto grado, de qué es él" (John Macquarrie, *Principles of Christian Theology* [New York: Charles Scribner's Sons, 1966], p. 54).

2. Eruditos modernos como Oscar Cullmann, en su rechazo de la doctrina platónica de la inmortalidad, han descartado la verdad junto con el error, y han aceptado el punto de vista extremo de una unidad cuerpo-alma indisoluble, que no puede probarse bíblicamente. Es cierto que la idea de Platón de que un espíritu puro, preexistente, fue contaminado por su conjunción con el vil cuerpo material, y que la inmortalidad es el escape del alma de su prisión física, no hace justicia al punto de vista bíblico de la santidad del cuerpo. Sin embargo, en las Escrituras se sobrentiende que el ser espiritual esencial del hombre sobrevive a la muerte física. Véase "Inmortalidad", "Alma", en *Diccionario teológico Beacon* (Kansas City: Casa Nazarena de Publicaciones, 1995); véase también Purkiser, Taylor y Taylor, *Dios, hombre y salvación* (Kansas City: Casa Nazarena de Publicaciones, 1991), pp. 268-274.

3. *Christian Theology*, 2:44-45. Véase A. M. Hills, *Fundamental Christian Theology* (Pasadena, CA: C. J. Kinne, 1931), 1:373-82.

4. *Works*, 9:342.

5. La mayordomía del hombre en obediencia a Dios, era resultado de su correcta relación con su medio ambiente. La ecología principia, no con el hombre como fin, sino con Dios.

6. *A Compendium of Christian Theology* (London: Wesleyan Conference Office, 1880), 1:427. Además comenta, "El [el Espíritu Santo] no agregó la imagen moral, pero guió los principios de acción del alma del hombre, creada a esa imagen" (*Ibid.*). Wiley distingue también entre "la rectitud moral de la naturaleza de Adán como estado subjetivo" o esencial y "la presencia y agencia del Espíritu", pero insiste en que los dos deben estar unidos en cualquier doctrina verdadera de santidad primitiva (*Christian Theology*, 2:47; cf. 47-50).

7. *Ibid.*, 1:428.

8. C. S. Lewis, *The Lion, the Witch, and the Wardrobe* (New York: Collier Books, 1976 [derechos reservados, 1956]).

9. *Works*, 6:64-65.

10. A veces esta insistencia en las obras divinas de gracia ha sido impugnada como una creencia en "magia". La magia es el intento de manipular el poder sobrenatural por medio de fórmulas o encantamientos. No hay ni la menor indicación de esto al afirmar el elemento milagroso en estos cambios. El hecho de que no sepamos cómo obra el Espíritu, o cuál sea la naturaleza exacta del cambio, en ninguna manera debilita la certeza de la realidad básica de la experiencia.

11. Véase su sermón "On the Wedding Garment", *Works*, 7:311.

3

La Maldad del Hombre

Las personas reflexivas ya no confían en la ciencia y en la educación en forma tan optimista como antes. Un estudio reciente reveló la deshonestidad prevaleciente entre los estudiantes universitarios.[1] Los robos en las tiendas y entre los empleados han alcanzado proporciones epidémicas. La corrupción política es tanto predominante como cínica. La disolución moral compite con la disoluta Pompeya. El terco rechazo del mundo académico a enfrentar la obvia pecaminosidad del hombre, inspiró a uno de los siquiatras más famosos, Karl Menninger, a escribir un libro de censura. El título fue, *Whatever Became of Sin*? (¿Qué pasó con el pecado?). El no quiso decir que el pecado hubiera desaparecido, sino que era tiempo de que los profesionales aceptaran la verdad y reconocieran la realidad horrenda del pecado.[2]

Pecado es un vocablo religioso. Implica la existencia de la ley divina y la maldad deliberada contra un Dios santo, por la cual el individuo es responsable. Pertenece al vocabulario de la ética. Desgraciadamente, dondequiera que esté el hombre, allí está el pecado. El humano, universalmente, hace el mal —éste es un simple hecho empírico.

El cristiano que aprende a pensar bíblicamente verá el pecado como la raíz de todos los males y problemas de la humanidad. Cada punzada dolorosa, cada estocada de pesar, cada asiento vacío y cada tumba ocupada, cada lágrima de aflicción de un corazón despedazado, toda la soledad, la injusticia, la crueldad y la violencia, cada amistad rota, cada ideal destrozado y arruinado, cada hogar desintegrado, cada pleito familiar ante la mirada angustiada de niños heridos, cada cárcel, cada prisión, cada guerra, encuentra su origen, directa o indirectamente, en el pecado. "Los necios se burlan del pecado" (Pr. 14:9). Sólo los necios lo hacen.

El pecado es, por tanto, el problema que hace necesaria la búsqueda de la santidad. Si es esencial entender la santidad de Dios y la naturaleza del hombre para tener una teología sana, es igualmente esencial entender el pecado. Así como un concepto correcto de la santidad divina dará dirección segura a nuestro concepto del pecado, lo opuesto también es verdad; nuestro concepto del pecado moldeará nuestras ideas acerca de Dios, de Cristo, de la expiación, y de la salvación misma.[3] Nuestra doctrina del pecado afectará necesariamente toda otra doctrina en nuestra teología de redención. Por tanto, no podemos proseguir en nuestro estudio de la santidad hasta que hayamos examinado cuidadosamente el problema de la maldad.

I. EL PRIMER PECADO

Es imposible sostener que la Biblia es coherente a menos que nos basemos en la premisa de que, no sólo la raza humana, sino también el pecado humano principió con Adán y Eva en el Edén. Este es el tema fundamental de todo lo que sigue en las Escrituras. Aunque el relato inspirado llega hasta nosotros envuelto en abundantes símbolos y metáforas, debe aceptarse como historia: Que en un marco de tiempo y espacio se permitió que la pareja original fuese tentada, y que ésta cayó, arrastrando consigo a toda la raza. La historia de la humanidad confirma que si "el hombre era perfectamente santo en su naturaleza moral, como Dios lo hizo, entonces hubo una caída desastrosa".[4]

A. ¿Por Qué Se Dio la Tentación?

1. *La Necesidad de Dominio Propio*

Dios deliberadamente puso un gobierno sobre el hombre que demandaba, como aspecto central, el dominio sobre sí mismo. Esto no habría sucedido si las órdenes de Dios hubieran terminado con el mandato: "Fructificad y multiplicaos; llenad la tierra y sometedla" (Gn. 1:28). Esta orden la habrían podido obedecer con excesos y presunción. Pero Dios agregó una prohibición que requería dominio propio. Esta es una prueba mucho más profunda de nuestra sujeción a Dios. Es una competencia entre Dios y el yo para conseguir la lealtad final y suprema del alma.

2. *La Prohibición*

Una prueba no habría sido posible si no hubieran habido límites específicos. Por tanto, al hombre se le indicó una sola restricción. "Tomó, pues, Jehová Dios al hombre y lo puso en el huerto de Edén, para que lo labrara y lo cuidara. Y mandó Jehová Dios al hombre, diciendo: 'De todo árbol del huerto podrás comer; pero del árbol del conocimiento del bien y del mal no comerás, porque el día que de él comas, ciertamente morirás'" (Gn. 2:15-17).

Resulta obvio que una sola restricción en medio de tantos privilegios ilimitados, no debía ser motivo de queja. No constituía ninguna carga ni privación. Sin embargo, representaba la subordinación del hombre a la autoridad de Dios. Adán debía tener restricciones en su dominio. Necesitaba que se le recordara perpetuamente que, aunque era rey, también era súbdito. Si el mundo estaba subordinado a él, él estaba subordinado a Dios. Sólo tal imposición de la ley podía prevenir un sentido falso de independencia. Además, podía mantener en Adán una conciencia saludable de que, aunque era superior que los animales, no era Dios, sino una criatura intermedia. Aunque ejerciera autoridad en una dirección, siempre debía ser humilde en la otra. "El señorío de Adán", dice Raymond Spencer, "estaba basado en su condición de siervo".

3. *Una Necesidad Moral*

La posibilidad de desobedecer que confrontó al hombre directamente, fue esencial para hacer una decisión moral con plena conciencia. Anteriormente (c. 2) dijimos que debía hacerse tal decisión para que la santidad original de Adán fuera ética. Además, la posibilidad contraria debía ser suficientemente atractiva para que fuera deseable, de otra manera no habría sido una prueba real. Si a los ojos de Adán y Eva el fruto del árbol hubiera parecido feo o nocivo, quizá lo hubieran evitado por amor a ellos mismos, no por el deseo de agradar a Dios. La obediencia es perfecta sólo cuando involucra dominio propio y abnegación frente a algo que parece bueno, y cuando es exclusivamente por el deseo de agradar a Dios antes que al yo. Por tanto, cuando Adán enfrentara tal atracción, y ante ella escogiera conscientemente obedecer a Dios, él llegaría a ser éticamente santo. La ley era, por tanto, un medio hacia el carácter moral, y con ello, a la herencia de la vida eterna.

4. *Un Arbol en Particular*

Al objeto prohibido se le llamó "el árbol del conocimiento del bien y del mal", no porque fuera intrínsecamente diferente de los otros árboles —cualquier otro hubiera servido para ese propósito—, sino porque al darle Dios ese nombre, llegó a ser la ocasión para obedecer o desobedecer. Si el hombre obedecía, obtendría conocimiento *experiencial* del bien moral; si desobedecía, poseería conocimiento *experiencial* y ético del mal moral. El conocimiento del bien es necesario para la felicidad humana, mas no el conocimiento personal del mal. Dios decidió que ciertas formas de conocimiento fueran solamente intelectuales. Por nuestro bienestar, necesitamos información acerca de los venenos, pero no necesitamos experimentarlos personalmente. Sólo el necio rehúsa aprender por la experiencia de otros e insiste en descubrir por sí mismo.

B. ¿Por Qué Intervino la Serpiente?

1. *La Intervención de Satanás*

El relato de Génesis no da a entender que Satanás fue el tentador y que solamente usó a la serpiente como medio de comunicación. Más bien, la acción se atribuye a que la serpiente "era más astuta que todos los animales del campo que Jehová Dios había hecho" (Gn. 3:1), como si hubiera sido capaz de iniciar tal confrontación por ella misma. Pero si fue así, tenía naturaleza moral y era mala, no "buena" como había sido declarada (1:31).

Es mejor ver esto como uno de los elementos simbólicos del relato. La serpiente fue portavoz de Satanás. Esta afirmación adquiere credibilidad cuando recordamos que en la tentación del segundo Adán se identifica claramente a Satanás como el tentador; y en otras partes se le llama "la serpiente antigua" (Ap. 12:9; 20:2).[5]

2. *La Fuente Externa*

Más profunda que la pregunta sobre la identidad de la serpiente es ésta: ¿Por qué se permitió que un tercer personaje entrara en escena? Porque es importante comprender que la tentación no resultó de una inclinación al mal o de un defecto moral en Adán y Eva. El contentamiento con la voluntad de Dios que caracterizó la santidad original, sugiere que sin la seducción inesperada de una fuente externa, el pecado no hubiera sido probable. Una tentación real se desarrolló sólo cuando la serpiente astuta pudo crear cierto grado de insatisfacción, de la cual brotaría naturalmente la curiosidad y el deseo de tener el objeto prohibido.

Además, es evidente que la pareja poseía una bondad innata, porque la tentación tuvo que ser engañosa para que tuviera éxito. Hubo una racionalización ingeniosa y sofisticada que hizo que lo malo pareciera bueno; "como la serpiente con su astucia engañó a Eva", es la manera en que las Escrituras lo mencionan (2 Co. 11:3).⁶

Todo esto es obvio en el caso de Eva. ¿Qué sucedió con Adán? Su pecado también fue incitado por persuasión externa, no nació de una deslealtad anterior en su corazón. Aunque el elemento de engaño fue menor, o tal vez no existió (1 Ti. 2:14), el elemento de persuasión fue mayor —por su propia esposa—. El "ambiente social" se había vuelto contaminante.

C. La Sicología de la Caída

El pecado entró a la raza humana por incredulidad, lo que explica por qué sólo puede vencerse por la fe. Cuando examinamos los pasos sicológicos de la caída, vemos más claramente que la duda fue el primer paso que llevó a la incredulidad y culminó en desobediencia y rebelión.

En realidad hubo tres restricciones que Eva rechazó a fin de comer el fruto prohibido: La restricción de la fe, la restricción del amor y la restricción de la obediencia. La primera restricción fue impuesta por la mente, la segunda por los afectos y la tercera por la voluntad.

1. *La Restricción de la Fe*

La restricción de la fe dijo: "Dios ha dicho... y la Palabra de Dios es verdadera. ¡Créela!" Si Eva hubiera respetado esta restricción —este obstáculo en su camino—, no hubiera dado un solo paso más. Cuando la serpiente presentó la insidiosa interrogante: "¿Conque Dios os ha dicho...?", y lanzó calumnias contra la integridad de Dios con la negación categórica: "No moriréis" (Gn. 3:1, 4), Eva debió haber dicho, quizá dando una patada en el suelo: "Esto es lo que dijo Dios, yo lo creo, y se acabó". Allí hubiera terminado todo. Pero ella rechazó la restricción de la fe al aceptar la pregunta de la serpiente, y al hacerlo, abrió la puerta al pecado.

Ella estaba ahora del lado de la duda. La duda pronto se convirtió en incredulidad, que es el rechazamiento de la palabra de Dios como la verdad. Habiendo permitido primero que la duda debilitara su confianza en la total suficiencia de la palabra de Dios, enseguida sustituyó esta palabra con sus propias facultades como juez de la verdad. Quien realmente cree que lo que Dios dice es verdad, está satisfecho con ello; no tiene que comprobarlo por sí mismo. Pero cuando uno principia a dudar de Dios, lo único que le queda es creer en sí mismo. Debe confiar en que su propio criterio está mejor calificado para percibir la verdad.

Por tanto, Eva examinó el árbol. Sintió la necesidad de verlo con sus propios ojos, porque ya no podía tomar por sentado que la palabra de Dios era verdad. Sus propias facultades parecieron confirmar la palabra de la serpiente. Vio que "era bueno para comer, agradable a los ojos y deseable para alcanzar la sabiduría" (Gn. 3:6). Su incredulidad se convirtió en falta total de fe, siendo "compelida" a la conclusión lógica de que no debía tomar seriamente la palabra de Dios, al menos no sin probarla primero. En este caso parecía no haber pasado la prueba.

Pero, ¿qué clase de pecado fue éste? Fue separarse de Dios como absoluta Autoridad de la verdad, y entronizar la razón humana. Este fue el génesis del racionalismo y la raíz del relativismo ético. Desde entonces el hombre ha buscado la verdad por medio de la probeta de sus facultades: su razón y sus sentidos. La incredulidad, por tanto, es el pecado de la mente que rechaza la Palabra de Dios como la única norma de significado último, y la sustituye sólo con el intelecto del hombre.

2. *La Restricción del Amor*

La segunda restricción que protegía el fruto prohibido era el amor. El verdadero amor desea agradar a su objeto y preservar a toda costa las relaciones felices. En el caso de Eva, el amor le hubiera dicho: "El compañerismo de Dios al aire del día es lo más importante y hermoso en tu vida. Sé feliz con ello y con los dones de su amor en este huerto; no lo contristes codiciando más de lo que ha dado".

Pero Eva había permitido que la serpiente sembrara una insinuación en su mente: "Serán abiertos vuestros ojos y seréis como Dios, conocedores del bien y el mal" (Gn. 3:5). Ella debió haber rechazado con indignación esta semilla de insatisfacción diciendo: "No quiero ser nada más, sino lo que Dios me ha hecho. Si El está satisfecho, yo lo estoy. Si El hubiera visto que yo necesitaba ese fruto, me lo habría dado". De manera que la confianza, ese elemento del amor que está perfectamente seguro de la bondad y de los móviles del otro, la hubiera salvado. Pero el amor fue herido por la sospecha y la ambición. Ella aceptó la sugerencia de que quizá podría ser más importante de lo que era, y ella quiso ese autoascenso. Al mismo tiempo concibió el pensamiento horrible de que Dios estaba engañándolos, a ella y a su esposo, de que El los estaba "privando" de algo. Así, el amor fue envenenado por la ambición y el resentimiento que exaltan el yo. Podríamos llamar a esto, orgullo.

Así como la incredulidad rechaza la Palabra de Dios como verdad, el orgullo rechaza la aprobación de Dios como el valor supremo. El amor sólo quiere a Dios y lo que El desea que tengamos. El orgullo, con su exagerada vanidad, imagina que merece más; el contentamiento es remplazado por el resentimiento, y después por la hostilidad. El hombre es ahora por naturaleza "adverso a Dios", como lo enuncia el credo.

Esto es pecado, porque la persona se separa de Dios y entroniza el yo como valor supremo. No es sólo orgullo, sino también idolatría. De ella emanan todas las formas de humanismo, las que ponen al hombre en el centro como "la medida de todas las cosas". En esa forma se duplica el pecado de Lucifer, de querer usurpar el trono de Dios. De esta vanidad jactanciosa se origina toda contienda que ha separado a los humanos (incluyendo las discusiones de los discípulos antes del Pentecostés y los conflictos entre los corintios).

Aquí puede verse también la progresión del pecado. Eva principió dudando de la confiabilidad de la palabra divina. Después dudó de la bondad de las intenciones de Dios. Esta actitud destruyó el amor. No podemos amar a Dios si dudamos que El busque nuestra mayor felicidad, y que todos sus tratos misteriosos con nosotros tengan este fin. Pero cuando cesamos de amar a Dios, amamos supremamente al yo y todos los placeres sin valor que el yo ha inventado, así como los tesoros que ha acumulado. En esa forma los afectos se desvían y se vuelven idólatras.

3. *La Restricción de la Obediencia*

La tercera restricción que Eva rechazó fue la obediencia. Esta representaba la sumisión a Dios como Soberano. El acto de desobediencia, con su terrible resultado, pudo todavía haberse evitado si ella se hubiera detenido a reflexionar: "Dios ha prohibido comer este fruto. No entiendo esta regla, pues el árbol me parece inofensivo. Es más, no me gusta la prohibición y pienso que es una restricción extrema. Pero aún así, Dios es Dios, su palabra es ley y yo obedeceré".

Así como la incredulidad rechaza la palabra divina como verdad, y el orgullo rechaza la aprobación de Dios como el valor supremo, la rebelión rechaza su autoridad. Se puede decir que la incredulidad es el pecado de la mente, que el orgullo es el pecado de los afectos, y que la rebelión es el pecado de la voluntad. En este punto se hace la decisión final de cometer o no cometer el acto de pecado. Eva dio el paso final.

En este acto, el pecado es autosepararse de Dios como Señor y Gobernador, y entronizar al yo como rey. Lo importante ahora son "mis derechos". El rebelde quiere completa autonomía, sin interferencia alguna. Su canción es: "Lo hice a mi manera", y su estribillo: "Nadie me dice qué hacer". Se rechaza la autoridad de Dios para dar lugar a la autoridad del yo. La obstinación remplaza a la sumisión. Un corazón obediente dice: "Obedeceré a Dios aunque no entienda sus acciones". Pero la obstinación dice: "Aun cuando Dios esté en lo correcto, y sin importar las consecuencias, demando vivir a mi manera".

Sin embargo, después de la duda, la desconfianza, el descontento y la desobediencia, rápidamente siguen la desilusión, la privación de derechos, la depravación y la muerte. De hecho, si bien teorizamos que el paso decisivo hacia la caída pudo haberse detenido antes de llegar al acto de pecado, la secuencia del pecado es tal, que una vez que se ha aceptado la duda, la resistencia se debilita, y las fases sucesivas siguen rápidamente una tras otra en forma casi inevitable. Si la teoría llamada del dominó es verdad en alguna forma, parece serlo en el desarrollo del síndrome del pecado.

D. La Gran Estafa de Satanás

Dios puso a Adán y Eva en una situación de libertad máxima y de restricción mínima. Ellos terminaron con libertad mínima y restricción máxima.

1. *La Libertad Perdida*

La astuta serpiente tuvo éxito en su engaño, haciendo creer a nuestros primeros padres que al rechazar los límites puestos por Dios, ellos aumentarían su libertad. Lo triste para ellos fue encontrar exactamente lo opuesto. Perdieron la libertad de un medio ambiente ideal y se enfrentaron a la necesidad de trabajar arduamente para comer. Perdieron la libertad de una salud perfecta y se vieron limitados por el cansancio y el dolor. Perdieron la libertad de la inocencia y estuvieron conscientes de apetitos anormales e incontrolables que ellos debían disciplinar, como lo simboliza el uso de la ropa. Perdieron la libertad de la comunión con Dios y se encontraron esclavos del miedo. Perdieron la libertad de la paz —libertad de conflictos y lágrimas—, y descubrieron la devastadora y pesada agonía del asesinato aun en su propia familia. Nada resultó como esperaban. Las pocas libertades que les quedaban eran como si hubieran estado entre paredes que poco a poco se cerraban inexorablemente. Sus opciones fueron cada vez menos, hasta que finalmente las paredes los oprimieron.

Lo que sucedió en el huerto del Edén fue "la gran estafa de Satanás", o "el gran engaño". La humanidad sigue siendo engañada por él. Este engaño es la locura de suponer que la ley destruye la libertad y que, por tanto, debemos escapar de la ley para tener libertad. Sin embargo, "la libertad absoluta", dice Eldon Trueblood, "es un absurdo absoluto". Parece increíble, pero los diarios informaron que unas activistas de una iglesia en Nueva York, sentadas en círculo, cantaban alabanzas a Eva por "haber cometido el primer acto libre". ¿Alabarla por desobedecer a Dios? ¿Es desobedecer a Dios un bien?

Tal pensamiento errado e irracional constituye evidencia incontrovertible de una mente depravada. La desobediencia de Eva fue un acto hecho en libertad, pero no por eso digno de alabanza, así como no consideramos virtuoso un asesinato simplemente porque fue voluntario y deliberado. Lo que Adán y Eva hicieron quizá fueron los primeros actos supremamente éticos, pero también fueron los últimos enteramente libres. Toda acción moral subsecuente de ellos o de cualquiera de sus descendientes, ha estado circunscrita y limitada por las consecuencias de su primera desobediencia doble.

2. *La Verdadera Naturaleza de la Libertad*

Lo que Satanás les ocultó fue la realidad que formaba parte de la naturaleza de la vida misma: Que la realización máxima de la libertad, su expansión óptima, y su eterna preservación se encuentran solamente en la perfecta sumisión a Dios. Esta es la paradoja de la realidad moral, y la verdad más profunda de la vida. Sólo de una sumisión perfecta resulta una autorrealización perfecta; sólo de la obediencia proviene la libertad. "Andaré en libertad", dijo el salmista, "porque busqué tus mandamientos" (Sal. 119:45).

La naturaleza del hombre está creada en tal forma que funciona propiamente sólo en el marco del gobierno de Dios. Cuando el hombre desobedece a Dios, su naturaleza decae, sus libertades tanto internas como externas disminuyen y se desvanecen, en tanto que sus cadenas se vuelven más fuertes y se multiplican. Hoy el hombre lucha por su libertad como alguien que lucha por respirar. Pero es como el perro nervioso que se ha enredado en su cuerda y cada vez que da vuelta alrededor del árbol, se enreda más. Si tan sólo dejara de ladrar y correr, y permitiera que su Amo viniera para ayudarlo.[7]

E. Los Efectos Personales del Pecado

1. La Pérdida de la Inocencia

Comer del árbol realmente hizo "sabios" a Adán y Eva, pero en una forma sorprendente. Sus ojos "fueron abiertos... y se dieron cuenta de que estaban desnudos" (Gn. 3:7). Su conocimiento ahora incluía la desalentadora conciencia de la culpa y la vergüenza. No fue una adición placentera o ventajosa. Ahora conocían el pecado, pero ya no tenían la paz y el gozo de la santidad, pues ésta quedó destruida. Lo que la serpiente no les dijo fue que ellos no podían alcanzar conocimiento experiencial del mal y al mismo tiempo continuar en posesión del bien.

2. La Culpa y la Separación

Como los niños que han desobedecido secretamente se sienten intranquilos en presencia de sus padres, Adán y Eva "se escondieron de la presencia de Jehová Dios" (Gn. 3:8). La Presencia que había estado en ellos ahora era externa para ellos, y le temieron. Este fue un rompimiento profundamente trágico de la comunión divino-humana. La confianza amorosa y gozosa que habían disfrutado se convirtió en temor e intranquilidad. Sus conciencias los reprendieron, y ellos supieron que ya no tenían derecho de gozar el amoroso favor de Dios. El pecado siempre produce un sentimiento de separación de Dios y de su reino.

3. La Muerte Espiritual

Dios les había prevenido: "El día que de él comas, ciertamente morirás" (Gn. 2:17). La serpiente aseveró con desdén: "No moriréis" (3:4). Pero ahora la muerte había llegado con su terrible realidad. Es cierto que en ese instante no dejaron de vivir física y mentalmente en su esfera terrenal. Tampoco cesarían de existir como personas conscientes y distintas. Pero, en el momento en que desobedecieron, ocurrió una muerte indeciblemente trágica; comparada con ésta, la muerte física posterior no sería más que un eco débil. La santidad, la inocencia, el amor perfecto, el dominio sobre el yo y la naturaleza, la tranquilidad y felicidad internas, la afinidad gozosa con el Creador y la creación, en suma, la vida espiritual, con sus ricas facetas, se había extinguido. La tercera dimensión fue eliminada y el hombre se convirtió en una criatura bidimensional. Nada le quedó de la plenitud anterior, sino una capacidad latente, marchita, y débiles señales de nostalgia. De cierto, el pecado no había extendido la vida; la había acortado.

II. El Significado del Pecado

Veremos que una filosofía razonable del pecado *per se*, se conforma perfectamente a lo que ocurrió en el huerto del Edén. El pecado es maldad de la que hay que dar cuenta a Dios.

A. Las Notas Esenciales del Pecado

1. *Delante de Dios*

Como se ha señalado, el pecado es un concepto religioso. Si no hubiera Dios, no podría haber pecado (quizá crimen, que es violación de las leyes de la sociedad sin relación necesariamente con un ser supremo; los comunistas hablan de crimen, pero no de pecado). Además, "delante de Dios" quiere decir ante su vista. El es el Evaluador de todas las acciones morales. Donde El no ve pecado, no hay pecado.

2. *Lo Incorrecto*

Aunque parezca trillado, es necesario decir que hacer algo incorrecto es desviación de lo que es correcto. Si no hubiera el concepto de correcto, no habría el de incorrecto. Es más, sería imposible reconocer lo incorrecto sin una norma de lo correcto que sea conocida y reconocible. No importa cuántas libertades se tome un obrero para construir una casa, no se puede decir que hizo algo incorrecto si no hay planos ni especificaciones.

Generalmente hay tres filosofías básicas de lo que es correcto e incorrecto: (*a*) Anarquía ética: Todo hombre es ley a sí mismo. (*b*) Relativismo ético: Lo correcto y lo incorrecto son determinados por nuestra sociedad, o por la situación ética misma (o por ambas);

y por tanto, puede haber muchos sistemas éticos, cada uno igualmente "correcto" en su marco cultural. Este acercamiento presupone la negación de absolutos morales. (*c*) Absolutismo ético: La moralidad está basada en Dios; su autoridad en el campo de la ética es absoluta y final; los factores esenciales básicos de lo correcto y lo incorrecto delante de Dios son inmutables y universalmente válidos; Dios ha revelado sus normas de lo correcto y lo incorrecto, y esta revelación es asequible. Esto no excluye un grado de legitimidad en el concepto del relativismo, si se mantiene subordinado al absolutismo bíblico.

La implicación final es que la violación de la norma de Dios es pecado; la conformidad a ella es lo correcto (santidad).

Hasta aquí hemos hablado del pecado "legal", esto es, la discrepancia entre la acción y la norma objetiva. Se llama legal, porque la ejecución no logra cumplir la ley escrita o no alcanza la norma absoluta; por tanto, forzosamente es desaprobada y debe corregirse. Los llamados pecados por yerro o ignorancia (Lv. 4:2; 5:14-17; Nm. 15:27-31) estarían en esta categoría. Según las leyes, se viola el límite de velocidad cuando se excede, aunque el conductor no se dé cuenta de su violación. Pero esa *hamartia* no intencional (fallar) no es pecado *per se*, o pecado "propiamente dicho" (Wesley), porque carece del elemento necesario para que el pecado sea maligno: El deseo de hacer el mal. Este es el elemento que hace del pecado un mal moral que requiere condenación, así como desaprobación. Aquí se encuentra la distinción entre el concepto legal y el concepto ético de pecado. Por tanto, debemos incluir otra expresión.

3. *Rendición de Cuentas*

Cuando decimos que una persona debe rendir cuentas, queremos decir que es lo suficientemente responsable, como agente moral inteligente, como para justificar que Dios y el hombre la consideren responsable de sus obras. Pero esto implica que merece censura si las obras son malas; es decir, es propio culpar a la persona e imponerle castigos. Si no es responsable, no es digna de culpa. Esto señala el elemento más esencial del pecado *per se*: el demérito. Sin demérito, o verdadera culpa (para distinguirla de meros sentimientos de culpabilidad), el pecado pierde su pecaminosidad excesiva. Pudiera ser:

—sólo un accidente, digno de lástima, pero no digno de castigo; o

—sencillamente una desgracia, también digna de lástima, pero no digna de castigo.

Los elementos de la rendición de cuentas se han indicado indirectamente, pero quizá debamos separarlos para considerarlos en forma más detallada. El primero es la inteligencia: Ni a los idiotas ni a los bebés se les puede exigir que rindan cuentas. Por eso hablamos propiamente de la "edad de responsabilidad". El segundo elemento es el conocimiento: En justicia, no se puede responsabilizar a los humanos por el conocimiento que no tienen y que no han tenido oportunidad de adquirir.[8] El tercer elemento es la libertad: Donde no hay opción personal, no puede haber la obligación de rendir cuentas. Es imposible que el determinismo puro hable significativamente de pecado o de virtud.

A. W. Tozer dice:
> Donde no hay libertad de escogimiento, no puede haber pecado ni rectitud, porque lo natural es que ambos sean voluntarios. No importa cuán bueno sea un acto, no es bueno si se impone desde afuera. La imposición destruye el contenido moral del acto y lo anula e invalida.[9]

Un niño puede ser castigado justamente por haber huido de su casa, mas no por haber sido secuestrado. Mentir es digno de culpa; estar sinceramente equivocado no lo es. Por tanto, sólo los agentes morales pueden cometer pecado; las máquinas, los robots o los títeres no pueden pecar. Y el pecado puede ocurrir sólo dentro de un contexto de inteligencia, conocimiento y libertad.

Un cuarto elemento es la volición. Los primeros tres elementos de la rendición de cuentas pueden llamarse prerrequisitos subjetivos, por los que el pecado es potencial. Pero ahora lo potencial se vuelve real. Dentro de los límites de la libertad (que aunque sea limitada, es real), debe haber el ejercicio del poder de escogimiento. Esto no quiere decir que sólo las acciones premeditadas puedan ser pecaminosas. Los pecados de debilidad e impulso también son dignos de culpa, porque podrían haberse evitado si se hubiera tenido más cuidado, y porque al cometerlos hubo consentimiento. Es cierto que a veces el agente moral cae en el engaño de su mente carnal, y peca en contra de sus mejores deseos e intenciones (Ro. 7); estos son pecados "sorpresivos" de pasión o de reacción no cristiana. Sin embargo, hay una participación volitiva sutil, y la consecuencia es el sentimiento de condenación y culpabilidad.

Tal pecado puede tomar varias formas: Puede cometerse mentalmente, sin una acción externa (Mt. 5:22, 28). Puede ser pecado de comisión u omisión. Puede ser pecado de la carne, como desviación sexual o intemperancia; o puede ser pecado del espíritu, como codicia, rencor o envidia.

Pero en todas estas formas están presentes los elementos fundamentales del pecado que se señalan en la Biblia. Por estos elementos, el punto de vista cristiano acerca del pecado se distingue (*a*) del gnóstico, el cual tiende a definir el pecado como ignorancia; (*b*) del existencialista y neoortodoxo (p.e., Reinhold Niebuhr), que tienden a atribuir el origen del pecado a la finitud del hombre; éstos implican que la culpabilidad del hombre se diluye por la debilidad inherente de su naturaleza; y (*c*) de los conceptos calvinista y luterano; éstos recalcan el concepto legal del pecado, de tal manera, que lo extienden para incluir las flaquezas amorales; y también recalcan la depravación irremediable del hombre, de tal manera, que ninguna obra puede escapar completamente de la corrupción del pecado. Estos últimos no son conceptos profundos del pecado (como se asegura con frecuencia), sino superficiales, porque minimizan la verdadera culpabilidad del hombre, y a la vez hablan de un defecto inherente que está fuera del alcance de la gracia correctiva.

Por tanto, la palabra "responsable" debe estar presente en nuestra definición de pecado; de otra manera, nos encerramos en una percepción del pecado mecánicamente legalista. Esta es la infinita diferencia cualitativa entre pecado y error o equivocación no intencional. Confundir los pecados con los errores es eliminar todas las distinciones morales. "Catalogar todo de pecado... es no darle importancia alguna al pecado".[10] En base a las distinciones morales puede verse también la diferencia cualitativa entre pecaminosidad y flaqueza.

En suma, cuando se usa el término "pecado" para un acto incorrecto por el cual la persona no es responsable, y por tanto, no es culpable, se usa en un sentido adaptado y subético. Cuando el pecado se define exclusivamente en relación a la norma objetiva, el resultado es legalismo y desesperación, o descuido e indiferencia.

Sin embargo, el peligro opuesto requiere una palabra de advertencia. El punto de vista ético del pecado no debe recalcarse al grado de olvidar que las normas objetivas existen y deben aceptarse. Cuando el pecado se define exclusivamente en relación a factores subjetivos (como si lo único importante fuese la intención, y no la norma), la tendencia resultante es el relativismo en la ética, el antinomianismo en la teología, y la superficialidad en la religión.

Es obvio que el pecado de Adán y Eva fue totalmente ético. Fue un acto incorrecto por el cual tuvieron que rendir cuentas ante Dios. Se les dio una norma clara que ellos entendieron. Actuaron en libertad, como personas con plena responsabilidad. Desobedecieron voluntariamente. Ambos pecaron.[11]

B. El Veredicto de la Escritura

El concepto normativo de pecado en la Biblia es totalmente ético. Esto puede mostrarse en dos maneras:

1. *Pasajes Definitorios*

Cuatro textos en el Nuevo Testamento, aunque técnicamente no son definiciones completas, son de naturaleza definitoria, y se refieren al pecado ético.

a. "Pero el que duda sobre lo que come, se condena a sí mismo, porque no lo hace con fe; y todo lo que no proviene de fe, es pecado" (Ro. 14:23). La conducta que no armoniza con la fe, en el sentido de una "convicción fuerte a la luz de su relación con Cristo y su conciencia iluminada",[12] es pecaminosa, y la persona es totalmente responsable, pues es conducta que afecta la conciencia. Revela el deseo intencional de tomar riesgos morales. Esa mentalidad que está más interesada en satisfacciones personales y libertades que en rectitud personal, es pecaminosa, porque no es la mentalidad que corresponde a la fe.

b. "El que sabe hacer lo bueno y no lo hace, comete pecado" (Stg. 4:17). Esta es la negligencia deliberada de un deber conocido, o el rechazo intencional de lo que se percibe como el curso de acción correcto. Claramente esto corresponde a la ética en su totalidad.

c. "Toda injusticia es pecado" (1 Jn. 5:17). Aquí la palabra es *adikia*, que según el uso en el Nuevo Testamento es más que un acto no correcto, como un error. Es el rechazo deliberado de la verdad, en afecto y en acción; es iniquidad en oposición a la verdad.[13] El *adikia* "no de muerte" es el pecado que aunque puede ser visto por los hermanos, no es final; no es apostasía completa (véase Gl. 6:1).

d. "Todo aquel que comete pecado, infringe también la Ley, pues el pecado es infracción de la Ley" (1 Jn. 3:4). La palabra *anomia*, "no ley", no quiere decir un estado sin ley o ignorancia de la ley, sino insubordinación a la ley. Esto pertenece totalmente a la ética.[14]

2. *Términos Bíblicos*

El intento de analizar términos hebreos y griegos relativos al pecado es de valor limitado. Esto se debe, en parte, a la numerosa cantidad de términos que denotan conducta inaceptable. Pero el efecto se complicaría por la necesidad de estudiar cada uso del término en su contexto inmediato, porque la misma palabra no siempre tiene significados precisamente idénticos. El estudio a fondo de términos sería tarea de un libro entero;[15] en este volumen debemos contentarnos con un breve estudio de algunos de los términos principales del Nuevo Testamento.

a. Hamartia: Literalmente significa errar al blanco. Sin embargo, aunque este significado etimológico nunca debe perderse de vista por completo, no es una clave exacta en cuanto al uso en el Nuevo Testamento. *Hamartia* es el término primario para pecado. Se usa por lo menos 175 veces, además de la forma verbal *hamartano*, y una variante, *hamartema*. Se usa para denotar la naturaleza pecaminosa, "el elemento interno que produce los actos" (Vine). Se encuentra, por ejemplo, en Romanos 3:9; 6:1-2; 7:7-9, 11, 13, y otros. También se usa para personificar el pecado como un poder gobernante organizado, como en Romanos 5:21; 6:12; 7:20; 8:2; 1 Corintios 15:56; Hebreos 3:13; Santiago 1:15, y otros. Se usa genéricamente para pecado, refiriéndose a éste en sentido abstracto; pero a veces se refiere a una obra maligna específica, por ejemplo, en Mateo 12:31; Hechos 7:60. En unos pocos casos, también la palabra probablemente se usó para trasmitir su sentido literal original, y debería traducirse como "deficiencias" o "faltas" (Lc. 11:4; 1 P. 4:8; posiblemente también Stg. 5:16). El uso más significativo es con el artículo, "el pecado", que aparece 28 veces en Romanos 5:12—8:4, donde Pablo discute la ley del pecado en relación a la santificación.[16]

b. Paraptoma: Primariamente, significa un paso en falso, que pudiera ser una deslealtad que lleva a la apostasía, como en Hebreos 6:6; o una falta menos seria como en Gálatas 6:1: "Hermanos, si alguno es sorprendido en alguna falta". Es muy probable que el sentido de deficiencia y descuido del ser humano esté al menos incluido en el uso que Jesús hace de *paraptomata*, que sigue al Padrenuestro: "Por tanto, si perdonáis a los hombres sus ofensas [faltas], os perdonará también a vosotros vuestro Padre celestial; pero si no perdonáis sus ofensas a los hombres, tampoco vuestro Padre os perdonará vuestras ofensas" (Mt. 6:14-15). La forma en que Jesús usa esta palabra nos ayuda a comprender el significado que quiso comunicar al usar *ofeilemata*, deudas, en la oración misma: "Perdónanos nuestras deudas, como también nosotros perdonamos a nuestros deudores" (v. 12). Esto incluiría faltas volitivas y culpables, pero también podría referirse a deficiencias no intencionales. Al menos la oración no puede interpretarse como prueba de que el pecado ético continuo deba ser la práctica diaria del cristiano.[17] Sin embargo, la oración es siempre un recordatorio apropiado de que, en el mejor de los casos, dependemos de la misericordia divina; estamos eternamente en deuda con la gracia de Dios, porque no alcanzamos la norma absoluta de la semejanza a Cristo.

c. Apistia: Incredulidad. Algunas veces esta palabra se refiere a la "infidelidad" evidente y pecaminosa, como en Romanos 3:3 (Biblia de las Américas). Generalmente es la deliberada falta de fe, o la negativa a creer en el evangelio (Mr. 16:14; Ro. 4:20; 1 Ti. 1:13; y otros). En algunas ocasiones puede significar una fe débil que todavía caracteriza al cristiano no santificado (Mt. 17:20 [algunos manuscritos] y Mr. 9:24). Si, "sin fe es imposible agradar a Dios" (Heb. 11:6), obviamente le desagrada la incredulidad. Puesto que somos salvos por creer "en el Señor Jesucristo" (Hch. 16:31), no creer es permanecer sin salvación. La incredulidad es pecado ahora, por la misma razón que fue el rompimiento inicial con Dios en el huerto: En el fondo es difamar a Dios.

d. Apeitheia: "La condición de ser impersuadible, denota terquedad, un rechazo obstinado de la voluntad de Dios" (Vine). Este pecado es totalmente ético y culpable, como se ve con claridad en pasajes como Efesios 2:2; 5:6; Romanos 11:30, 32; Hebreos 4:6, 11. La versión Reina-Valera 1995 a veces traduce la palabra como "desobediencia" y a veces como "incredulidad". Esto es comprensible, porque la condición no se debe a una dificultad intelectual o a la incapacidad para creer, sino que la persona intencionalmente rehúsa creer debido a su renuencia a obedecer.

e. Parakoe: Oír mal, rehusar oír. Este también puede ser un acto de desobediencia. En Romanos 5:19 se usa este término para denotar la clase de pecado del que fue culpable Adán —"la desobediencia de un hombre". Tal pecado merece castigo (2 Co. 10:6; también Heb. 2:2).

f. Parabasis: Pasar sobre, una transgresión definida de la ley; "la violación de una ley definida, promulgada y ratificada" (Thayer), como en Romanos 4:15; 1 Timoteo 2:14. La palabra se usa sólo siete veces, pero en forma muy significativa. Mientras que *hamartia* podría aplicarse a "los pecados por ignorancia", no es así con *parabasis*. Esta es siempre una violación conocida de una ley conocida, concordando precisamente con Wesley en su definición de pecado "propiamente dicho". *Hamartia* no es imputado como pecado cuando se carece del conocimiento pleno de la ley. Esto quiere decir que el *hamartia* que prevaleció desde Adán hasta Moisés fue menos ético que el *parabasis* de Adán —su transgresión deliberada de una ley conocida (Ro. 5:12-14).

g. Anomia: Fuera de la ley. Este término se usa 15 veces, y 9 veces como *anomos* y *anomōs*. Generalmente se traduce "iniquidad". Este vocablo habla de la maldad del hombre rebelde que quiere eliminar no sólo la ley, sino también al Legislador. En referencia a 1 Juan 3:4, Vine dice: "Esta definición de pecado presenta su carácter esencial como rechazo de la ley o de la voluntad de Dios, sustituyéndola por la voluntad del yo". Dice además que esta voluntad culminará con la manifestación del "impío" (2 Ts. 2:8), quien intentará "por el poder de las tinieblas acabar con el gobierno divino".[18] Cuando los creyentes toleran algún vestigio de la mente carnal, que es "enemistad contra Dios" (Ro. 8:7), en ese sentido están en terreno de Satanás. Si viven cuando el anticristo principie a exaltarse, estas personas se sorprenderán al encontrar en ellas una inesperada simpatía hacia él y al menos una cegueedad parcial a lo que realmente está sucediendo.

h. Adikia: También se traduce como "iniquidad" (seis veces), aunque generalmente como "injusticia" (véase Lc. 16:9; Ro. 1:18; 6:13; 2 Ts. 2:10; Heb. 8:12: 2 P. 2:13; 1 Jn. 1:9; y otros). Pablo usa una vez este término subéticamente, aunque en forma irónica (2 Co. 12:13). Aparte de esto, su uso es completamente ético. Expresa no sólo actos incorrectos específicos, sino también (y normalmente) un compromiso establecido con la iniquidad, placer en el pecado, que no puede ser nada menos que una inclinación fundamental del carácter personal (véase Ro. 1:29; 2:8; 3:5; 2 Ts. 2:12). En 1 Juan 1:9 es muy clara la distinción entre pecados que necesitan ser perdonados y una desviación interna del alma que necesita ser purificada: "Si confesamos nuestros pecados, él es fiel y justo para perdonar nuestros pecados y limpiarnos de toda maldad".

i. Asebeia: Impiedad. Se usa 14 veces junto con las formas verbal y adjetiva. Arndt y Gingrich dicen: "Falta de piedad, impiedad en pensamiento y en acto". Este es también un estilo de vida y una cualidad del alma. La impiedad no es primordialmente lo que hacen las personas, sino la característica fundamental de su estilo de vida; no sólo viven sin Dios, sino que además no lo echan de menos.

SUMARIO

Es evidente que el concepto de pecado que se halla a través de las Escrituras, es virtualmente el mismo que el que se desarrolla al estudiar el evento trágico en el huerto del Edén. En otras palabras, una doctrina del pecado desarrollada en base a Génesis 1—3 sería, en esencia, igual a una doctrina del pecado desarrollada en base al resto de las Escrituras. El pecado es desobediencia a Dios, y es el acto libre de un agente libre, completamente responsable de su decisión. Pero esta desobediencia contiene cuatro momentos: (*a*) Estados preparatorios de incredulidad y orgullo en el corazón; (*b*) culpa, condenación y separación concomitantes; (*c*) actitud resultante de autosoberanía (o egocentrismo)[19] y rebelión; (*d*) inversión de valores progresivamente cumulativa, ceguera moral, esclavitud de la voluntad y deterioro general. El pecado como acto tiene efectos que son tanto relacionales como subjetivos. En esa forma, el pecado no sólo se vuelve asunto de un registro de hechos, sino de carácter, aun de naturaleza. Es a esta clase racial de pecado que ahora volvemos nuestra atención.[20]

APÉNDICE: ACTITUDES Y PRÁCTICAS CONDENADAS EN EL NUEVO TESTAMENTO

Lo que sigue es una lista de males (según la versión Reina-Valera 1995) que el Nuevo Testamento identifica como pecaminosos. Generalmente se da sólo una referencia para cada palabra, aunque en muchos casos el término aparece con frecuencia. No pretendemos que esta sea una lista exhaustiva. Sin embargo, provee un sumario notablemente completo de la clase de conducta y relación interpersonal que es irreconciliable con la vida cristiana.

1. Acepción de personas, parcialidad, Santiago 2:1-4, 9
2. Adulterio, Marcos 7:21
3. Afeminación, 1 Corintios 6:9
4. Amargura, Efesios 4:31

La Maldad del Hombre / 67

5. Amor al mundo, Santiago 4:4
6. Amor a los deleites, 2 Timoteo 3:4
7. Anarquía, Romanos 13:1-4
8. Apostasía, Hebreos 6:6
9. Atrevimiento, 2 Pedro 2:10
10. Avaricia, Marcos 7:22
11. Avidez, Efesios 4:19
12. Blasfemia contra Dios, Santiago 2:7
13. Blasfemia contra el hombre, calumnia, 2 Timoteo 3:2-3
14. Borracheras, 1 Corintios 6:10
15. Celos, Gálatas 5:20
16. Cobardía, Apocalipsis 21:8
17. Codicia, Romanos 7:7-8
18. Contiendas, Romanos 1:29; véase Filipenses 2:14
19. Crueldad, 2 Timoteo 3:3
20. Deslealtad, Romanos 1:31
21. Desobediencia, Colosenses 3:6
22. Desobediencia a los padres, Romanos 1:30
23. Divisiones, Gálatas 5:20
24. Doblez, 1 Timoteo 3:8
25. Dureza de corazón, Hebreos 3:15
26. Egoísmo, 2 Timoteo 3:2
27. Enemistad, Gálatas 5:20
28. Enemistad contra Dios, Romanos 1:30
29. Engaño, Romanos 1:29
30. Envidia, Marcos 7:22
31. Espíritu que no perdona, Mateo 6:15
32. Estafa, 1 Corintios 6:10
33. Falsedad, 2 Pedro 2:1
34. Fornicación Marcos 7:21
35. Glotonería, Tito 1:12
36. Gritería, Efesios 4:31
37. Hechicería, Gálatas 5:20
38. Herejía, Gálatas 5:20; véase 1 Timoteo 4:1-5
39. Hipocresía, 1 Pedro 2:1
40. Homicidio, Marcos 7:21
41. Homosexualismo, 1 Corintios 6:9
42. Hostilidad hacia el bien, 2 Timoteo 4:1-5
43. Hurto, Marcos 7:22
44. Idolatría, 1 Corintios 6:9

45. Implacabilidad, Romanos 1:31
46. Impureza, malos deseos, Colosenses 3:5
47. Incredulidad, Hebreos 3:12
48. Indiferencia a la necesidad humana, Mateo 25:41-46
49. Injuria, Romanos 1:30
50. Inmundicia, Romanos 1:24
51. Invención de males, Romanos 1:30
52. Ira, odio, Gálatas 5:20
53. Juzgar a otros, Mateo 7:1
54. Lengua sin freno, Santiago 1:26
55. Lesbianismo, Romanos 1:26
56. Lujuria, Marcos 7:22
57. Malas sospechas, 1 Timoteo 6:4
58. Maldad, Romanos 1:29
59. Maledicencia, Efesios 4:31; 1 Corintios 5:11
60. Malos pensamientos, Marcos 7:21
61. Mayordomía infiel, Mateo 25:25-30
62. Mentira, Romanos 13:9
63. Murmuración, Romanos 1:30; véase Filipenses 2:14
64. Necedades, Efesios 5:4
65. Negligencia, Hebreos 2:3
66. Obstinación, 2 Pedro 2:10
67. Ociosidad, 1 Tesalonicenses 5:14; véase 2 Tesalonicenses 3:11
68. Orgías, Gálatas 5:21
69. Orgullo, soberbia, Romanos 1:30; véase 2 Timoteo 3:4
70. Palabras corrompidas, Efesios 4:29
71. Palabras deshonestas, Efesios 5:4
72. Pereza, irresponsabilidad, 2 Tesalonicenses 3:11
73. Perjurio, 1 Timoteo 1:10
74. Perversidad, Romanos 1:29
75. Pleitos, Gálatas 5:20
76. Profanación, Hebreos 12:16
77. Rebelión, insubordinación, 2 Pedro 2:10
78. Rivalidad, Filipenses 2:3
79. Seducción, engaño, 2 Timoteo 3:13
80. Servir para ser vistos, Efesios 6:5-7
81. Sin afecto natural, Romanos 1:31
82. Sin misericordia, Romanos 1:31
83. Tibieza espiritual, Apocalipsis 3:15-16
84. Traición, 2 Timoteo 3:4
85. Vanidad, Filipenses 2:3; Romanos 1:30
86. Venganza, Romanos 12:17, 19

NOTAS BIBLIOGRÁFICAS

1. Carnegie Foundation's Council on Policy Studies in Higher Education, informe de Tom Braden, 19 de mayo, 1979.

2. *Whatever Became of Sin?* (New York: Hawthorn Books, 1973).

3. Véase Richard S. Taylor, *A Right Conception of Sin* (Kansas City: Nazarene Publishing House, 1945), p. 9.

4. J. Paul Taylor, *Holiness, the Finished Foundation*, p. 20.

5. En Wiley, *Christian Theology*, 2:66-81, encontrará una explicación acerca de Satanás, los demonios y el origen del mal. Para leer un comentario acerca de la serpiente, vea *Ibid.*, p. 56, incluyendo la nota al pie de la página.

6. Posiblemente se levante esta pregunta: Si Eva fue engañada, ¿por qué tuvo culpa? Fue engañada porque aceptó la palabra de la serpiente como si hubiese sido superior a la de Dios. Esta fue una reacción opcional de su parte, no fue automática ni forzada. Por eso fue culpable.

7. Sabias son estas palabras: "En el fondo de toda libertad hay un grano de prohibición que asegura la existencia de la libertad misma. No obstante, nosotros, con el afán de ser libres, a veces enfocamos nuestra atención en ese grano de prohibición y procuramos deshacernos de él... olvidando que bien puede ser el elemento crucial que hace que el todo opere libremente... Hay ciertas cosas que no puedo hacer y ser libre" (autor desconocido).

8. En algunas situaciones somos responsables de nuestra ignorancia. El dicho: "Ante la ley, la ignorancia no es excusa" implica que podríamos y deberíamos habernos informado. Sin embargo, la ignorancia absoluta, que es también ignorancia inocente, es excusa delante de Dios (Hch. 17:30).

9. *That Incredible Christian* (Harrisburg, PA: Christian Publications, 1964), p. 30.

10. W. T. Purkiser, *Creencias para la vida* (Kansas City: Casa Nazarena de Publicaciones, 1994), p. 41. Se ha dicho que Juan Wesley tenía un concepto trino del pecado: (1) Como la transgresión voluntaria de una ley conocida; (2) como pecado original o heredado; (3) como falla o el no cumplir la perfecta ley de Dios. Esta última es cuestionable. Aunque Wesley reconoce que toda falla necesita ser cubierta con la sangre de Cristo, rehúsa aceptar que pueda llamarse propiamente pecado cuando se comete inadvertidamente o sin intención. Insiste en que muchos errores respecto a la norma perfecta "no son de ningún modo contrarios al amor", por tanto, no son "pecados en el sentido bíblico". Después dice: "Usted puede llamar pecado a tales transgresiones si le place; yo no las llamo así". También dice: "A los que las llaman así, aconsejo tener cuidado de no confundir estos defectos con lo que es propiamente llamado pecado. Pero, ¿cómo podrán evitarlo? ¿Cómo podrá distinguirse el uno del otro, si todos son igualmente llamados pecados? Temo que, si concediéramos que algún pecado es compatible con la perfección cristiana, pocos limitarían la idea a aquellos defectos de los cuales puede ser verdad la afirmación" (*La perfección cristiana*, Kansas City: Casa Nazarena de Publicaciones, 1979, pp. 44-45).

11. L. Harold DeWolf claramente distingue entre pecado legal y pecado ético, pero usa los términos "formal" en vez de ético, y "material" en vez de legal. *A Theology of the Living Church* (New York: Harper and Brothers, Publishers, 1953), p. 182.

12. Archibald Thomas Robertson, *Word Pictures in the New Testament* (New York y London: Harper and Brothers, Publishers, 1931), 4:416.

13. Véase Romanos 1:18; 2 Tesalonicenses 2:10-12; Juan 7:17-18; 1 Juan 1:9. Véase W. E. Vine, "Unrighteousness", *Expository Dictionary of New Testament Words* (Westwood, NJ: Fleming H. Revell Co., 1966); también Cremer; Arndt y Gingrich.

14. Pasajes que apoyan son: (*a*) Juan 9:39-41, que implica que la culpa se determina por la luz; (*b*) Romanos 5:12-13, que declara que el pecado no es imputado (es decir, cargado en contra de uno como pecado) cuando no hay suficiente conocimiento; (*c*) 1 Juan 3:6-10, que excluye el pecar de la vida cristiana aun como posibilidad: Lo que es moralmente imposible que los cristianos practiquen, sólo podría ser pecado ético. Véase *ESC*, 1:221-23.

15. Véase C. Ryder Smith, *The Bible Doctrine of Sin* (London: Epworth Press, 1956).

16. William M. Greathouse, "Romanos", *Comentario Bíblico Beacon* (Kansas City: Casa Nazarena de Publicaciones, 1991), 8:116; en adelante *CBB*.

17. El uso de *hamartias*, "pecados", en Lucas 11:4 no refuta esta posible flexibilidad, puesto que ya hemos notado la imprecisión de *hamartia*.

18. Vine, *Expository Dictionary*, 2:317.

19. En *Hardness of Heart* (Garden City, NY: Doubleday and Co., 1955), E. La B. Cherbonnier desarrolla la tesis de que la esencia del pecado es la idolatría.

20. Para conocer otros estudios de palabras, véase Wiley, *Christian Theology*, 2:82; Turner, *The Vision Which Transforms*, pp. 27-32, 99-107; Carl G. Kromminga, "Sin", *Baker's Dictionary of Theology*, p. 486.

Para estudiar más acerca de la doctrina del pecado, véase Purkiser, Taylor y Taylor: *Dios, hombre y salvación*, cc. 4; 7; 16—17; Richard S. Taylor, *A Right Conception of Sin*; Donald S. Metz, *Studies in Biblical Holiness* (Kansas City: Beacon Hill Press of Kansas City, 1971), pp. 52-85; especialmente Wiley, vol. 2, cc. 18—19.

4

Los Efectos Raciales de la Caída

La universalidad del pecado es central en la teología de Pablo. La presencia del pecado, no sólo en toda cultura, sino en cada persona, es la premisa clave en su evangelio: "Hemos demostrado que todos, tanto judíos como gentiles, están bajo el pecado" (Ro. 3:9), porque "todos pecaron y están destituidos de la gloria de Dios" (v. 23). Pero ésta no es una nueva doctrina acerca del hombre; es sólo un eco de lo que dice el Antiguo Testamento: "Todos nosotros nos descarriamos como ovejas, cada cual se apartó por su camino" (Is. 53:6).

La universalidad del pecado, por tanto, difícilmente sería un asunto de serio debate. L. Harold DeWolf dice: "Cuando estamos plenamente conscientes de toda la extensión y sutileza del pecado, nos es difícil eludir la convicción de que las Escrituras hablan de nuestra condición cuando dicen que todos somos pecadores, todos".[1] Así que el problema que queda por considerar es: ¿Cómo se explica esta universalidad del pecado?

I. Teorías del Pecado Racial

A. Teoría del Medio Ambiente

Esta es la creencia de que la maldad del individuo es el producto de su medio ambiente maligno. Los sistemas y estructuras de la sociedad son malos. Una expresión sociológica moderada de esta idea se encuentra en *Moral Man and Immoral Society* (Hombre moral y sociedad inmoral), de Reinhold Niebuhr.[2] El supone que la sociedad por su mera naturaleza es violenta, coercitiva e inmoral, a tal grado que el individuo no tiene escapatoria de participar en la culpa. Además, el problema no tiene remedio. "Hay un carácter brutal e impersonal en la conducta colectiva del hombre que corresponde al orden de la necesidad natural, y que nunca puede estar completamente bajo el dominio de la razón o la conciencia".[3]

Floyd Martinsen enseña una forma sicológica de la teoría del medio ambiente. El dice: "La naturaleza humana, como la conocemos en los actos del hombre en la sociedad, se adquiere después del nacimiento".[4] La raíz de este punto de vista puede ser la idea de John Locke acerca de la tabla rasa: "Un niño es una tabla en blanco; dénsele experiencias planificadas y llegará a ser lo que quiera el planificador".[5] Ronald Gray sugiere que la "popularidad del ambientalismo bien puede ser un expediente pragmático... El hombre puede hacer algo para cambiar su ambiente; lo que no puede hacer es afectar su herencia".[6]

Sin embargo, como explicación de la universalidad del pecado, la teoría del ambiente deja mucho que desear. Estimula una esperanza irreal en la teoría educativa. Los padres especialmente laboran con la ilusión de que, si logran rodear al niño con influencias correctas, aseguran la producción de una persona buena. La teoría engendra también una fe ingenua en el potencial de la maquinaria social para modificar la conducta mediante un condicionamiento controlado. El problema es, ¿quiénes deben manejar la maquinaria social? Si ellos también son pecadores, ¿quién los condicionará? Y, ¿cómo puede manipularse la personalidad humana sin reducir a las personas a la condición de marionetas del sistema?[7]

Es más, la teoría es simplista. Implica que para resolver el problema del pecado, sólo necesitamos proveer el ambiente ideal. Pero es el pecado —egoísmo, avaricia, falsedad, lascivia e injusticia— lo que crea el medio ambiente no ideal. El ambiente es el producto, no la causa. La teoría no explica por qué puede haber un delincuente juvenil en un hogar ideal, o por qué se deterioran rápidamente las nuevas viviendas provistas para los pobres. Los realistas saben que se puede sacar a la gente de los barrios bajos, pero no se pueden sacar los barrios bajos de la gente. Y, si la criminalidad en el populacho no creara la necesidad de restringir la mala conducta por medio de la fuerza, la sociedad colectivamente no necesitaría privar a la gente de libertades, ni usar con frecuencia métodos de coerción no ideales. Por tanto, la pregunta permanece —si la universalidad del pecado se debe al ambiente maligno, ¿cuál es la causa de ese ambiente?

B. Teoría de la Finitud

Esta es la suposición de que el pecado del hombre se debe a su finitud. Puesto que el espíritu del hombre vislumbra posibilidades más allá de lo existente, en forma natural busca escapar de las cadenas de las limitaciones. La disposición de la naturaleza humana para combatir los obstáculos (implicada en la comisión de "someter" la tierra [Gn. 1:28]), se convierte en el impulso para trascender estas limitaciones y tratar de alcanzar nuevos niveles de libertad y poder. Al mismo tiempo, la finitud de conocimiento y entendimiento hace el autoengaño no sólo posible, sino probable, cegando al hombre a los peligros de la libertad excesiva y del control impropio de poder. El resultado es la afirmación excesiva del yo. Según este razonamiento, la "caída" no sólo es de Adán, sino de cada persona al llegar al nivel de personalidad en el que la afirmación del yo se convierte en la norma.[8]

La respuesta a esta explicación de la universalidad del pecado se encuentra en la improbabilidad de que Dios creara un ser con una naturaleza para la cual el pecado fuera inevitable.[9] Tal naturaleza no podría ser declarada "buena"; y sería monstruosamente injusto todo castigo subsecuente que recibiera por ser sólo natural. Reconocer la potencialidad del pecado en la creación, es totalmente diferente de considerar que la creación sea la causa en algún sentido.

Nada hay inherentemente incompatible entre la finitud humana y la santidad. Fue obvio que al tratar con Adán y Eva, Dios dio por sentado que era posible obedecer su mandato, y que esperar tal obediencia no era irrazonable. Cuando cayeron, la reacción de Dios fue de juicio, no de exoneración, como hubiera sido el caso si ellos hubieran seguido sólo la acción inevitable de su naturaleza.

C. Teoría del Desarrollo

Esta explica el pecado afirmando que en un infante los sentidos se desarrollan antes que la razón. En consecuencia, cuando la persona llega a la edad de responsabilidad moral, su voluntad ya está condicionada a satisfacer al yo. Esta fue la posición de Charles G. Finney, quien escribió:

La sensibilidad actúa como un impulso poderoso de la voluntad desde el momento del nacimiento, y asegura el consentimiento y la actividad de la voluntad para obtener gratificación, antes que se desarrolle la razón. La voluntad, por tanto, está dedicada a satisfacer el sentido y el apetito, cuando se desarrolla por primera vez la idea de obligación moral.[10]

La consecuencia de este patrón previo de hábitos es el escogimiento de una vida de excesos. "Este escogimiento egoísta", dice, "es el corazón malo —la propensión a pecar— que causa lo que generalmente se llama transgresión de hecho".[11]

Una variante más moderna de la teoría del desarrollo acentúa la necesidad de libertad del niño como la ocasión de la "caída". Antes que un niño pueda hacer escogimientos morales, dice L. Harold DeWolf, "debe despertar a la posibilidad de hacerlos; o sea que, debe descubrir su libertad".[12] Pero sólo puede descubrirla cuando hace valer sus derechos; y por cuanto su entendimiento está rezagado en relación a la fuerza de su voluntad, afirmará excesivamente su rebelión, es decir, lo hará en forma pecaminosa. En la evolución del pecado en "el individuo y en las sociedades grandes y pequeñas", dice DeWolf, "ha jugado un papel importante la confusión de la libertad con una autonomía absoluta e incondicional que ninguna criatura finita podría tener".[13] Esta teoría es similar a la de la finitud, excepto que explica el proceso en términos del desarrollo natural del niño —de una conducta instintiva como criatura guiada por sus sentidos, a un descubrimiento semimoral de las posibilidades de la libertad, y de allí, a una afirmación inmoral de la obstinación.

Básicamente esta explicación del pecado es tan determinista como la teoría de la finitud, porque en ambos casos se excluye una verdadera libertad para decidir. Si la estructura de la vida está arreglada de tal manera que uno no puede tener suficiente conocimiento para cerrar la puerta del establo, sino hasta después que el caballo ha salido, ¿cómo puede evitarse la pérdida del caballo? Donde hay consecuencias predecibles de un conjunto de condiciones dadas, y cuando nosotros determinamos estas condiciones, es obvio que no hay opciones reales, y sin opciones, la libertad es una ilusión. Además, en este caso, la universalidad del pecado podría atribuirse a un defecto en la creación. Esto equivale a decir que el pecado es culpa de Dios, pues El creó una raza sujeta a esta clase de procreación y desarrollo: La infancia precede a la niñez, y la niñez precede a la edad adulta. Si este sistema causa pecado en cada individuo, el sistema mismo debe ser defectuoso.

Es más, ni la teoría del medio ambiente, ni la de la finitud, ni la del desarrollo escapan de las críticas contra la doctrina de la pecaminosidad heredada. ¿Cuál es la diferencia entre decir que el pecado se origina en la tendencia que hay en el individuo y que heredó de Adán, y decir que ese pecado se origina en una condición fisiológica, sicológica o ambiental? En ambos casos la raíz del pecado es prevolitiva, y por tanto, premoral.

D. Agustinianismo

Este término se refiere al sistema general de doctrina que debe su origen a Aurelio Agustín (354-430 d.C.), obispo de Hipona en Africa del Norte. Su influencia puede encontrarse en el catolicismo romano, luteranismo, calvinismo y arminianismo. Esta influencia es pronunciada de modo especial en la hamartiología.[14] De acuerdo con casi todas las formas de agustinianismo, la única y suficiente explicación de la universalidad del pecado es la transmisión de la pecaminosidad de Adán a sus descendientes. Ningún niño ha nacido con naturaleza moral buena o neutral, sino con naturaleza defectuosa. El defecto consiste tanto en debilidad, como en la tendencia dinámica al mal. Esta condición se llama pecado original.

La descripción luterana dice: "Todos... nacen con pecado; esto es, sin temor de Dios, sin confianza en El y con apetito carnal".[15] La declaración anglicana afirma:

> El pecado original... es la falla y corrupción de la naturaleza de todo individuo, que naturalmente es engendrado en la descendencia de Adán; por lo cual, el hombre está separado por completo de la justicia original, y por su propia naturaleza está inclinado al mal.[16]

Cuando Juan Wesley condensó el credo anglicano en los Artículos de la Religión Metodista, 1784, copió palabra por palabra esta declaración, excepto que agregó, "y esto, de continuo".

Los Cinco Artículos Arminianos, 1610, hablan de "la raza humana caída y pecadora". La Confesión de Westminster, 1647, en forma específica declara que "todas las transgresiones de hecho proceden de esta corrupción original, por la que no tenemos disposición ni capacidad para el bien, nos oponemos a él, y estamos completamente propensos a todo mal".

La siguiente forma contemporánea es una adaptación obvia de las declaraciones anglicana y metodista:

> Creemos que el pecado original, o depravación, es aquella corrupción de la naturaleza de toda la descendencia de Adán,

razón por la cual todo ser humano está muy apartado de la justicia original, o estado de pureza, de nuestros primeros padres al tiempo de su creación, que es adverso a Dios, sin vida espiritual, e inclinado al mal y esto de continuo.[17]

La presuposición filosófica de estas formulaciones de la doctrina agustiniana del pecado es que detrás de la existencia está el *esse* [ser], el llegar a ser está enraizado en el ser, y las relaciones no sólo afectan nuestro estado, sino que lo reflejan.

Esto no significa que Agustín inventara la doctrina del pecado original. El concepto del pecado innato o depravación heredada, fue la base de los sistemas de Orígenes, Tertuliano, Ireneo y hasta del apóstol Pablo.[18] Sin embargo, Agustín desarrolló una declaración más completa y sistemática. Aunque consideró el pecado *per se* como desobediencia intencional, Agustín entendió las consecuencias del pecado deliberado de Adán como esclavitud universal de la voluntad, que sólo la infusión soberana de la gracia de conversión podía destruir. Su doctrina no se originó en su controversia con Pelagio, pero el debate lo forzó a perfeccionarla para presentarla como dogma, refinando a la vez las implicaciones más radicales. Estas fueron dos.

1. *El Elemento de Culpa*

El niño no sólo era depravado, sino totalmente culpable; tan culpable como para estar bajo la sentencia de castigo eterno. Sólo el bautismo podía remover esta culpa y asegurarle salvación si moría antes de la edad de escogimiento personal. Este aspecto curioso de la doctrina se explica en base al llamado realismo: Por cuanto la raza humana estaba seminalmente en Adán, la raza entera participaba en su pecado. Por tanto, todos pecaron; el pecado de Adán no fue sólo suyo, sino literalmente de ellos.

2. *La Totalidad de la Impotencia Moral*

La depravación heredada fue total, de modo que ningún descendiente de Adán tendría en sí mismo el menor vestigio de inclinación o capacidad de volver a Dios. Esta incapacidad natural para hacer el bien, incluyendo la capacidad para arrepentirse y creer, y la total propensión al mal, han sido el baluarte normal de toda hamartiología agustiniana.

El corolario evidente fue aceptado en su totalidad —que la salvación sólo podía ser el acto soberano de Dios sobre esta voluntad impotente, regenerándola "cuando menos lo esperaba", por así decirlo, creando tanto la capacidad como la inclinación a arrepentirse, creer y obedecer—. Puesto que es obvio que Dios no hizo esto universalmente, el no poder convertir a un pecador sólo podía deberse a que Dios eligió no hacerlo. Así que se creó la idea de la predestinación como corolario adicional inevitable. Como es natural, la extensión lógica demandó expiación limitada y seguridad incondicional de los elegidos. Es un sistema perfectamente lógico y seguro.

Tal es el concepto agustiniano de pecado y de gracia: Gracia totalmente objetiva y monergista, como la contrapartida necesaria de la depravación total. Por cuanto es monergista, es necesariamente irresistible. Puesto que la operación se efectúa en la voluntad, el milagro consiste en inclinar la voluntad para someterse. La voluntad que se resista sólo probará que el milagro no se efectuó. Por tanto, una gracia resistible obviamente sería contradicción de términos.[19]

Pelagio reaccionó contra este concepto estrecho y unilateral de la gracia. El consideró que esta era la causa por la que la gente no procuraba alcanzar la santidad personal.[20] Desde Pelagio, muchos han opinado que estas doctrinas del pecado y de la gracia contenían las semillas del antinomianismo.[21]

E. Pelagianismo

El pelagianismo es el concepto de libertad humana en relación a la gracia propuesto por Pelagio, un monje británico residente en Roma, a principios del siglo V. Indignado por la laxitud moral entre los cristianos, él creyó que la causa era la doctrina de la gracia formulada por Agustín, una doctrina unilateral de "todo o nada". El esfuerzo moral personal era visto con indiferencia, pues en ningún sentido afectaría decisivamente la salvación última del individuo. La depravación humana era total, de manera que cualquier impulso de moralismo sería completamente inadecuado, en tanto que, la operación de la gracia sobre los elegidos sería tan efectiva que infaliblemente lograría su fin, sin esfuerzo alguno de parte del pecador. Por tanto, el esfuerzo personal era superfluo. El resultado fue el adormecimiento de cualquier sentido de responsabilidad moral.

Tiempo después, Finney señaló una laxitud similar entre los calvinistas de Nueva Inglaterra. Estos no hacían ningún esfuerzo por arrepentirse, pretextando que su incapacidad moral era tan completa que nada podían hacer hasta que Dios, en su soberanía, decidiera venir a ellos de modo arrollador.

Pelagio, por tanto, realmente deseó alcanzar un avivamiento de verdadera justicia. Procuró reinvestir de significado moral los conceptos de santidad y de pecado, relacionándolos a la volición y responsabilidad personales. No encontró otra manera de lograrlo, sino afirmando la capacidad de toda persona para escoger el bien o el mal. Tal capacidad implicaba libertad completa, que no era reconciliable con la doctrina del pecado original que implicaba la pérdida de esa libertad. Por tanto, repudió la doctrina del pecado original.

H. W. Johnson explica:

> La muerte espiritual no es la consecuencia heredada del pecado de Adán, sino que acontece a cada voluntad individual que usa mal su facultad de libre albedrío al escoger el pecado. Todos, por virtud de su razón y de su voluntad libre, tienen la facultad de evitar esta mala decisión. Si en el ejercicio de su voluntad libre y moralmente responsable, el hombre así escoge, puede asirse de la ayuda externa de la gracia divina que se concede de acuerdo al mérito de la persona.[22]

El deseo de Pelagio y de sus seguidores fue loable: El deseo de rescatar a la religión de un monergismo inútil, que destruía el incentivo y rebajaba la responsabilidad personal. Y en realidad, sólo hicieron explícito el concepto de libertad y responsabilidad que había prevalecido tradicionalmente.[23] Sin embargo, establecieron la responsabilidad humana minimizando el pecado y la gracia. Del monergismo divino absoluto de Agustín, cambiaron a un monergismo humano, casi igualmente unilateral, que resultó ser una clase de humanismo moralista. Querían una religión moral, pero sus teorías causaron que el hombre moral se alejara de Cristo como el Salvador absolutamente indispensable. Esto, por supuesto, estaba lejos de ser cristianismo auténtico.

Así como el agustinianismo fracasó por su determinismo práctico, el pelagianismo fracasó por su perfeccionismo irreal. Fue irreal porque no pudo explicar la universalidad del pecado. En teoría, una voluntad no prejuiciada, que gozara del equilibrio de la libertad innata, debería escoger lo correcto parte del tiempo —aun matemáticamente, el 50 por ciento de las ocasiones—. A la vez, así como hay personas malas, debería haber tantos ejemplos de personas buenas que hubieran escogido consistentemente la virtud. De hecho, los pelagianos, en ocasiones, aseguraban que "muchos paganos y judíos habían vivido una vida perfecta".[24]

Pero de acuerdo con Heick, Pelagio mismo no pudo sostener este punto, sino que culpó por la "evidente universalidad del pecado" a (*a*) la "naturaleza sensual" del hombre, "la cual, aunque es enteramente inocente en sí, llegó a ser ocasión de la tentación y del pecado", y culpó a (*b*) "la atracción de los malos ejemplos".[25] Por lo que, hay elementos tanto de la teoría del desarrollo como de la teoría del medio ambiente. Pelagio no explica por qué el mal ejemplo es tan atractivo; solamente llama la atención a la influencia poderosa y penetrante de una costumbre establecida por mucho tiempo —que sólo evade el problema, empujándolo cada vez más hacia el pasado.

De acuerdo con Heick,

> Pelagio se ve obligado a admitir la inevitabilidad del pecado. ¡Esta admisión es muy significativa! La universalidad del pecado se explica por una condición pecaminosa en la raza humana, que echa por tierra las aserciones originales acerca de la bondad de la naturaleza.

Pero hablar de "una condición pecaminosa en la raza humana" es, virtualmente, darse por vencido.

Aunque la iglesia ha declarado consistentemente al pelagianismo como una herejía, éste ha reaparecido en diversas formas. Las teorías del medio ambiente, de la finitud y del desarrollo, son formas de pelagianismo. Muchos libros de texto de educación religiosa han sido pelagianistas en su premisa mayor acerca de la bondad esencial del hombre.[27]

F. Arminianismo Wesleyano

Tanto Jacobo Arminio como Juan Wesley fueron agustinianos en las siguientes afirmaciones: (*a*) La raza es universalmente depravada como resultado del pecado de Adán; (*b*) la capacidad del hombre para desear el bien es tan débil que requiere la acción de la gracia divina para que él pueda volver y ser salvo.[28]

1. *La Culpa y la Gracia Preveniente*

Respecto a la culpa heredada, Juan Wesley fue semiagustiniano. Enseñó la culpa de los infantes, pero con dos diferencias radicales y significativas:

a. La culpa era legal más que personal. Esto es, Adán fue el representante legal (o cabeza federal) de la raza. Cuando él cayó, estuvo implicada la raza, no porque sus miembros hubieran pecado en Adán, sino porque compartían la responsabilidad legal ante las consecuencias del pecado. La culpa, por tanto, no era una culpabilidad personal, sino la obligación de experimentar sufrimiento y rechazo. Los infantes estaban bajo condenación, no por algo que hubieran hecho, sino por lo que hizo Adán, y porque por su condición depravada no eran aptos para ir al cielo y, por tanto, eran inaceptables.

b. Pero la diferencia más radical —que resultó divisoria— fue la contribución de Wesley al concepto de la gracia previniente. Él consideró que ésta era la respuesta total a la cuestión de la culpa. Los infantes eran absueltos por la gracia previniente, como beneficio incondicional y universal de la expiación. Por tanto, si todos nacieron en pecado, nacieron también bajo la gracia, que desde el momento del nacimiento se convierte en una influencia que contrarresta su innata inclinación al mal.

2. *Una Influencia Capacitante*

Sin embargo, la gracia previniente no es una influencia segura o determinativa, sólo una influencia capacitante. El perjuicio de la capacidad moral en la caída es suficientemente restaurado para hacer posible una vez más el ejercicio del libre albedrío. En su controversia con Perkins, Arminio afirmó (en las palabras de Carl Bangs) que "el acto de creer es un escogimiento de la voluntad libre que ha sido llevada, de su adicción al mal, a un punto de flexibilidad por la gracia".[29] Más tarde los Artículos Arminianos afirmaron con claridad que esta gracia, aunque es absolutamente necesaria y cronológicamente anterior a la respuesta del hombre, "no es irresistible". La gracia, por tanto, que el agustinianismo no modificado vio como regeneración del "todo o nada", la escuela arminiana-wesleyana la ve como despertamiento y convicción. Estas son obras de gracia preparatorias y tienen como objetivo la salvación completa, pero no constituyen la regeneración.

Respecto a la enfermedad del pecado, podemos recapitular:

El pelagianismo no admite la enfermedad; por tanto, no ve la necesidad de una cura radical.

El agustinianismo afirma la enfermedad, pero niega la posibilidad de una cura en esta vida.

El wesleyanismo (no necesariamente el arminianismo) afirma la enfermedad y también una posible cura.

Respecto a la doctrina de la gracia, Pelagio insistió en una justicia personal, libremente escogida, pero en tal forma que al fin la gracia era sólo secundaria. Agustín insistió en la supremacía de la gracia, pero en tal forma que al fin la justicia era secundaria, aun prescindible. Ambos acertaron y ambos erraron. La verdad debe basarse necesariamente en una clave armonizadora que ninguno de ellos encontró. Esta clave es el desarrollo wesleyano de la doctrina de la gracia preveniente.

II. Evidencias de la Pecaminosidad Innata

A. Evidencia Bíblica

La misma Biblia que sostiene claramente que el pecador es responsable de sus actos pecaminosos, también enseña que hay una corrupción inherente de la naturaleza que lo inclina a pecar. Esto es paradójico. De hecho, es una gran piedra de tropiezo, tanto así que muchos que no pueden soportar ninguna incoherencia aparente, se esfuerzan por negar o al menos minimizar la evidencia bíblica al respecto. Pero así como consideramos importante establecer la naturaleza ética del pecado *per se*, con el mismo cuidado debemos reconocer la realidad de la pecaminosidad heredada. Sólo cuando hagamos esto podremos comprender las profundidades y el alcance de la gracia salvadora.

1. *El Nuevo Testamento*

Se ha señalado ya que la enseñanza de la Biblia respecto a la universalidad del pecado es indisputable. Jesús enseñó que toda persona necesita nacer de nuevo, por cuanto "lo que nace de la carne, carne es" (Jn. 3:6). Quiere decir que la naturaleza humana, tal como es —procreada de generación a generación—, está espiritualmente muerta. Los padres no procrean nuevos miembros del reino de Dios, sino miembros de una raza caída, cuya condición heredada los hace incapaces (*ou dunatai*) de percibir las realidades espirituales; de ahí la necesidad universal de un nacimiento de lo alto. Jesús hablaba, no de una condición individualmente adquirida, creada por los pecados del individuo, sino de una condición que ahora es humana en forma universal e innata.

Cuando Pablo trató de explicar lo obstinado y penetrante del pecado, (*a*) indicó que la corrupción del hombre se había originado en Adán como la causa última (Ro. 5:12-19), de allí (*b*) procedió a señalar "el pecado que está en mí" como la causa inmediata (7:7-23).

Su problema era: ¿Qué me hace actuar en esta forma, aunque como ser racional desapruebo lo que hago? En su respuesta exonera la ley, porque el mandamiento "es santo, justo y bueno" (v. 12). Exonera también la naturaleza humana tal como fue creada, porque no era inherentemente defectuosa. Pero esta naturaleza humana normal ha sido "vendida al pecado", y como resultado, se ha vuelto "carnal" (v. 14).

Hay ahora un enemigo, una anormalidad interna que puede llamarse propiamente ley. Pablo dice: "Queriendo yo hacer el bien, hallo esta ley: que el mal está en mí" (v. 21). No es una ley en el sentido de mandamiento, sino un principio de acción. El la halla, no la crea; por tanto, no es responsable de su presencia. Además, esa ley está presente antes de la responsabilidad moral —"yo sin la Ley vivía en un tiempo" (por la gracia previniente, en la infancia), pero cuando vino el mandamiento, la perversidad innata fue activada ("el pecado revivió", o vino a la vida) "y yo morí", esto es, anuló la seguridad de la gracia previniente (v. 9).

Pablo claramente describe una condición en la naturaleza humana que es la causa real del pecado y la explicación real de la universalidad del pecado. No era característica particular de la naturaleza humana al ser creada, pero ahora es el estado normal de la naturaleza humana caída. Por tanto, es una tendencia natural al mal que es, al mismo tiempo, no natural. Como tal, es (*a*) subvolitiva y (*b*) destructora y debilitadora.

Además, cuando Pablo recordó a los efesios que por "naturaleza" ellos eran "hijos de ira, lo mismo que los demás" (Ef. 2:3), sin duda se refería al estado universal en el que nacieron. Es más, el "nuevo hombre, creado según Dios en la justicia y santidad de la verdad", es la antítesis del "viejo hombre, que está corrompido por los deseos engañosos", del que hay que despojarse (4:22-24). Este lenguaje parece más apropiado para describir una transformación de la naturaleza, que como referencia a un mero cambio de estilo de vida. Además, el que Jesús atribuyera todas las formas manifiestas de mal a una depravación interna del corazón (Mr. 7:21-22), sugiere firmemente un estado del corazón que antecede a la toma de decisiones morales conscientes.

2. *El Antiguo Testamento*

La presuposición del Nuevo Testamento acerca de la pecaminosidad universal de la naturaleza humana caída sencillamente hace eco al Antiguo Testamento. "Engañoso es el corazón más que todas las cosas, y perverso" (Jer. 17:9). Esta es una descripción genérica, no la admisión de que el corazón de algunos es engañoso. Y aunque muchos han tratado de minimizar el significado del autoanálisis de David, en realidad es imposible no comprender su tesis de que antes de hacer el mal, él era malo: "En maldad he sido formado y en pecado me concibió mi madre" (Sal. 51:5). El no se esconde tras este hecho como excusa; más bien, el reconocimiento humillante de haber nacido en pecado es parte de su confesión. Al comentar sobre este texto, Purkiser dice: "Las tendencias y disposiciones pecaminosas proceden de una mancha racial, que es parte de la condición humana, del destino de una raza caída".[30] Y David no sólo ve la necesidad de una purificación más profunda que el perdón, sino que con fe se atreve a pedirla.[31]

Aarón diagnosticó acertadamente la enfermedad de la naturaleza humana (¡incluyendo la de él!) al recordarle a Moisés la tendencia de los israelitas a desertar —una tendencia tan arraigada, que 1,400 años de historia constituyeron una demostración perpetua de ello (Ex. 32:22; cf. Dt. 9:6-7, 24, 27; Os. 11:7)—. Fue la misma inclinación que incitó a los postdiluvianos a desafiar a Dios construyendo una torre para escapar de todo castigo futuro por inundación. Obviamente, la corriente de corrupción no había sido purificada por Noé, a pesar de que él personalmente se elevó por encima de su naturaleza pecaminosa para ser un hombre justo. Lo común después del diluvio fue sólo más de aquello que ocasionó el diluvio —la depravación total descrita en la acusación de "que todo designio de los pensamientos de su corazón solo era de continuo el mal" (Gn. 6:5).

Por tanto, si el medio ambiente fue la explicación antes del diluvio, ¿cuál fue la explicación después del diluvio, cuando Noé y su familia salieron a un mundo purificado, hermoso y sin corrupción, sin escenas ni sonidos de maldad en ningún lugar? Dios lo entendió bien, porque su promesa de no destruir el mundo con diluvio otra vez, fue su testimonio solemne de que tal depuración no solucionó el problema real— "porque el corazón del hombre se inclina al mal desde su juventud" (Gn. 8:21).

El virus del mal se remonta al pasado, hasta llegar a un celoso Caín, quien llevado por la ira mató a su hermano. Después de describir el horror de la pelea entre dos hermanos, cierto corresponsal preguntó: "¿Es natural que los hermanos riñan?", a lo que el columnista replicó: "Recuerda a Caín y Abel". Sin embargo, nuestro ser interno se rebela ante la idea de que el conflicto entre hermanos sea natural. ¡Naturaleza monstruosa! Todo vestigio de razón protesta contra tal calumnia, declara la inherente naturalidad del amor fraternal, e insiste en que, si la riña se ha vuelto "natural", alguna calamidad terrible ha pervertido la naturaleza.

Adán procreó hijos e hijas "a su semejanza, conforme a su imagen" (Gn. 5:3), y esta imagen estaba ya desfigurada. Ningún bebé (excepto Jesús) ha nacido con la naturaleza humana perfectamente normal. Todo descendiente ha sido afectado en forma adversa en su estructura congénita por lo que fue Adán.

Pero, ¿no implica la historia de Caín y Abel que sólo Caín fue pecador? La respuesta la encontramos en Hebreos 11:4. Allí leemos que Abel alcanzó testimonio de que era justo por el "más excelente sacrificio" que ofreció "por la fe". El cuadro bíblico total de referencia no permite incertidumbre respecto al significado implícito. La justicia de Abel no fue inherente en él; fue justificación evangélica por gracia, en base a los sacrificios que ofreció por fe. Su sacrificio fue la confesión de su necesidad.

B. Evidencia Empírica

La premisa básica es que, si la teoría del medio ambiente es inadecuada para explicar lo penetrante del pecado, estamos obligados a buscar la causa en el ser humano, en todo ser humano. J. Glenn Gould cita a uno de sus colegas profesores que trató de explicar los embustes de la política europea del siglo XIX, y agregó después el siguiente comentario: "El teólogo pudo haber descartado la idea del pecado original, pero el historiador debe hacerla volver del limbo para entender una situación que de otra manera es inexplicable".[32] Pero esto pudiera decirse de cualquier período en la historia desde el tiempo de Adán.

El teólogo liberal que sostiene un concepto optimista de la naturaleza humana, no sabe cómo explicar la locura moral que se refleja a diario en las noticias. El asombro perpetuo es la aparente incapacidad de la gente —que por lo demás es inteligente— para pensar racionalmente acerca de temas morales. Se hace que lo incorrecto parezca correcto, y lo correcto, incorrecto. El grado de excepción lo determina, casi totalmente, el grado al que la gente está todavía condicionada por la ética judeo-cristiana, que por siglos impregnó el pensamiento de la civilización occidental.

John Henry Newman describe con elocuencia la inevitable angustia y perplejidad de quien principia con la premisa de Dios, y después mira el mundo. "El mundo parece contradecir aquella gran verdad de la cual mi cuerpo está completamente lleno", dice él. Después presenta la analogía de un niño prometedor y culto que, al ser adulto, es tratado con antipatía. Dice:

> Yo concluiría que había cierto misterio relacionado con su historia, y que por una causa u otra, sus padres sentían

vergüenza de él. Sólo así podría explicar el contraste entre la promesa y la condición de su ser. Y así pienso acerca del mundo; si hay un Dios, siendo que hay un Dios, la raza humana está implicada en alguna calamidad terrible desde sus orígenes. Está apartada de los propósitos de su Creador. Este es un hecho, un hecho tan verídico como la realidad de su existencia; y así, la doctrina de lo que se llama teológicamente pecado original se vuelve para mí tan cierta como el hecho de que el mundo existe, y como la existencia de Dios.[33]

Hay varios aspectos de la evidencia empírica.

1. *La Oposición Irracional a Dios*

El credo dice que el hombre por naturaleza es contrario a Dios; Pablo dice que la mente carnal es "enemistad contra Dios" (Ro. 8:7; "enemiga", *NVI, BA, VP*). Estas palabras describen precisamente lo que se observa dondequiera. Se ve en la avidez con que los humanos abrazan la ciencia materialista. Tournier dice que la casualidad "es la última palabra en cualquier explicación científica del mundo. 'La teoría clásica de la ciencia', escribe Lecomte de Nouy, 'sencillamente pone la casualidad en lugar de Dios'"[34] —el recurso irracional y desesperado de los hombres que "no quisieron tener en cuenta a Dios" (Ro. 1:28)—. Lo vemos también en la fiebre emocional del profesor que no cree en Dios. Soren Kierkegaard aun percibió esta hostilidad espontánea en la prontitud de los eruditos para aceptar la destructiva crítica alta.[35] David A. Redding expone su significado:

> "La Biblia es un espejo", dice, pero en lugar de ayudarnos a vernos en él más claramente que nunca, la crítica tiende a distraernos. Agotamos nuestra energía e interés, poniéndole fecha al espejo, midiéndolo, contando sus imperfecciones y quebraduras... Hacemos todo con la Biblia, excepto mirarnos en ella y exclamar: "¡Aleluya, es El!"[36]

La evidencia delatora es nuestra disposición para distraernos. Nos aferramos ansiosamente a las "pruebas" en contra de Dios y enfrentamos con desagrado las pruebas teístas. En nosotros hay prontitud para culpar a Dios, para acusarlo de inacción o de injusticia, para erigir paredes de amargura que mantienen a Dios separado de nosotros. El hecho de que al mismo tiempo el Espíritu Santo nos esté llamando y creando hambre espiritual, sólo prueba el punto. El Espíritu Santo lucha contra una resistencia interior. Si por naturaleza estuviéramos a favor de Dios, ¿por qué habría esta lucha y por qué el "Sabueso del Cielo" tendría que seguirnos por tantos años? Según las palabras de Francis Thompson hay un reconocimiento en todo corazón humano:

Huí de El, por las noches y los días,
 Huí de El a través de los años;
Huí de El, por las sendas complicadas
 De mi mente; y me escondí de El
En medio de lágrimas y bajo muchas carcajadas.[37]

Esta aversión a Dios siempre latente y con frecuencia visible, junto con el hambre siempre presente, es demasiado profunda para culpar a influencias externas; es un estado del *ego*. Afortunadamente algunos se rinden a Cristo en su niñez, y la lucha no es literalmente una tragedia de años; sin embargo, aun ellos recuerdan sus luchas después de la conversión contra la hostilidad latente que aún persiste en sus corazones, siempre dispuesta a brotar en una nueva rebelión —hasta que al fin es purificada por el Espíritu Santo.

2. *La Impotencia Moral*

Karl Menninger dice que comparte la perplejidad de Sócrates, quien se preguntaba por qué "los hombres saben lo que es bueno, pero hacen lo que es malo".[38] Pablo reconoce esta realidad: "No hago el bien que quiero, sino el mal que no quiero, eso hago" (Ro. 7:19). Eso es lo que nos sucede, dice la raza humana. "Hay un sentido profundo", dice Olin Curtis, "en el que el hombre es totalmente depravado cuando viene al mundo". Explica esta depravación como la incapacidad completa del hombre para "organizar su vida bajo la demanda de la conciencia".[39] Puede alcanzar cierto carácter moral por medio de educación, autodisciplina y entrenamiento, lo que deja intacta la impotencia interna. Y agrega:

> Mientras mayor sea el desarrollo de su personalidad moral, mayor es la imposibilidad de aquel ajuste que asegura integridad y paz en el hombre. Es esta condición inorgánica del ser individual y fundamental del hombre, lo que yo entiendo como depravación. Todo hombre llega inorgánico a este mundo.[40]

Esta es la única explicación del extraño retraso moral que han observado los estudiantes de sicología del desarrollo. Hablando de la investigación extensa de Hartshorne en la década de los veinte, y de May en los treinta, Gary Collins dice: "Los resultados de este estudio cuidadoso fueron sorprendentes. Se descubrió que a medida que crecen los niños, aumenta su conocimiento del bien y del mal, pero también aumenta su tendencia al engaño. En realidad no había correlación entre el conocimiento del bien y del mal y la conducta moral".[41] Este fenómeno se explica solamente en base a una naturaleza moral que está retrasada en relación con el crecimiento intelectual debido a una condición enferma que inhibe el crecimiento normal.[42]

3. *El Resultado de Ser "Natural"*

Si la naturaleza moral del hombre fuera perfectamente normal, el niño se desarrollaría en forma natural hasta alcanzar una edad adulta, caracterizada por madurez e integridad. Por el contrario, para que ocurra tal desarrollo, se logrará sólo mediante restricciones múltiples y continuas de la naturaleza, aplicadas tanto interna como externamente. Los sicólogos modernos reconocen la ira y las tendencias de terquedad y rebelión aun en niños que no han llegado a la edad de responsabilidad. Es esta tendencia, obviamente innata, la que produce las rabietas a los dos años y las patadas y manotadas a los tres.

Se ha hecho un intento débil por calificar tal conducta como "natural", como si fuera un estado necesario en la maduración del niño. Pero de ser así, el proceso no sería bloqueado por ninguna interferencia. Lógicamente, si se dejara que el proceso siguiera su curso, el resultado sería una personalidad saludable, equilibrada, altruista y orientada a lo social. Sin embargo, todos saben que esto no es así; la madurez ocurre sólo cuando a través de todo el proceso, desde la niñez temprana en adelante, ha habido restricción continua y entrenamiento hacia patrones de conducta que no son "naturales", sino que deben aprenderse.

En todas las sociedades y religiones se reconoce lo fácil que es hacer el mal y lo difícil que es hacer el bien. "Hasta donde sabemos, el hombre es el único ser que tiene una naturaleza que evidentemente no es natural", escribe William Arthur.[43] "No hay una bestia del campo que no confíe en su naturaleza y que no siga sus impulsos,... pero por lo que a nosotros respecta, nuestro único enemigo invencible es nuestra naturaleza: si fuera sana, podríamos enfrentar las circunstancias tan fácilmente como lo hizo Sansón; pero ella siempre nos traiciona".[44] Hay tanto ironía como verdad en su recordatorio de que los hombres no necesitan ayuda para hacer lo malo, puesto que les es fácil y "natural"; pero intuitivamente sienten la necesidad de ayuda especial cuando deciden hacer lo bueno. Y en la educación de los niños debemos enseñarles veracidad en lugar de mentira; pureza en lugar de impureza; laboriosidad en lugar de indolencia; dominio propio en lugar de ira. Esto no sería necesario si la naturaleza no estuviera desligada del bien.

La lógica del humanismo se destruye en esta roca de la "naturalidad" pervertida del hombre. El humanismo se gloría en lo natural, y con confiado optimismo supone que "hacer lo que brota naturalmente" es una filosofía de vida confiable. Por tanto, se fomenta la desnudez porque es natural; la ropa es artificial. El impulso a cohabitar es natural; por tanto, debe practicarse. El humanista asegura que las represiones no sólo inhiben, sino que destruyen.

Pero en la medida en que los hombres siguen esta clase de humanismo, el resultado es caos y confusión. La premisa es equivocada. El humanismo supone que la naturaleza determina la norma, y que puede seguirse con confianza. No toma en cuenta que desde la caída de Adán, nada es enteramente natural. La naturaleza caída está torcida; por tanto, degrada y deforma lo que en otras circunstancias sería inocente. Si el corazón humano fuera como el de Adán y Eva antes de la caída, la desnudez no implicaría peligro, pero en presencia del corazón pecaminoso, la situación es diferente. Por causa del pecado se debe promover toda clase de barreras e inhibiciones reguladoras para preservar alguna semblanza de civilización.

4. *La Tendencia a Degenerar*

"Parker, ¿cuánto tiempo has estado en la familia?", le preguntó un visitante a un mayordomo anciano.

"Por tres degeneraciones, señor".

Generalmente es así. La mejora de las circunstancias materiales no resulta normalmente en la mejora del carácter moral; por lo general sucede lo opuesto. Sólo la mucha disciplina, oración y vigilancia contrarrestarán esta tendencia. Un joven dijo: "La religión para mi abuelo fue un estilo de vida; para mi padre fue una tradición; para mí, es una molestia". En ninguna parte es más observable la ley de entropía que en la vida religiosa de la sociedad. ¿Por qué son necesarios los avivamientos periódicos? Sólo por la tendencia inherente a la decadencia.

Cuán fácil es gravitar a lo indecente, a la "moralidad nueva" de vanguardia, al estilo de vida permisivo, a los vicios populares, a la experimentación con drogas y sexo. Esto no puede aceptarse como el deseo normal de experimentar por uno mismo; es una perversión de este impulso normal. Es una recapitulación de la rebelión en el huerto, emergiendo ahora no de la serpiente externa, sino de la serpiente interna.[45] Además, es una afinidad interna muy profunda con el mundo, no en su elevación, sino en su deterioro.

Triste es el fenómeno del ideal erosionado. Por medio de la gracia preveniente los jóvenes con frecuencia alcanzan la edad adulta con grandiosos sueños de servicio altruista —sueños que gradualmente se desvanecen cuando enfrentan la dura y difícil realidad—. Ellos no hacen planes para dejarse arrastrar a la codicia insensible y al cinismo lleno de amargura, sufriendo la atrofia continua del móvil para servir; pero sin las influencias religiosas, este es el camino de una vía que prevalece en los años de maduración. Pocos son los incrédulos que a los 50 años, no son sino la sombra de los ideales que tenían a los 20.

El problema es, como pronto se descubre, que en la humanidad hay debilidades morales y tendencias básicas que no sospechábamos, pero que se vuelven más fuertes y más imperiosas a medida que pasan los años. En lugar de que estas tendencias sean dominadas, ellas dominan. La decadencia de la motivación, que se ve en forma tan generalizada, sólo puede explicarse por el postulado del pecado original.[46]

En suma, parece imposible observar la miseria moral de la raza humana, después examinar sinceramente nuestro corazón y nuestra niñez, y no tener la convicción abrumadora de que la fuente del mal moral es interna. "Nosotros, la gente, somos el problema del medio ambiente", decía un rótulo en los terrenos de una universidad en California, hace varios años, en el Día de la Tierra. Y lo somos. Y el problema es innato.

III. La Naturaleza del Pecado Innato

Las siguientes son definiciones representativas del pecado original: "La inclinación... de la naturaleza humana hacia el mal";[47] "disposición inherente hacia el mal";[48] "la maldad... que emerge como consecuencia de la pérdida de la imagen de Dios";[49] "la total depravación del hombre; ésta significa que, aunque no es completamente malo, cada parte de su naturaleza quedó contaminada por el pecado";[50] "una cualidad, predisposición, inclinación, desviación o estado de la personalidad humana de donde brotan todos los actos de transgresión y todas las actitudes no cristianas como orgullo, egoísmo, terquedad y enemistad contra Dios".[51]

A. Terminología

Hemos dicho que *asebeia*, impiedad; *anomia*, no respetar la ley; y *adikia*, injusticia, se refieren no sólo a la conducta externa, sino también a la orientación interna. Como se señaló también en el capítulo anterior, *hamartia* con frecuencia se usa en referencia a la ley del pecado. Pablo lo usa así especialmente en Romanos 5—7. Otros términos bíblicos son gráficos: "impurezas" (Ez. 36:25; cf. 2 Co. 7:1); "corazón de piedra" (Ez. 36:26); "viejo hombre" (Ro. 6:6; Ef. 4:22; Col. 3:9);[52] "el cuerpo del pecado" (Ro. 6:6); "el pecado que está en mí" (7:17); "este cuerpo de muerte" (7:24); "la ley del pecado y de la muerte" (8:2); "los designios de la carne" (8:7); "la carne" (vv. 8-9, 12-13; Gl. 5:17); "el pecado que nos asedia" (Heb. 12:1); "abundancia de malicia" (Stg. 1:21); "doble ánimo" (4:8).[53]

B. Depravación por Privación

No debe pensarse que el pecado original es la reorganización penal de la naturaleza humana hacia el mal. Es, más bien, la decadencia inevitable de la naturaleza moral como consecuencia de haber perdido el Espíritu Santo y, por ello, haber perdido la imagen moral de Dios, o santidad original. Cuando Dios dejó de ser el centro del hombre, fue inevitable que éste llegara a ser egocéntrico; pero el egocentrismo es excentricidad, porque el yo fue creado para que Dios fuera su centro. Un círculo fuera de su centro es excéntrico; cuando se trata de alguna pieza en una maquinaria complicada, la excentricidad causa mal funcionamiento en todo el sistema.

Por naturaleza el hombre es activo y dinámico. La actividad no centrada en Dios se centra en algo o en alguien aparte de Él, lo que pervierte y desorienta toda la personalidad; por tanto, la depravación es más que privación y más que debilidad; por la naturaleza de la personalidad humana, se convierte en un desorden en las ruedas de la vida. En relación con la privación, Wiley dice: "Es también una tendencia al mal que se presenta como consecuencia de la pérdida de la imagen de Dios". Después cita a Watson, quien describe este estado o condición como "la pérdida de vida espiritual, seguida por el distanciamiento de Dios, la incapacidad moral, el dominio de pasiones anormales y el gobierno de los apetitos; en consecuencia, aversión a la restricción, y enemistad contra Dios".[54]

Y aunque la gracia preveniente opera en favor del recién nacido, su acción en él no es todavía ni regeneración ni santificación; por tanto, prevalece la excentricidad, aun cuando esté en forma incipiente o latente.

C. La Incapacidad y el Libre Albedrío

Al hablar de la naturaleza caída como una condición de "incapacidad moral", Watson toca el nervio de una paradoja evidente. ¿Cómo podemos reconciliar la "incapacidad moral" con el postulado del libre albedrío? El libre albedrío implica que el hombre, por designio y don divinos, es un agente moral autónomo, libre para escoger entre alternativas morales sin estar sujeto a coerción externa. El pecado no ha acortado ni alterado su libre albedrío, pero ha debilitado su facultad moral para ejercer la libertad en favor de lo correcto. Sus inclinaciones al mal son tan profundas, que al disfrutar de perfecta libertad, escoge lo malo. Aun cuando es impulsado por la gracia preveniente para desear lo correcto, no puede sostener su resolución con su propia fuerza: "El querer el bien está en mí, pero no el hacerlo" (Ro. 7:18). Pero este es el resultado de una naturaleza moral viciada, no de una disminución o cancelación del libre albedrío.

D. La Cuestión de la Culpa

Los arminianos por lo general tienden a repudiar precipitadamente la idea de que la culpa esté unida al pecado original. Lo que a menudo no se entiende es que tal punto de vista no es estrictamente wesleyano. El problema surge al tratar de explicar la imposición de la muerte sobre todos como castigo por el pecado (incluyendo que el infante esté sujeto a morir) si los "todos" no están implicados en el pecado en ningún sentido. Como hemos visto, la solución de Wesley estaba en la conexión legal de Adán, como representante, con la raza que él representó; así como los actos de un jefe de familia o del presidente de un país pueden arrastrar consigo inescapablemente a todo el cuerpo. Un hombre trató de defenderse por haber contraído muchas deudas con sus tarjetas de crédito y le dijo a su esposa: "Este es mi problema, no tuyo". Ella le preguntó: "Si murieras, ¿sería yo responsable por estas deudas?" El, bajando la cabeza, dijo: "Sí". Hay cierta solidaridad legal en las relaciones humanas que siempre debe tomarse en cuenta.

Se comparte, entonces, una responsabilidad legal que involucra sufrimiento y las consecuencias del pecado. Sin embargo, pudiera cuestionarse si "culpa" es la palabra correcta para ello. Por definición la palabra denota responsabilidad por un acto malo. En los juzgados legales el "declararse culpable" es decir: "Yo lo hice". Sin embargo, tenemos que hacer lugar para lo que Wesley y otros han significado con su uso adaptado del término. Ellos se referían a estar ligados, no estrictamente al castigo, sino (a) al sufrimiento que corresponde al pecado de otro, y (b) al sufrimiento del rechazo debido a la condición.[55]

Wiley dice: "Las dos ideas de responsabilidad por el acto y sujeción a las consecuencias no son inseparables".[56] Es evidente, por tanto, que también el infante necesita un Salvador, tanto para justificación como para santificación. El auténtico arminianismo wesleyano no dice que los infantes que mueren son salvos porque son inocentes, sino porque están cubiertos con la sangre de Cristo por medio de la gracia preveniente —lo que es muy distinto.

E. La Depravación Moral y Amoral

El aspecto esencial del pecado original como condición moral es la inclinación heredada hacia la egolatría, que tiende a manifestarse en incredulidad, orgullo y rebelión. Pero puesto que la caída fue total, la naturaleza completa del hombre está afectada adversamente. El cuerpo "cayó" también y se volvió presa de las consecuencias de los pecados del espíritu. La mente está ofuscada, la voluntad debilitada, los apetitos trastornados y desequilibrados.

1. *Definición —¿Restringida o Extendida?*

Algunos eruditos sobre la santidad diferencian entre el pecado original *per se* y la cubierta externa de cicatrices y efectos que pueden ser calificados de moralmente neutrales. "El pecado original", dice Richard E. Howard, "es la corrupción del hombre interno, el corazón del hombre". El "hombre externo" depravado —"los deseos, pasiones, apetitos, propensiones" anormales— no corresponde al pecado original, sino que es consecuencia del pecado original.[57] La ventaja de esta posición es que distingue en forma definida entre pecado y flaqueza y, sin confusión, asigna al pecado a la solución de la entera santificación, y la flaqueza restante a la corrección del crecimiento en la gracia.

Por otro lado, William Burt Pope definió el pecado original en forma amplia, como una depravación individual que se puede desarraigar, y como una condición genérica que asedia aun a los santificados.[58] Wiley parecía estar de acuerdo con esta definición. "Hemos visto", dice, "que la 'carne', tal como Pablo usa el término, incluye tanto la naturaleza espiritual como la física bajo el dominio del pecado. La corrupción se extiende al cuerpo así como al alma".[59] Sin embargo, implica una clara distinción moral entre las dos formas del "estado caído":

> La depravación de su naturaleza espiritual puede ser quitada por el bautismo con el Espíritu Santo, pero las flaquezas de la carne sólo serán quitadas en la resurrección y glorificación del cuerpo. En general, el hombre no tiene dificultad en distinguir entre el alma y el cuerpo, pero no se puede determinar la tenue línea de demarcación, el punto exacto entre lo espiritual y lo físico. Si pudiéramos saber dónde está la línea de distinción, podríamos distinguir con facilidad entre las manifestaciones carnales que están situadas sólo en el alma, y las flaquezas físicas que están vinculadas a su constitución física, la cual aún está bajo el dominio del pecado... Puesto que la presión mental con frecuencia debilita la constitución física, y la debilidad física a su vez ofusca la mente y el espíritu del hombre, es necesario tener siempre espíritu de caridad hacia todas las personas.[60]

En términos prácticos, esto sugiere que una persona enteramente santificada, purificada de la depravación moral del espíritu, aún puede ser afligida por apetitos y tendencias anormales, adquiridas o heredadas, de las cuales tal vez no esté consciente.[61]

Por tanto, si extendemos el término "pecado original" hasta incluir las anormalidades o subnormalidades del hombre, debemos distinguir entre una raíz espiritual interna que puede ser desarraigada, y una "cubierta externa" que no puede ser desarraigada, pero que cede sólo a las disciplinas espirituales del crecimiento en la gracia. En lugar de extender el término "pecado original", sería más correcto diferenciarlo de las cicatrices amorales del pecado. Pero esto debe hacerse con cuidado, para que no se tolere una forma wesleyana de carnalidad excusable —incluso una afirmación peligrosa de "libertad" que se acerque en forma peligrosa al libertarianismo—. Porque lo que en sí pudiera llamarse propiamente amoral, tiene potencial moral explosivo. Su rigurosa disciplina y dominio serán la prueba final de toda santificación auténtica.

2. Concupiscencia —¿Esencia o Producto?

El tomo 2 trata de la rama de la iglesia cristiana que tradicionalmente ha ligado de manera demasiado estrecha el pecado original con el cuerpo, y por tanto, se sienten agraviados por la idea de "erradicación". El énfasis puede encontrarse principalmente en Agustín. El definió pecado como orgullo. Después extendió su concepto para incluir —aun recalcar— la concupiscencia, con la cual aludió a la anormalidad del impulso sexual. El consideró que la concupiscencia era la característica universal de la raza pecadora, y que contenía las semillas de los demás vicios.[62] Fue casi inevitable que esto se convirtiera en el foco de su atención, puesto que fue el foco de su lucha personal. Un punto de vista más bíblico y completo de su parte, tanto del sexo como del matrimonio, vivido en un matrimonio correcto, hubiera rectificado el equilibrio y le hubiera ahorrado preocupación excesiva.

No hay duda de que el sexo se vuelve pecaminoso (*a*) cuando es el centro de la vida de la persona; (*b*) cuando es desenfrenado e intemperante (aun en el matrimonio); (*c*) cuando se practica en contra de los mandatos y restricciones bíblicos. Tampoco hay duda de que representa una debilidad tan penetrante y poderosa del hombre caído que está sujeta a mayor atención, juicio y represión divinos que cualquier otra forma de pecado. Además, es innegable que el relato de Génesis supone la conexión entre la caída y una atención excesiva en el sexo:

"Estaban ambos desnudos, Adán y su mujer, pero no se avergonzaban" (Gn. 2:25).

"Entonces fueron abiertos los ojos de ambos y se dieron cuenta de que estaban desnudos. Cosieron, pues, hojas de higuera y se hicieron delantales" (3:7).

"Y Jehová Dios hizo para el hombre y su mujer túnicas de pieles, y los vistió" (3:21).

Por tanto, aunque podemos insistir en que el sexo *per se* no es pecaminoso, sino santo, porque fue creado por Dios como don de amor para el esposo y la esposa y como medio de procreación, casi al mismo tiempo debemos hacer esta explicación: Desde la caída el sexo nunca ha sido verdaderamente natural. En el cuerpo y en la psique humanos ha habido una tendencia al interés y excitabilidad sexual que excede al que hubiera existido si no hubiera ocurrido la caída. Como consecuencia, tanto Dios como el hombre han tenido que controlar el impulso sexual con numerosas restricciones. Estas incluyen ropa, decencia pública, matrimonio y divorcio, leyes relacionadas a la consanguinidad e incesto, y otras, como requisitos imperiosos para la preservación de la sociedad y la prevención de la corrupción total.

Esta situación tiene que ver con la pecaminosidad del hombre; de esto no puede haber duda. La pregunta es, ¿es esta debilidad (que por supuesto algunos sienten más que otros) la esencia del pecado original o un producto de la caída? Si es la esencia, obviamente el escape completo debe esperar hasta que estemos libres de este cuerpo, pues aun quienes dicen haber tenido la experiencia de la entera santificación, se encuentran en ocasiones asediados por tentaciones de naturaleza sexual. El movimiento de santidad, desde sus inicios, comprendió (después de algunas tragedias morales debido a la presunción) que la santificación no elimina el impulso sexual en el hombre ni en la mujer. A la luz de esto resulta fácil comprender la tendencia de los no wesleyanos de identificar demasiado estrechamente el principio del pecado con el apetito físico.

El relato bíblico completo se inclinaría a apoyar, no al agustinianismo, sino al wesleyanismo, que considera el pecado primordialmente, no como asunto del cuerpo, sino como corrupción del alma, y el cuerpo como la ocasión para la tentación y un instrumento potencial del pecado. Cuando Pablo dijo: "Mejor es casarse que estarse quemando" (con el deseo sexual) (1 Co. 7:9), y cuando instó a las parejas casadas a tratarse mutuamente con consideración "para que no os tiente Satanás a causa de vuestra incontinencia" (v. 5) —es decir, para que no estuvieran sujetos a tentación excesiva—, no quiso decir que la sexualidad fuera inherentemente pecaminosa. Y aunque los corintios debían perfeccionar la santidad (pureza moral) limpiándose de "toda contaminación de carne y de espíritu" (2 Co. 7:1), no se consideró el celibato más santo que el matrimonio,[63] ni se prometió una experiencia religiosa que los haría inmunes al peligro de caer.

La conclusión más sabia, por tanto, es considerar que una de las cicatrices coheredadas con el pecado original es un organismo con apetitos, que contiene anormalidades que, en cierto grado, pueden atormentar al niño, al joven y al adulto. Estas pueden ser controladas por la gracia, pero generalmente no son purificadas por la gracia. Debemos tener cuidado, por tanto, de definir la carnalidad como lo hace la Biblia, como condición espiritual antes que como la naturaleza con apetitos. Los cristianos espirituales que no son "carnales" aún pueden ser tentados dentro del contexto de su humanidad.

F. El Problema Genético

Aunque las teorías realistas y representativas de la transmisión del pecado se relacionan al tema de la culpa, la teoría genética tiene que ver solamente con la depravación innata. Una persona podría creer en la transmisión de la culpa, y, sin embargo, ser pelagiana en su concepto de la naturaleza innata. Pero de la misma manera, uno podría creer en el modo genético respecto a la tendencia al pecado y, al mismo tiempo, aceptar el modo realista o representativo respecto a la culpa, o no creer en ninguno.

Los credos principales dan por hecho el modo genético. La Confesión de Westminster dice que la "naturaleza corrompida" es transmitida a la posteridad de Adán "por generación natural". Wiley dice: "En la misma forma también, el arminianismo ha dado mucha importancia a esta ley genética al explicar la depravación innata".[64] Y explica enseguida: "La depravación heredada, entonces, es sólo la ley de la herencia natural, pero esa ley opera bajo las consecuencias penales del pecado de Adán".[65] Las palabras del credo implican el modo genético con la expresión, "la corrupción de la naturaleza de todos los descendientes de Adán".

1. *Otras Teorías aparte del Modo Genético*

El modo genético naturalmente implica traducianismo, esto es, la posición de que el alma (incluyendo el espíritu) es procreado con el cuerpo. Otras teorías son:

a. Preexistencia. Este concepto fue sostenido por Orígenes y más recientemente por Julius Muller. Supone que sólo el cuerpo es procreado como organismo biológico, y que en el nacimiento es encarnado con un espíritu preexistente, que al unirse con la vida animal constituye una persona humana. En esa forma, la pecaminosidad de ese espíritu puede explicarse sólo por una caída antes de la encarnación, o por su asociación con un cuerpo pecaminoso. Esta posición es esencialmente gnóstica.

b. Creacionismo. Este punto de vista es similar al anterior respecto a la limitación de la procreación a lo biológico. Pero presupone que Dios encarna el feto (cuándo, no se sabe) con un espíritu creado especialmente para este cuerpo en particular. En este caso, cualquier pecaminosidad heredada sería enteramente física y el sitio del pecado sería el cuerpo; a menos que supongamos que Dios, en respuesta penal al pecado de Adán, hubiera creado cada espíritu con tendencia pecaminosa. Tal teoría no tomaría en serio la imposibilidad moral de que un Dios santo creara un espíritu personal pecaminoso. Si se adopta el otro extremo del dilema —que el pecado está en el cuerpo—, una vez más tenemos la base de un nuevo gnosticismo.

c. Epifenomenalismo. Esta es la posición de la sicología naturalista que niega totalmente el alma, excepto como la conciencia de uno mismo que se desarrolla del organismo biológico y depende por completo de él. En este caso el hombre es sólo animal, y la muerte termina su existencia. Pero, si el alma es una ilusión, también lo es "el problema" del pecado.[66]

2. No Contradice a la Ciencia

Suponer que el modo genético implica un pecado substantivo en el sentido de objeto o materia que puede medirse, es inferir conclusiones que no están presentes. En primer lugar, el conocimiento moderno de cromosomas, genes y ADN no refuta, sino confirma la conexión directa de toda persona con Adán. Las características numéricas y la distribución de los cromosomas pertenecen únicamente a la especie humana, implicando una continuidad que proviene de una pareja aborigen. Además, en cada nuevo óvulo fertilizado está el plano completo de la persona que se desarrollará. Este plano incluye no sólo rasgos que pueden medirse, como el color del cabello y de los ojos, sino los que no pueden medirse, como aptitudes y tendencias de naturaleza síquica. "La ley de que cada ser viviente se reproduce no se aplica solamente a las características biológicas de la existencia humana, también abarca las características psicológicas".[67] Si el grupo de rasgos mentales que gradualmente se desarrollará en el niño está en la célula, la presencia de esa entidad misteriosa, el alma, se convierte en una hipótesis razonable.

Por tanto, del óvulo fertilizado se desarrollarán las disposiciones y capacidades de naturaleza espiritual, incluyendo el afecto, la conciencia y el hacer decisiones. El plano no es fatalista en los aspectos o niveles espirituales del ser, porque aunque los cromosomas determinan inevitablemente algunas características, no determinan cómo las usará la persona cuando crezca. Los cromosomas pueden incluir aptitud para la música, pero no determinarán que el individuo sea músico, porque el potencial para la libertad es parte del organismo original. El funcionamiento heredado que con el tiempo se convertirá en la capacidad para hacer decisiones, puede llegar a ser altruismo, o egoísmo y brutalidad.

La doctrina del pecado original dice simplemente que desde la caída, el plano tiene un defecto racial. Este constituye un efecto negativo en la organización síquica, creando una tendencia anormal por la que la psique se desarrolla de modo excesivo alrededor del ego. La ciencia de la genética reconoce claramente la posibilidad de mutaciones que crean características degenerativas transmisibles. Por tanto, no hay razón lógica para considerar inconcebible la herencia de un detrimento síquico primitivo que lleve a tendencias indeseables.

G. Un Pecado Subético

Este extraño defecto racial, de naturaleza espiritual, transmitido no obstante por concepción física por medio de agentes biológicos, puede llamarse "pecado" sólo en un sentido limitado y con mucho cuidado. Es la contrapartida de la santidad original, que se presume hubiera sido transmitida como tendencia espontánea a la descendencia de Adán y Eva si ellos no hubieran pecado. Pero como esa santidad hubiera sido subética en cada infante, así el pecado innato debe considerarse subético. Al decir subético queremos decir que la condición, ya sea de santidad original o de pecado innato, no es el producto de procesos morales conscientes y volitivos.[68] El estado de un infante recién nacido —sin mencionar el embrión y el feto—, no puede considerarse éticamente impuro sin violar nuestro sentido moral.

No obstante, la iglesia no aceptó el semipelagianismo, que confesó la depravación de la naturaleza en el sentido de debilidad, pero negó que fuera pecado. Wiley pregunta: "Si la depravación heredada no es la esencia del pecado, ¿cómo podemos entender textos como 'el Cordero de Dios que quita el pecado del mundo'?... Debilitar nuestra posición en cuanto al pecado es debilitarla también en cuanto a la santidad".[69]

¿En qué sentido, entonces, puede llamarse pecado esta condición "inorgánica" (Curtis) heredada? Karl Rahner dice que tiene "en un sentido análogo el carácter de pecado" porque, en el fondo, "es un estado que no debe ser".[70] Además, nos recuerda que puesto que el niño viene al mundo sin la santidad que Dios había diseñado para el ser humano, su condición es impía. Pero decir impía significa, en cierto sentido, pecaminosa.

A esto podemos agregar: Esta condición (*a*) es una aberración que si se le permite tomar su curso natural, se convertirá en antagonismo hacia Dios, y por tanto (*b*) constituye una tendencia subconsciente pero poderosa a hacer decisiones malas cuando el niño principia a enfrentar opciones morales. Por tanto, el pecado innato es "ético en la medida en que sus tendencias y manifestaciones son intrínsecamente malas. Pero por cuanto no es totalmente ético, podemos calificarlo de semiético o subético; en vista de esto, es posible que el término 'pecaminosidad' sea más apropiado que 'pecado'".[71]

H. Lo Substantivo y lo Relacional

La perspectiva relacional ve el pecado como violación de las relaciones, y la pecaminosidad como alienación. Recalca el aspecto volitivo del pecado. El tratamiento substantivo ve el pecado no sólo en sus aspectos relacional y volitivo, sino que insiste en que detrás de éstos hay una inclinación subvolitiva de la naturaleza. Considera el pecado como un acto deliberado, pero ve también un estado o condición en la persona que constituye una tendencia anormal a tales actos pecaminosos, como se describe tan gráficamente en Romanos 7.

Oponer el tratamiento relacional al substantivo, como si un teólogo tuviera que defender uno u otro, es absurdo, fútil y aun herético. Es herético porque negar la tendencia pecaminosa heredada, que no es producto de los propios escogimientos, sino de la caída, es puro y simple pelagianismo, y necesita ser calificado como tal. Además, ciertamente no es wesleyano. El wesleyanismo auténtico y normativo siempre ha insistido en que hay en la naturaleza humana caída una pecaminosidad real predisposicional y subvolitiva que necesita una purificación real. Esta piedra angular del wesleyanismo no debe suprimirse ni comprometerse.[72]

Si quienes profesan ser wesleyanos adoptan un lado o el otro y dicen: "Soy relacionista, pero él es substantivista", muestran superficialidad antes que sofisticación teológica. Los aspectos relacional y substantivo del pecado son complementarios, no contradictorios. Las relaciones pueden corregirse mediante arrepentimiento, perdón y aceptación; pero las relaciones correctas pueden mantenerse con cierto grado de solidez satisfactoria, sólo si el corazón de quien se relaciona ha sido sanado.[73] Si no es purificado de su egoísmo y obstinación básicos, el rompimiento de relaciones tenderá a ocurrir con frecuencia.[74]

I. El Pecado Innato y la Voluntad

Similar a la inquietud que hay en cuanto a lo substantivo y lo relacional, es la cuestión de la carga atribuida a la naturaleza pecaminosa en comparación con la atribuida a la voluntad.

Aunque se acostumbra afirmar que la voluntad es el factor principal tanto del carácter como del destino (p.e., La Lucha de la

Voluntad, c. 7), esta manera de hablar puede ser peligrosamente engañosa. Implica la personificación de la voluntad, como si habláramos de una entidad o agencia independiente. No hay tal entidad. La voluntad, como una cosa en sí, nada es y nada hace. Hablamos más bien de la persona que ejerce su voluntad, que es muy distinto. Es la persona total —incluyendo emociones, afectos, móviles y valores— quien hace la decisión. En relación a Dios, ella se somete a El o se resiste, o quizá titubee y vacile. No puede decir con corrección técnica: "Me es difícil poner mi voluntad en el altar". Lo que debe decir es: "En este punto no estoy dispuesto a rendirme completamente a Dios".

¿Por qué es importante la distinción? Porque un énfasis exagerado en la voluntad tiende a minimizar, y quizás a dejar de lado la condición moral del yo, esto es, la naturaleza. ¿Por qué es difícil rendirse a Dios? No es porque haya algo malo en esta cosa mítica llamada "voluntad", sino porque hay algo malo en el yo que hace las decisiones. Le es difícil escoger lo correcto porque él mismo es pecaminoso —en disposición e inclinación subvolitiva (es decir, en su naturaleza)— antes que sus actos sean pecaminosos. Cuando él, como persona total, escoge actuar en contra de esta renuencia interna, se coloca en una posición en que el Espíritu Santo puede alterar esta indisposición interna, de manera que la rendición total ya no es una batalla contra la tendencia de su naturaleza. Esto establecerá la diferencia entre esclavitud parcial y libertad completa; entre pies pesados y "pies como de venados" (Sal. 18:33) en el camino de santidad.

Esta alteración interna de la naturaleza (o purificación del corazón) es el *sine qua non* de la auténtica doctrina wesleyana de la entera santificación (véase pp. 164-165).

SUMARIO

Aunque el pecado *per se* puede definirse como iniquidad por la que debemos dar cuenta a Dios, el pecado original puede definirse como iniquidad heredada —por tanto, de la cual no tenemos que dar cuenta a Dios— en naturaleza o disposición moral. Somos responsables de esta condición o estado cuando descuidamos o rechazamos su cura. La cura para esta enfermedad de la personidad o del yo se obtiene en Cristo. Aunque la iniquidad por la que debemos dar cuenta necesita ser perdonada, esta condición o estado pecaminoso clama ser purificado. La provisión para esta purificación es central en la acción salvadora de Cristo en la cruz y en la resurrección, y su implementación es central en el ministerio del Espíritu Santo. Trataremos ahora de esta provisión e implementación.

NOTAS BIBLIOGRÁFICAS

1. *A Theology of the Living Church*, p. 189.
2. New York: Charles Scribner's Sons, 1932.
3. *Comentario explicativo* por William Kimmel y Geoffrey Coine, eds., *Dimensions of Faith* (New York: Twayne Publishers, 1960), p. 434. Véase Macquarrie, *Principles of Christian Theology*, p. 240, quien habla de "seres individuales absorbidos en este mundo y arrastrados con él". Véase también E. La B. Cherbonnier, *Hardness of Heart*, p. 136.
4. *Marriage and the American Ideal* (New York: Dodd, Mead, and Co., 1960), pp. 403-404.
5. Ronald F. Gray, "Bases psicológicas de la educación cristiana", *Explorando la educación cristiana* (Kansas City: Casa Nazarena de Publicaciones, 1994), p. 126.
6. *Ibid.*
7. Las formas más fructíferas de sicoterapia han sido desarrolladas por personas como Gordon Allport, Kurt Lewin, Hadley Cantril y Carl Rogers. Aunque difieren entre ellos, tienen una presuposición en común, que el individuo no es una marioneta indefensa de fuerzas impersonales, sino una persona responsable que reacciona y decide. Por tanto, si es pecador, la causa debe encontrarse en él y en su medio ambiente.
8. Esta parece ser la posición básica de Reinhold Niebuhr en su obra de dos volúmenes, *The Nature and Destiny of Man* (New York: Charles Scribner's Sons, 1949) —que aunque la finitud del hombre no hace necesario el pecado, lo hace inevitable.
9. O aquella creación calumniada con el aforismo budista: "Tu propia existencia es pecado en sí" (citado de E. La B. Cherbonnier, *Hardness of Heart*, p. 114).
10. *Finney's Lectures on Systematic Theology* (reimpresión, Grand Rapids: Wm. B. Eerdmans Publishing Co., 1951), p. 253.
11. *Ibid.*, p. 254.
12. *A Theology of the Living Church*, p. 195.
13. *Ibid.*
14. Para leer una explicación más amplia de la enseñanza de Agustín, véase *Explorando la santidad cristiana*, 2:78-96.
15. Confesión de Augsburgo, 1530 d.C.
16. The Thirty Nine Articles of the Church of England, 1563 (latín), 1571 (inglés), rev. 1801.
17. *Manual de la Iglesia del Nazareno*, 1997. La declaración Metodista Libre dice: "El pecado original no se basa en seguir a Adán, como los pelagianos aseguran vanamente, sino que es la corrupción de la naturaleza de todo hombre que es engendrado naturalmente de la descendencia de Adán, por lo cual el hombre está muy separado de la justicia original, y en su naturaleza está inclinado al mal y eso de continuo". La declaración de la Iglesia Wesleyana es idéntica.
18. Véase Otto W. Heick, *A History of Christian Thought* (Philadelphia: Fortress Press, 1965), 1:127-128.
19. Lo que el calvinismo llama "gracia común" es muy diferente. Es la restricción divina de la maldad del hombre para el bien común, aun la ayuda de cierto grado de benevolencia y virtud. Pero el objetivo de tal gracia no es necesariamente salvar, sino sólo preservar la raza de la corrupción total.

20. Además, haciendo justicia a muchos liberales que han repudiado vigorosamente la doctrina del pecado original, debe notarse que ellos estaban renunciando a la forma agustiniana, que incluía culpa trasmitida, incapacidad absoluta, y la selectividad arbitraria y acción irresistible de la gracia.

21. La doctrina de que la gracia libra al creyente de toda obligación o necesidad de guardar la ley.

22. Vergilius Ferm, ed., *An Encyclopedia of Religion* (New York: Philosophical Library, 1945), pp. 569-570.

23. Heick, *History of Christian Thought*, 1:195.

24. David Broughton Knox, "Pelagianism", *Baker's Dictionary of Theology*, p. 400.

25. *History of Christian Thought*, pp. 197-198.

26. *Ibid.*, p. 198.

27. Para estudiar una excepción erudita, véase A. Elwood Sanner y A. F. Harper, eds., *Explorando la educación cristiana* (Kansas City: Casa Nazarena de Publicaciones, 1994), pp. 111—114, 125—130.

La nueva cara del pelagianismo es el énfasis actual en que el pecado y la santidad son estrictamente relacionales, y se descarta la pecaminosidad como condición de la naturaleza humana (caída) y la santidad como estado restaurado de la naturaleza. Detrás de esta escuela de pensamiento hay temas tanto del existencialismo como de la teología de proceso (provenientes de la filosofía de proceso de Whitehead). En este tratamiento el punto de la realidad no es ser, sino llegar a ser; por tanto, el interés está en el cambio antes que en el estado, en crecimiento más que en una condición específica identificable. Tiene gran dificultad en tratar de acomodarse a conceptos wesleyanos como pecado innato, "naturaleza carnal", purificación instantánea y "obras de gracia".

28. Véase *The Five Arminian Articles*, 1610, Art. III.

29. *Arminius: A Study in the Dutch Reformation* (Nashville: Abingdon Press, 1971), p. 221.

30. *CBB*, 3:254.

31. Suponer que David estaba diciendo indirectamente que su madre lo concibió fuera del matrimonio es buscar un escape poco probable; peor aún sería interpretar sus palabras como una acusación de que la relación sexual marital es pecaminosa: esto no estaría de acuerdo con el punto de vista del Antiguo Testamento sobre cuestiones sexuales.

32. *The Whole Counsel of God* (Kansas City: Beacon Hill Press, 1945), p. 39.

33. *Apologia Pro Vita Sua*, pp. 241-43; citado por Olin Alfred Curtis, *The Christian Faith* (Grand Rapids: Kregel Publications, 1956), p. 190.

34. *A Whole Person in a Broken World* (New York: Harper and Row, Publishers, 1964), p. 33.

35. *For Self Examination* (London: Geoffrey Cumberlege, Oxford University Press, 1946), pp. 50-58.

36. "Neurosis of Defiance", *Christianity Today*, enero 15, 1965.

37. James Dalton Morrison, ed., *Masterpieces of Religious Verse* (New York: Harper and Brothers, Publishers, 1948), p. 57.

38. *Whatever Became of Sin?*, p. 230.

39. *Christian Faith*, p. 200.

40. *Ibid*.

41. *Man in Transition* (Carol Stream, IL: Creation House 1971), p. 62.

42. Arnold Toynbee la llama "brecha de la moralidad" y dice que "siempre ha existido". Es la brecha entre "el talento para la ciencia" que posee el hombre y su evidente incapacidad para aplicar la misma inteligencia a cuestiones morales. La causa de este vacío, dice, es el "egocentrismo humano", y afirma que todas las

Los Efectos Raciales de la Caída / 103

religiones "han tenido como primera y principal preocupación el dominar el egocentrismo". De *Surviving the Future* (London: Oxford University Press, 1971), citado por Menninger en *Whatever Became of Sin?*, p. 227.

El anverso de la impotencia moral es la evidente afinidad con el mal que se puede observar. Las modernas agencias de publicidad y las empresas de diversiones lo saben y lo explotan al máximo. "De manera que nuestras pantallas", dice Max Rafferty, "ya sea en los cinemas o en la sala familiar, resplandecen con la putrefacción y hieden con la inmundicia" (artículo en *Los Angeles Times Service*, noviembre 12, 1980). Esto es lo que produce ganancias.

43. *Tongue of Fire* (London: Epworth Press, J. Alfred Sharp, s.f.), p. 115.

44. *Ibid.*

45. Una recapitulación destruida sólo por el segundo Adán en su tentación.

46. En ningún aspecto es más pérfida esta presión descendente del alma humana que en la tendencia por destruir lo santo. El Gran Inquisidor reprocha a Cristo por no comprender que los hombres venderán sus almas por pan. Este será el secreto del Anticristo: "Pero, ¿sabes tú que por obtener ese pan terrenal el espíritu de la tierra se rebelará contra ti y luchará contigo y te vencerá, y todos lo seguirán y gritarán: '¿Quién se compara con esta bestia? Él nos ha dado fuego del cielo'" (Fyodor Dostoyevski, *The Brothers Karamazov*, trad. Constance Garnett [New York: Modern Library, Random House, s.f.], p. 262).

47. W. T. Purkiser, ed., *Explorando nuestra fe cristiana* (Kansas City: Casa Nazarena de Publicaciones, 1979), p. 248.

48. L. Berkhof, *Systematic Theology* (London: Banner of Truth Trust, 1941; reimp., 1963), p. 246.

49. Wiley, *Christian Theology*, 2:124.

50. Herbert Lockyer, *All the Doctrines of the Bible* (Grand Rapids: Zondervan Publishing House, 1964), p. 145.

51. Metz, *Studies in Biblical Holiness*, p. 85.

52. Es verdad que a veces se debate el significado de estos pasajes, pero de Romanos 6:6 Wesley dice: "Contemporáneo con nuestra existencia, y tan antiguo como la caída" (*Explanatory Notes upon the New Testament* [1754, reimp., Naperville, IL: Alec R. Allenson, 1958]). J. Kenneth Grider interpreta "el viejo hombre" como la vida antigua (*Entera Santificación: La doctrina distintiva del wesleyanismo* [Kansas City: Casa Nazarena de Publicaciones, 1991], pp. 133-134).

53. Estas palabras son de la versión Reina-Valera 1995; otras versiones varían.

54. *Christian Theology*, 2:124.

55. Como un repuesto defectuoso que se rechaza porque no puede acomodarse en el lugar apropiado.

56. *Christian Theology*, 2:126.

57. *Newness of Life* (Kansas City: Beacon Hill Press of Kansas City, 1975), p. 42; véase Grider, *Entera Santificación*, pp. 110-13.

58. Véase *ESC*, 2:259-269.

59. *Christian Theology*, 2:140.

60. *Ibid.*

61. ¿No hay, por ejemplo, personas santificadas que habitualmente comen demasiado, quienes no han tomado clara conciencia del asunto como mayordomía y por tanto, como cuestión moral?

62. Véase *ESC*, 2:78-96, 213.

63. 1 Corintios 7:32-36 no sólo debe interpretarse en contexto, sino a la luz de 9:5; Efesios 5:22-33; Colosenses 3:18-21; 1 Timoteo 4:3; 5:14; Hebreos 13:4; y otros.

64. *Christian Theology*, 2:118.

65. *Ibid.*, p. 125.

104 / Explorando la Santidad Cristiana

66. Para conocer un análisis científico contemporáneo del funcionamiento del cerebro en relación al ego, véase *Brains, Machines, and Persons*, de Donald M. Mackay, profesor de investigación de Comunicación y Neurociencia, Universidad de Keele (London: William Collins and Co., 1980; y Grand Rapids: Wm. B. Eerdmans Publishing Co., 1980). Aunque Mackay dice que por cada experiencia o decisión consciente "hay alguna correlación en la actividad física de nuestro cerebro", él se apresura a agregar: "Nótese que no decimos aquí, como lo dirían algunos 'materialistas', que mi experiencia consciente es sólo un 'epifenómeno' de las operaciones de mi cerebro, como si mi cerebro físico fuera la realidad sólida, y mi experiencia sólo un agregado imaginario" (82-83). Véase pp. 190-191.

67. *Explorando nuestra fe cristiana*, p. 249.

68. Véase pp. 37-39.

69. *Christian Theology*, 2:121.

70. *Encyclopedia of Theology* (New York: Seabury Press, 1975), p. 1152.

71. Merne A. Harris y Richard S. Taylor, "The Dual Nature of Sin", *The Word and the Doctrine* (Kansas City: Beacon Hill Press of Kansas City, 1965), p. 112.

72. La declaración clásica de Wesley de la doctrina del pecado original muestra claramente la conexión interna entre sus aspectos relacionales y "substantivos": "El hombre fue creado para mirar directamente a Dios como su fin último; pero al caer en pecado, se separó de Dios, y se miró a sí mismo. Ahora, esto infiere (sic) una total apostasía y corrupción universal en el hombre; porque cuando se cambia el fin último, no puede haber bondad real. Y esta es la situación de todos los hombres en su estado natural: Buscan, no a Dios, sino a ellos mismos. Por tanto, aunque hay en ellos ciertas trazas de moralidad, 'no hay justo, ni aun uno'. Porque, aunque algunos de ellos 'corren bien', están todavía lejos del camino, nunca apuntan al blanco correcto. Adondequiera que se muevan, no pueden moverse más allá del círculo del ego. Se buscan a ellos mismos, actúan para ellos mismos; sus actos naturales, civiles y religiosos, de dondequiera que procedan, todos llegan y convergen en este mar muerto" (*Works*, 9:456).

73. En el pensamiento de Jesús, ser, es la base del actuar, y de allí procede — Mateo 7:16-18; véase 12:33-35.

74. De cierto, el pecado en la naturaleza humana no es substancia en el sentido filosófico de un ser independiente; esto sería dualismo metafísico. Laurence W. Wood nos recuerda: "En el pensamiento cristiano el mal es siempre parasítico; no tiene existencia absoluta propia. Sólo el bien tiene verdadera existencia" (*Pentecostal Grace* [Wilmore, KY: Francis Asbury Publishing Co., 1980], p. 162). Wood dedica ocho páginas al concepto de substancia y provee un estudio muy erudito y útil. Es sabio tener presente también lo que nos recuerda Harold H. Titus, que "una substancia... no tiene que ser material; puede ser material o no material" (*Living Issues in Philosophy*, 5a. ed. [New York: Van Nostrand Reinhold Co., 1970], p. 149).

5

La Provisión de Dios en Cristo

Cristo Jesús, el Señor, es la única esperanza del hombre —su único medio de escape del pantano de su propia corrupción, impotencia y muerte—. "No hay otro nombre bajo el cielo, dado a los hombres, en que podamos ser salvos" (Hch. 4:12), afirmó Pedro ante el sanedrín que confiaba en su propia rectitud. Tal premisa es la esencia del cristianismo.

La pregunta fundamental que desafía al mundo y a la iglesia es ésta: ¿Es Jesús un Salvador adecuado? ¿Salva El en pecado o del pecado? Si del pecado, ¿salva de todos los pecados ahora mismo? La Biblia dice que Jesús salva de los pecados (Mt. 1:21), y que El tiene la capacidad para "salvar perpetuamente a los que por él se acercan a Dios" (Heb. 7:25).

Las Buenas Nuevas no son buenas a menos que proclamemos el poder de Cristo para sanar el corazón a la humanidad que va a tientas. Se dice que Mahatma Gandhi estuvo a punto de aceptar el cristianismo, pero cambió de idea cuando su anfitrión en Inglaterra le dijo que Jesús no podía salvarnos de pecar, sino que salvaba sólo por medio de la imputación de su propia justicia al creyente. Gandhi quería ser salvo del pecado. No veía ventaja alguna en remplazar una religión impotente por otra.

Examinemos, entonces, la naturaleza de nuestra salvación en Cristo.

I. La Santidad Demostrada

A. Cristo como Modelo

1. *Qué Es la Santidad*

Cuando miramos a Jesús, vemos el modelo de la santidad que El enseñó (véase t. 1, c. 3).

a. La santidad de Jesús era unidad con el Padre —una piedad profunda y total—. Había armonía completa y comunión inquebrantable entre Jesús y los otros miembros de la Divinidad. Aunque la encarnación incluyó la unión metafísica única del Dios-hombre, la unidad espiritual ejemplificada por Jesús es la norma para todos. Un motivo de su oración por la santificación de sus discípulos fue "que también ellos sean uno en nosotros" (Jn. 17:21).

b. La santidad de Jesús era también justicia completa. "¿Quién de vosotros puede acusarme de pecado?", fue su desafío (Jn. 8:46). Su santidad era no sólo ausencia de culpa externa, sino también rectitud interna total —la pureza de corazón necesaria para ver a Dios (Mt. 5:8)—. Había coherencia entre su estilo de vida y la ley de Dios. Hizo lo que debía hacer. Lo que sentía, decía y hacía, estaba de acuerdo con lo que El percibía que era recto. No sólo fueron rectas sus acciones, sino también sus móviles. Hizo lo recto por razones rectas.

c. Además, la santidad de Jesús era una demostración de amor. Sólo en pensamiento podemos abstraer esto de la unidad con Dios o de la justicia, pues ambas pertenecen a la naturaleza del amor. Cristo amaba al Padre; el amor era la esencia de la unidad. Cristo amaba a sus semejantes; el amor era la esencia de su justicia. Por tanto, era más que una actitud apropiada, legal y externa; era un interés que fluía de El. Jesús "tuvo compasión" de la multitud, "porque eran como ovejas que no tenían pastor; y comenzó a enseñarles muchas cosas" (Mc. 6:34).[1]

2. *Rasgos Especiales de la Santidad*

La santidad que mostró Jesús fue peculiarmente la clase de santidad apropiada al hombre, la criatura. La santidad en el hombre incluye sumisión, humildad, obediencia y reverencia, porque estas cualidades pertenecen con todo derecho a la condición del hombre como criatura y sujeto. En Dios, el ejercicio de la soberanía —incluyendo el uso de la espada— es perfectamente compatible con su santidad, pues tal soberanía pertenece a su persona como Creador y Soberano. Por tanto, la demanda de Dios para ocupar el trono de nuestro corazón está relacionada con su santidad; nuestra demanda para ocupar ese trono está relacionada con nuestra iniquidad.²

Es profundamente significativo, por tanto, que Jesús dijera: "Soy manso y humilde de corazón", y que al decirlo se señalara a Él mismo como nuestro Modelo (Mt. 11:29). La santidad es semejanza a Cristo, y la semejanza de espíritu con Cristo se caracteriza —mucho más en nosotros— por una sana autovaloración. Sin depreciarnos con una humildad falsa, tendremos profunda conciencia de nuestra dependencia constante en Dios y, por ello mismo, mostraremos constante docilidad y disposición para aprender.

Cuando era joven, Jesús se sujetó a sus padres porque sabía que este era el orden divinamente establecido. Se humilló en el bautismo público a fin de cumplir "toda justicia" (Mt. 3:15). Llevó una vida de oración, de constante dependencia e igualmente de constante obediencia, "porque ni aun Cristo se agradó a sí mismo" (Ro. 15:3).

La distancia entre la santidad que vemos en Cristo y nuestra propia disposición natural es dolorosamente obvia. Pero la norma es clara: Como la santidad de Jesús, nuestra santidad no sólo debe aceptar la autoridad de Dios, sino que debe caracterizarse por un cambio interno tan completo que nos sintamos confortables con ella. Pero de ser así, la raíz de enemistad debe ser desarraigada. El orgullo debe ser quebrantado hasta que estemos dispuestos a ocupar el lugar más humilde y a servir a Dios sólo para su gloria (Mt. 6:19-33).

3. *Compatibilidad de la Santidad con la Vida Ordinaria*

Jesús acabó para siempre con la idea de que la santidad requiere aislamiento. En Él vemos que la santidad no depende del medio ambiente, sino del Espíritu Santo que mora en el cristiano. Jesús fue amigo de los pecadores, pero nunca se contaminó por ellos. Compartió la hospitalidad de personas de alto y de bajo nivel social, y se mezcló diariamente con las multitudes, pero siempre con el fin de redimirlos. Demasiados obreros cristianos se disponen a cambiar el mundo, pero al fin resultan cambiados por el mundo. La santidad, si en verdad es como la de Cristo, es esa calidad de espíritu y ese recurso divino interno que hace posible estar involucrado, no obstante separado —para vivir redentoramente en la vida común de la familia y de la vocación (1 Jn. 4:4; véase Ro. 8:31-39).

B. La Santidad y la Naturaleza Humana

En Jesús no sólo vemos un modelo de santidad cristiana, sino la afinidad inherente entre la humanidad y la santidad. Obviamente el pecado no es un mal particular del cuerpo, porque Jesús poseyó un cuerpo.[3] El asumió una naturaleza humana, demostrando así que esta no es pecaminosa *per se*; más bien, la humanidad sin pecado es más verdaderamente humana que la humanidad manchada y deformada por el pecado.

"Jesucristo fue el único hombre perfectamente maduro que jamás haya vivido", dijo Henry Lederer de la Facultad de Medicina de la Universidad de Cincinnati.[4] No obstante, fue el Unico totalmente sin pecado. La santidad, la normalidad y la madurez no son sinónimos, pero son afines. El estado santo es el estado normal y estimula la madurez en todas las facetas de la personalidad. Por causa del pecado, toda sicología infantil y de la adolescencia es sicología de anormalidad. Por tanto, resulta evidente que

> los deseos del cuerpo y de la mente hacia el conocimiento, crecimiento, amor y procreación no son pecaminosos en ellos mismos... "El errar es humano", se dice, y generalmente lo que se trata de decir es que "pecar es humano". El adagio es verdad en referencia estricta al hombre caído como una caricatura de su verdadero yo. Pero cuando percibimos a Cristo, percibimos que el pecado es una anormalidad y una distorsión. Es mucho más verdaderamente humano el ser santo.[5]

II. La Santidad y la Cruz

Aunque aprendemos por las enseñanzas de Jesús y por su ejemplo lo que es la santidad, es en la cruz donde encontramos poder transformador. El ejemplo sólo es como una luz que alumbra a un hombre que se está ahogando; se sabe dónde está y cuál es su problema, pero de ese modo no es rescatado.[6]

A. La Santificación en la Expiación

Wesley insistió en que sólo por medio de los méritos de Cristo "todos los creyentes son salvos: esto es, justificados —salvos de la culpa—; santificados —salvos de la naturaleza pecaminosa—; y glorificados —llevados al cielo—".[7] En esto fue bíblico: Dios hizo a Cristo nuestra "sabiduría, justificación, santificación y redención" (1 Co. 1:30).

Jesús mismo declaró el eslabón entre su muerte y nuestra santificación: "Por ellos yo me aparto [en la cruz], para que también ellos sean apartados del pecado". Esto es lo que quiso decir en su oración sacerdotal por los discípulos —y por nosotros (Jn. 17:17-21).

Los evangélicos nunca han refutado que en la muerte de Cristo hubo una transacción objetiva entre el Padre y el Hijo que hizo posible el perdón y la reconciliación. Lo que se ha pasado por alto ha sido el poder moral para la santidad personal que fluye de esa cruz. "El perdón es el primer 'propósito' de la muerte de Cristo, pero el segundo 'propósito' es 'extinguir nuestro propio infierno dentro de nosotros'". Esta es la posición wesleyana de acuerdo con Leo George Cox.[8] Y Wesley arguye que un cristiano sincero no se sentiría cómodo con una justicia imputada si todavía "estuviera realmente esclavizado con las corrupciones de la naturaleza". Cualquier salvación, aun de la amenaza del infierno, es parcial, a menos que "nuestro Redentor sea... quien 'bautice con el Espíritu Santo' —la Fuente y el Restaurador, para la humanidad, de aquello por lo cual es restaurada a su primer estado".[9]

Hay abundante evidencia bíblica de que Wesley estaba en lo correcto. "Nuestro viejo hombre", dice Pablo, "fue crucificado juntamente con él, para que el cuerpo del pecado sea destruido" (Ro. 6:6). El "viejo hombre", dice C. K. Barrett, "es 'Adán' —o nosotros en unión con Adán".[10] El "cuerpo del pecado" debe interpretarse de acuerdo con Romanos 7:14-25. No es el cuerpo físico, sino el principio interno de pecado lo que Pablo señala como el problema humano fundamental. Por tanto, la declaración evidente es que no sólo nuestros pecados fueron clavados en el madero con Jesús, sino también nuestro pecado. Jesús murió por el pecado racial, a fin de que nuestra mente carnal individual pudiera ser destruida en la realización personal, como nuestra respuesta experiencial al clamor: "¿Quién [nos] librará de este cuerpo de muerte?" (v. 24).[11]

B. El Principio Vital

Wiley nos recuerda que debemos considerar la expiación "como el método de Dios para hacerse inmanente en una raza pecadora".[12] Este, por supuesto, es el objetivo supremo de todo lo demás. La expiación de nuestros pecados es un medio para llegar a este fin, pero no es el fin mismo. Esta restauración de la presencia divina en el hombre, en cuanto a compañerismo, semejanza y unidad, llegó a ser posible (*a*) en la encarnación, por la que Dios se hizo inmanente en la naturaleza humana; (*b*) en la muerte de Jesús como sacrificio propiciatorio y expiatorio, removiendo así los impedimentos legales y morales; (*c*) en la resurrección, por la que el sacrificio fue validado y Jesús fue el Pionero eterno de la nueva raza (Heb. 2:10); y, (d) debido a la resurrección, en el Pentecostés —cuando Dios Espíritu Santo vino a morar plenamente en el hombre otra vez. En esto, los pasos para alejarse de Dios hacia la enajenación y depravación, son igualados por los pasos de regreso, y la nueva raza que el segundo Adán fue enviado a crear, se convierte literalmente en realidad. Tan estupenda como será la futura glorificación, en un sentido será sólo el acto final. Objetivamente el verdadero punto decisivo fue cuando Cristo dijo: "Consumado es" (Jn. 19:30); y subjetivamente el verdadero punto culminante ocurrió cuando "todos fueron llenos del Espíritu Santo" (Hch. 2:4). El Espíritu Santo que mora en el creyente es tanto anticipación como garantía de la gloria futura (2 Co. 1:22; 5:5; Ef. 1:14).

C. Teorías de la Expiación

La doctrina bíblica de la santidad está inextricablemente enlazada con la doctrina de la expiación. Con frecuencia los proponentes de la santidad pasan por alto esta verdad.

Los efectos dobles de la caída de Adán son, por un lado, pérdida y condenación, y por el otro, corrupción y muerte. Los efectos contrarios de la expiación por el segundo Adán deben ser igualmente dobles. En respuesta a lo primero debe haber una expiación que provea remisión total y reconciliación, esto es, justificación. Pero en respuesta a lo segundo debe haber limpieza de la corrupción y liberación de la muerte, inclusive de todas las cicatrices del pecado, esto es, santificación y glorificación. Toda teoría de la expiación es incompleta si no comprende que es tan extensiva (a todos los humanos) y tan intensiva (para todo pecado) como los efectos de la caída. La tesis primaria de Pablo en Romanos 5:12-19 es que el segundo Adán proveyó una salvación que no sólo solucionó en forma precisa, sino que sobrepasó todo detrimento de la caída.

Por tanto, una teoría de la expiación que enseñe una mera imputación de santidad, sin hablar de santidad impartida, es puesta en la balanza y resulta deficiente.

El asunto principal tiene que ver con la naturaleza de la objetividad de la expiación. Con esto queremos decir el grado o sentido en que debe verse la expiación como una negociación cerrada entre el Padre y el Hijo. Un énfasis extremo en la objetividad considera que la salvación de los creyentes ya se efectuó —total y finalmente, y sin peligro de perderla—. Esta idea de objetividad es la base, por ejemplo, del panfleto ampliamente usado que contiene (dos veces) la declaración de que Dios nos ha perdonado (a los creyentes) todos nuestros pecados, "pasados, presentes y futuros".[13] En esa forma, los pecados futuros no serán perdonados en un tiempo futuro, cuando nos arrepintamos, y si nos arrepentimos, pues ese posible arrepentimiento nada tiene que ver con los hechos. Los pecados ya fueron perdonados. Tal es la implicación clara y franca de un concepto de la expiación que la considera una transacción concluida, que no prepara el camino para ciertos fines, sino que los cumple.

Esta idea se desarrolla de la teoría de satisfacción penal de la expiación (una modificación que Juan Calvino hizo de la enseñanza de Anselmo), que ve la muerte de Cristo como la pena exacta, o pago total, por los pecados de los elegidos (solamente), de manera que todos los pecados de éstos son saldados de manera precisa por la muerte substitutiva de Cristo. Esto asegura el resultado final, porque los pecados que ya han sido castigados por completo, no pueden tener poder ulterior.

Esto hace que la salvación final sea totalmente un asunto de justificación, que la santidad sea esencialmente imputación, y que la obra del Espíritu sea real y subjetiva sólo de manera no esencial. Este esquema no niega la santificación subjetiva, pero la considera un descubrimiento accidental, no un requisito para la salvación eterna. La salvación misma es asunto de la gracia declarativa de Dios, no de su gracia operativa. Pero este razonamiento no toma en cuenta 2 Tesalonicenses 2:13, que enseña que la salvación depende de la obra santificadora del Espíritu.

Obviamente esta separación entre la santidad real y la salvación final, y el postulado de seguridad en la justificación y en la justicia imputada, sólo pueden contener las semillas del antinomianismo por una parte, y de la antisantidad por la otra. Aunque el amor sincero a Jesús puede despertar el deseo de evitar el pecado y de vivir una vida santa, es imposible que el pecado inspire terror, porque no hay en él ningún peligro último. Siendo la naturaleza humana lo que es, alimentar presunción e indiferencia hacia el pecado serán consecuencias frecuentes.

En el otro lado de la moneda está el prejuicio de la antisantidad. Los que se aferran a la justicia imputada como su seguridad, serán hostiles a la negación de la validez y suficiencia de tal imputación. Su base de consuelo se les escapa entre los dedos por una doctrina que insiste en que Cristo murió, no para hacer nuestra santidad personal innecesaria, sino para hacerla posible, y que la santificación será requerida como una de las dos mitades de la salvación total (Hch. 26:18). Hablando de las "relaciones que unen la justificación con la santificación", Adolf Köberle dice que "la conexión entre las dos es tan estrecha que si una pereciera, la otra sería eliminada".[14] Pero estas son malas nuevas para algunos.

El punto de vista bíblico de la expiación es que la muerte y la resurrección de Cristo hicieron posible la salvación de todos, pero no efectuaron la salvación de ninguno.[15] No se trata de una especie de circuito cerrado. Las demandas inherentemente éticas de toda santidad significativa incluyen condiciones reales. Una "santidad" que sea consecuencia inescapable e inevitable de una gracia irresistible, no es verdadera santidad. La salvación final debe tener relación con una comunión santa con Cristo, que involucre confianza y obediencia que uno escoge libremente y sostiene continuamente hasta el fin.

Suponer que esto traslada la gloria de Dios al hombre, o que crea una salvación por obras, es completamente erróneo. Dios es glorificado mucho más por una santidad real que por una santidad ficticia. La obediencia continua no puede llamarse justicia por obras cuando es posible sólo por la gracia iniciadora y preveniente de Dios, y cuando en todo momento depende de la cruz como su base meritoria.

Pero en la santidad debe participar también la fe del creyente, el escogimiento del creyente, la obediencia del creyente, la consagración del creyente, y su muerte al yo y al pecado. Sólo si la persona está involucrada como participante activa puede haber un pacto éticamente válido, así como el matrimonio requiere la volición de ambas partes. Aunque todos los arreglos sean hechos por el novio, y todos los gastos sean pagados por él, no pueden ser tan completos y absolutos como para coartar la voluntad de la novia.

Por esta razón, alguna forma de la teoría gubernamental de la expiación concuerda más con el punto de vista bíblico de la expiación y la santidad que la teoría de satisfacción penal.[16] Las notas de propiciación y de verdadera substitución son indispensables. Pero además, esta teoría considera que la muerte de Cristo fue necesaria, no sólo por la santidad de Dios, sino también por las demandas del gobierno moral. Supone la satisfacción tanto de la santidad de Dios como del gobierno moral. Consiste, no en la pena total y precisa, sino en un substituto provisional de la pena —el sufrimiento vicario aceptable por Dios que puede ofrecerse gratuitamente a todos bajo la condición de arrepentimiento y fe, tal como dice la Biblia (Ro. 2:4; 3:25-28).[17]

III. LA SANTIDAD Y EL NUEVO PACTO

"Esta copa es el nuevo pacto en mi sangre", dijo Jesús cuando instituyó la Santa Cena con sus discípulos (Lc. 22:20; véase 1 Co. 11:25). Obviamente está diciendo que su sangre será el medio para instituir el nuevo pacto, y así cumplir una promesa pendiente por siglos.

Nada podría ser más elemental para el cristianismo que esta afirmación. Sin embargo, hay pocos símbolos o enseñanzas cuyo significado se pase por alto tan frecuentemente y casi por completo. Millones de personas participan de los elementos de la Comunión casi sin comprender el nuevo pacto del que hablan estos elementos, sin mencionar la experiencia de su realidad y privilegio.

A. La Ley Internalizada

Este nuevo pacto es el tema principal de la carta a los Hebreos. Después de establecer que Cristo es superior a los ángeles y a Moisés, que su sacerdocio es mejor que el orden aarónico, y que su ministerio sacerdotal es esencialmente interno y espiritual, el escritor dice: "Pero ahora tanto mejor ministerio es el suyo, cuanto es mediador de un mejor pacto, establecido sobre mejores promesas" (Heb. 8:6). Las promesas son "mejores" en substancia, no en confiabilidad. Jeremías 31:31-34 es la enunciación particular del Antiguo Testamento respecto a la promesa de un mejor pacto que cita Hebreos. Su mensaje central es: "Pondré mis leyes en la mente de ellos, y las escribiré sobre sus corazones. Y yo seré su Dios, y ellos serán mi pueblo. Y ninguno de ellos enseñará a su conciudadano ni ninguno a su hermano, diciendo: 'Conoce al Señor', porque todos me conocerán, desde el menor hasta el mayor de ellos. Pues tendré misericordia de sus iniquidades, y nunca más me acordaré de sus pecados" (Heb. 8:10-12, *BA*).[18]

Aunque la justificación, la regeneración y la adopción se encuentran aquí,[19] lo que es más radicalmente nuevo se menciona primero: "Pondré mis leyes en la mente de ellos, y las escribiré [la Septuaginta dice "grabaré"] sobre sus corazones". En este factor se basa la esperanza y promesa de un éxito superior. Este pacto, cuya substancia primaria consistía en un cambio de naturaleza, no podía ser implementado por Moisés en base a la sangre de animales. Sólo podía llevarlo a cabo un mejor mediador, Cristo mismo, con su propia sangre.

El pacto mosaico era también un pacto de santidad. La ley moral esencial, compendiada en el Decálogo, es la misma para los dos pactos.[20] Ambos se caracterizan por condiciones y promesas claramente establecidas.

¿Por qué fracasó el primero, el que se efectuó en el monte Sinaí? Porque la ley se escribió en tablas de piedra en vez de las tablas de carne del corazón. La mente de los israelitas aprobó los Diez Mandamientos, pero su corazón era obstinado y se opuso a ellos. Los mandamientos estaban en contra de sus inclinaciones más profundas.

La característica central en el nuevo pacto es el cambio, no de los mandamientos, sino del corazón humano. Por medio de Cristo, Dios propone internalizar su ley, y en esa forma cumplir la promesa que había hecho por medio de Moisés: "Y circuncidará Jehová, tu Dios, tu corazón, y el corazón de tu descendencia, para que ames a Jehová, tu Dios, con todo tu corazón y con toda tu alma, a fin de que vivas" (Dt. 30:6). De la misma manera tenemos la promesa por medio de Ezequiel: "Pondré dentro de vosotros mi espíritu, y haré que andéis en mis estatutos y que guardéis mis preceptos y los pongáis por obra" (Ez. 36:27).[21]

Es imposible no notar el significado crucial de esta enseñanza. El Nuevo Testamento se dedica por entero al nuevo pacto, y en éste es esencial la santidad —una santidad no imputada, sino completamente impartida y operada en la persona—. Esta santidad no sólo es factible, sino eficaz. Una teología sin santificación no es totalmente evangélica, no importa con cuánto celo ondee la bandera. De hecho, es una teología aún restringida por las limitaciones del antiguo pacto. Cree en el nuevo Sumo Sacerdote, pero todavía vive dentro de las limitaciones e imperfecciones del antiguo orden.

B. Librados de la Ley

Uno de los enigmas fundamentales en el Nuevo Testamento es la presencia de dos líneas distintas de enseñanza respecto a la ley. Si se leen equivocadamente, son paradójicas, si no contradictorias.

Si se leen correctamente, se complementan. Por un lado, se nos dice que nos libremos de la ley; por el otro, se espera que la cumplamos.

1. *La Ley Material*

La solución está en distinguir entre la ley material y la ley formal. La ley material puede definirse como los principios de obligación moral que son eternos. Estos principios no son abrogados, ni siquiera reducidos para ayudar a personas que afirman ser "creyentes". Más bien, la muerte de Cristo tiene como objetivo impartir poder moral suficiente para permitirnos vivir confortable y totalmente de acuerdo a estos principios: "Para que la justicia de la Ley se cumpliera en nosotros, que no andamos conforme a la carne, sino conforme al Espíritu" (Ro. 8:4).

La ley mosaica no pudo alcanzar tal resultado por causa del poder obstructor del pecado innato. El enfoque primario de la expiación de Cristo fue este pecado y El lo "condenó" por medio de su encarnación y muerte sacrificial. En consecuencia, Dios puede hacer lo que la ley mosaica no pudo hacer: Librarnos "de la ley del pecado y de la muerte" (v. 2). La ley del pecado —esto es, el principio del pecado que mora en nosotros, y que Pablo consideraba el verdadero villano (Ro. 7)— combatía e inmovilizaba la autoridad de la ley formal de Dios, que decía "harás esto" y "no harás esto". Por tanto, la verdadera justicia estaba siendo evadida por el pecado "que está en mí" (Ro. 7:17, 20; griego, *he oikousa en emoi hamartia*). La justicia real se hace posible, no al rebajar las normas, sino al remover el obstáculo. Esto se efectúa por medio de la santificación, y esta provisión es el meollo de la expiación.

La justicia esencial se espera y, de hecho, se requiere de los cristianos. Esta enseñanza se encuentra en todo el Nuevo Testamento, incluyendo Gálatas, a la que con frecuencia se llama "la Carta magna de la libertad cristiana". "¿La Ley contradice las promesas de Dios?", pregunta Pablo, y responde: "¡De ninguna manera!" (3:21). La libertad no debe usarse como "ocasión para la carne, sino servíos por amor los unos a los otros" (5:13). Libertad no es libertinaje; es más bien emancipación de la esclavitud interna del pecado y de la esclavitud externa de Moisés. Pero la ley material es la misma: "Porque toda la Ley en esta sola palabra se cumple: 'Amarás a tu prójimo como a ti mismo'" (v. 14). La religión sin este amor se destruirá a sí misma (v. 15).

Después se mencionan algunas de las obras de la carne, 15 en total, cada una de las cuales es contraria a la ley. En lugar de eximir a los cristianos de las justas demandas de la ley moral en alguna de estas obras, la declaración llana es: "Los que practican tales cosas no heredarán el reino de Dios" (v. 21). Por tanto, no hay nada en la salvación en Cristo, o en la llamada libertad de la ley, que abrogue en lo más mínimo o aun que modifique el principio: "No os engañéis; Dios no puede ser burlado, pues todo lo que el hombre siembre, eso también segará, porque el que siembra para su carne, de la carne segará corrupción; pero el que siembra para el Espíritu, del Espíritu segará vida eterna" (6:7-8).

2. *La Ley Formal*

La ley formal puede definirse como ley estatutaria, con sanciones y autoridad legislada. Se convierte así en un sistema externo para controlar la conducta humana. Está claro que la ley de la cual somos liberados en Cristo es el sistema de la ley mosaica. Esta tenía autoridad divina para los israelitas, para servir como un modo de control necesario, pero temporal ("confinados bajo la Ley", Gl. 3:23), hasta que fuera revelado el camino de la fe por el cual pudiera establecerse la ley interna. Esta ley, dice Pablo, "ha sido nuestro guía para llevarnos a Cristo" (v. 24).

Los judaizantes no sólo querían perpetuar para ellos mismos la autoridad y los elementos externos de este complejo sistema legal, sino que deseaban imponerlo a los gentiles como requisito indispensable para la salvación. El distintivo de esta forma total de acercamiento a la vida y a Dios era la circuncisión; por tanto, decían los judaizantes, los gentiles debían ser circuncidados. Este intento de tener tanto la gracia de Cristo como el sistema de la ley de Moisés fue lo que inspiró la Epístola a los Gálatas, con sus negaciones y denuncias severas.

Además, este sistema de la ley mosaica debe verse como la red total de reglamentos y castigos, no sólo la ley material compendiada en los Diez Mandamientos. Para hacer cumplir esta ley se tenía que reforzar con detalles complicados, no sólo de autoridad, sino de adoración, incluyendo todo el culto mosaico de sacrificios. Esta era la ley, por ejemplo, que no sólo declaraba el principio del día de reposo en el cuarto mandamiento, sino que especificaba también la muerte por apedreamiento como castigo para quien lo desobedeciera abiertamente. Cuando se aplicaba, todo el sistema se convertía en una pesada carga que encadenaba, pero no podía transformar. Aun Pedro afirmó que el sistema había sido "un yugo" que nadie había "podido llevar" (Hch. 15:10).

Dios había prometido originalmente a Abraham una justicia que sería por fe, hecha posible por uno de los descendientes de Abraham (Gl. 3:6-16). La ley mosaica "fue añadida a causa de las transgresiones, hasta que viniera la descendencia a quien fue hecha la promesa" (Gl. 3:19). Cuando Cristo vino, el nuevo camino de la fe desplazó al camino de la ley.

3. *La Ley y la Gracia*

Pensemos en el principio de la ley como el método para lograr la conducta deseada mediante compulsión externa (p.e., un grupo de policías que controla el tránsito). Como tal, el sistema de la ley mosaica no ayudó a alcanzar justicia interna por las razones que hemos visto. "Porque si la Ley dada pudiera vivificar, la justicia sería verdaderamente por la Ley" (Gl. 3:21). Una ley puede imponerse, pero la ley misma no puede crear buena voluntad; ésta debe proceder de adentro, creada por otras influencias o móviles. Pero notemos: Cualquiera que sea el modo, el objetivo es la justicia.

En absoluto contraste, el principio de la gracia puede definirse como el método para lograr la conducta deseada (es decir, justicia) mediante el cambio interno conocido como santificación (véase 2 Ts. 2:13). Este cambio conforma el hombre interno a la norma, de manera que se elimina la tensión y se goza la conformidad —voluntaria, feliz y naturalmente.

Estar así bajo el principio de la gracia nos libera de la necesidad del principio de la ley. Sólo en este sentido los cristianos son liberados de la ley.

Los resultados del principio de la gracia son mucho más satisfactorios y estables, porque aunque todavía necesitamos la ley para guiarnos, no la necesitamos para obligarnos (o aun amenazarnos), pues ahora la intención moral de la ley encuentra afinidad en nosotros en lugar de oposición. Quizá el conocimiento de las obligaciones legales todavía sea deficiente; por tanto, la conformidad externa puede ser en ocasiones involuntariamente defectuosa. Sin embargo, este no es un problema grave, porque ya no es rebelión del corazón, sino sólo ignorancia.

Por tanto, "el fin de la Ley es Cristo, para justicia a todo aquel que cree" (Ro. 10:4). Cristo, por medio del Espíritu, se hace cargo cuando cesa la ley, y tiene éxito donde falla la ley. Pero esto rige sólo si andamos "en el Espíritu", como personas que han "crucificado la carne con sus pasiones y deseos" (Gl. 5:16, 24).

Después de todo, quizá el puritano Samuel Rutherford (1600-1661 d.C.) tuvo razón al decir:

> He planteado ahora una nueva pregunta, si Cristo debe ser amado más por dar la santificación o por la justificación gratis. Y sostengo que debe ser amado mucho más por la santificación. En cierta forma El muestra mayor amor al santificar que al justificar; porque al santificarnos nos hace más como El, a su propia imagen y semejanza esencial... Imagine a un pecador, si es posible, que permanece en el infierno para siempre, uno a quien El ha hecho verdaderamente santo; e imagínelo allí, experimentando un amor ardiente a Dios, regocijándose en el Espíritu Santo, dependiendo de Cristo por la fe y la esperanza, —esto es el cielo en el corazón y fondo del infierno.[22]

NOTAS BIBLIOGRÁFICAS

1. Sin embargo, su amor no fue tolerancia débil y permisiva; p.e., la purificación del templo y su severa censura de los fariseos (Mt. 21:12-13; 23:13-39).

2. Véase "Some Implications in the Holiness of God for the Holiness Preacher", Richard S. Taylor, *Wesleyan Theological Journal*, primavera de 1973, p. 33.

3. El docetismo, la creencia de que Jesús sólo parecía tener cuerpo material, fue rechazado desde el principio como herejía.

4. Dicho en una clase, 1950-1951, y mencionado por Ruth Bassett.

5. Purkiser, Taylor y Taylor, *Dios, hombre y salvación*, p. 279.

6. P. T. Forsyth dice: "Mientras más éticamente interpretamos el evangelio, más impelidos somos a la santidad de Dios. Y mientras más profundamente entramos en ese terreno sagrado, más sentimos la necesidad (para mantener nuestra vida espiritual) de una expiación real y objetiva ofrecida a un Dios santo por la igual y satisfactoria santidad de Cristo, bajo las condiciones de pecado y juicio" (*Preaching and Modern Mind*, p. 373).

7. *Works*, 7:313.

8. *El concepto de Wesley sobre la perfección cristiana* (Kansas City: Casa Nazarena de Publicaciones, 1986), p. 45, citando *Works* de Wesley, 9:459.

9. *Works*, 7:512.

10. *The Epistle to the Romans* (New York: Harper and Brothers, Publishers, 1957), p. 125.

11. Otros pasajes que declaran que el propósito de la muerte de Cristo es la santificación así como la justificación, son Ro. 8:2-4; Gl. 2:20; 5:24; 6:14; Ef. 5:25; Col. 1:22; Tit. 2:14; Heb. 2:14; 10:10, 14; 13:12; 1 P. 1:2; 2:24; 1 Jn. 1:7; 3:8. Acerca del último versículo, William M. Greathouse dice: "Juan quiere decir que Cristo vino a destruir el principio de rebelión contra la ley (*anomia* —1 Jn. 3:4) que era la obra principal del diablo en el hombre" (ensayo inédito, "Sanctification and the Christus Victor Motif").

12. *Christian Theology*, 2:276.

13. Publicado por Campus Crusade.

14. *The Quest for Holiness*, trad. John C. Mattes (Minneapolis: Augsburg Publishing House, 1938), p. 253. Para estudiar el concepto de Wesley, véase *Works* 8:68, 429. En otra parte Wesley dijo: "Algunos han supuesto que cuando principié a declarar: 'Porque por gracia sois salvos por medio de la fe', me había retractado de lo que antes había sostenido: 'Sin santidad nadie verá al Señor'. Pero este es un error: Estos textos concuerdan el uno con el otro; el primero sencillamente significa

La Provisión de Dios en Cristo / 119

que por fe somos salvos del pecado y hechos santos. La imaginación de que la fe sustituye a la santidad es la médula del antinomianismo" (*Works* 7:317).

15. Excepto los infantes y otros sin responsabilidad.
16. Véase *Christian Theology*, 2:241-259, 273-276.
17. La teoría de la influencia moral obviamente queda descartada, porque considera que la muerte de Cristo se basa, no en la santidad de Dios, sino sólo en la dureza de corazón de los hombres. No hay en ella propiciación real ni expiación implícita, sino una demostración del amor de Dios diseñada para influir en el hombre para que deje el pecado y ame a Dios.

Gustaf Aulen ha desarrollado lo que él llama la teoría de la expiación del Cristo Vencedor. Provee también la base para una doctrina de santidad en el Nuevo Testamento, por cuanto recalca que Cristo, por su muerte y resurrección, venció a Satanás, el pecado y la muerte, y como Vencedor puede impartirnos su victoria. Sin embargo, para que este tema de victoria sea completo, debe presuponer los elementos bíblicos de substitución, propiciación y expiación vicarias, tan necesarios en la idea de expiación, de manera que Dios es justificador y es justo (Ro. 3:26). Antes de hablar de poder y liberación debemos dar por sentado una expiación forense real, relacionada principalmente al Padre y sólo de forma secundaria a Satanás.

18. Citado por el escritor a los Hebreos, en la Septuaginta.
19. Para un estudio más extenso vea *CBB*, 10:99-103.
20. Como lo muestran en abundancia el Sermón del Monte, los pronunciamientos de Jesús respecto a los grandes mandamientos, y otros pasajes numerosos. Wesley, al advertir contra el peligro de mal interpretar la expresión "el fin de la ley es Cristo", y caer víctima del antinomianismo, dice que Cristo "ha aceptado cada punto de la ley moral, injertándolo en la ley del amor" (*La perfección cristiana*, p. 98). Conviene advertir en contra de una forma de legalismo de justicia por obras. Pero raro es el predicador que puede censurar el intento de ser justificado por las obras de la ley sin que, al hacerlo, deje a sus oyentes en peligro de caer en el antinomianismo. Se le puede decir a la gente con tanta frecuencia que guardar la ley no los salva, que pueden pensar que no es importante hacerlo. La confusión es mayor cuando el predicador no distingue entre la "ley" como precepto divino del bien y del mal, y la "ley" como el culto ceremonial y de sacrificios que enseña el Antiguo Testamento y que ya no es válido. Nuestros oyentes necesitan comprender que lo opuesto del legalismo no es libertad excesiva, sino fe —una fe que no hace a un lado la ley moral, sino que se ase de Cristo para poder cumplirla—. El antinomiano supone que si guardar la ley, en sí mismo y por sí mismo, no es suficiente para alcanzar la salvación, entonces guardar la ley no ayuda para retener la salvación. Se lograría un mejor equilibrio si los predicadores evangélicos fueran tan cuidadosos para explicar el antinomianismo y advertir contra sus peligros, como lo son para condenar celosamente el legalismo.
21. Al definir la circuncisión del corazón, Wesley dijo: "Es aquella disposición habitual del alma que, en los escritos sagrados, se llama santidad; y que implica directamente ser purificados del pecado, 'de toda inmundicia de la carne y del espíritu', y por consecuencia, ser dotados con las virtudes que había en Cristo; es ser renovados 'en el espíritu de [nuestra] mente' para ser 'perfectos como [nuestro] Padre que está en los cielos es perfecto'" (*Works* 11:367; véase 5:203).
22. Carta 170, escrita en 1637, de *Letters of Samuel Rutherford*, ed. Andrew Bonar (Edinburgh y London: Oliphant, Anderson and Ferrier, 1891), p. 320. Wesley dice que el cambio experimentado en la santificación completa es "infinitamente más sublime" que el cambio en la justificación (*La perfección cristiana*, p. 54 [*Works* 11:402]).

6

El Pentecostés y el Ministerio del Espíritu

Un asunto fundamental, tanto para la hermenéutica bíblica como para la doctrina cristiana, tiene que ver con la relación del Pentecostés a las anteriores formas de vida y experiencia religiosas. Un tratamiento sistemático de la santidad cristiana requiere que el asunto sea considerado en este punto.

Generalmente se acepta que el Día de Pentecostés marcó un nuevo principio, al menos en el sentido mínimo de que inauguró la dispensación del Espíritu Santo. La característica fundamental de tal dispensación es que, las actividades redentoras del Dios trino principiaron a ser administradas por el Espíritu Santo el Día de Pentecostés en una forma nueva. Pero de inmediato estamos forzados a plantear algunas preguntas claves: ¿Qué tan radical es la novedad y cuál es precisamente su naturaleza? ¿Hay discontinuidad total entre el Pentecostés y los privilegios redentores anteriores? ¿Era la relación del hombre con Dios sólo formal y externa, o también subjetiva y experiencial? ¿Deberá toda la vida religiosa antes del Pentecostés calificarse no sólo de precristiana, sino también de subcristiana? ¿Fue insuficiente universalmente para alcanzar la regeneración y participación en el reino de Cristo?

Insistir en una discontinuidad radical es desestimar la gracia salvadora de Dios que operaba antes del Pentecostés. Por el contrario, dar por hecho la continuidad, dice Laurence W. Wood, es "el centro mismo de la predicación apostólica".[1]

I. Privilegios de Salvación antes del Pentecostés

A. El Calvario como Punto Central

Lo que inició el Pentecostés no fue una relación personal de gracia con Dios, basada en expiación, fe y obediencia. La experiencia de salvación se basa en el evento Calvario-Resurrección, no en el Pentecostés. "Bíblicamente una de las cuestiones significativas", escribe Willard H. Taylor, "se relaciona a la centralidad del evento cruz-resurrección en el pensamiento bíblico y en la experiencia personal. El Dios viviente es con quien hemos de relacionarnos, entonces y ahora". Por eso él no cree que el relato bíblico sostenga la idea de que los discípulos antes del Pentecostés estaban en "un estado subcristiano".[2]

Indudablemente hay cierta diferencia formal entre los creyentes del Nuevo Testamento y los santos del Antiguo Testamento. Quizá se justifique más llamar cristianos a los discípulos que a los adoradores del Antiguo Testamento, pues la fe de éstos no descansaba en un Cristo viviente, sino en el Dios que los sacó de Egipto y que les prometió un Salvador futuro. Sin embargo, la fe de los discípulos estaba enfocada en este Salvador a quien identificaron como "el Cristo, el Hijo del Dios viviente" (Mt. 16:16; véase Jn. 6:68; 1:19-34). Y, en vista de que se requirió el Pentecostés para clarificar su comprensión de la persona de Cristo y de su obra salvadora, se puede afirmar que el Pentecostés fue necesario para hacer totalmente "cristiana" su fe. Esto, sin embargo, no niega la realidad de su discipulado antes del Pentecostés ni implica que "llegaron a ser cristianos" en el Pentecostés (véase pp. 133-134).

El poder salvador de la cruz es eterno, extendiéndose aun a los santos de la fe mencionados en Hebreos 11, cuya comprensión de la forma divina de salvación era vaga e imperfecta. Es muy significativo que tanto Romanos como Gálatas señalen a Abraham como el gran prototipo de la justificación por fe.[3] Y aunque la ley mosaica, con sus intrincadas complejidades cúlticas, sirvió como guía para preparar a los humanos para Cristo (Gl. 3:24), y aunque la sangre de los animales carecía de poder para quitar los pecados, excepto simbólica y proféticamente (Heb. 10:4), muchos hebreos devotos aprendieron a amar a Dios y su ley, y a "hacer justicia, amar misericordia" y a humillarse ante su Dios (Mi. 6:8). Su piedad no era la odiosa confianza en los méritos propios que se reprueba con tanta vehemencia en ambos testamentos, sino una medida de la gracia del Calvario y cierto grado de ayuda divina por el Espíritu Santo. Puesto que el Espíritu Santo es persona, dice John A. Knight, "su actividad no puede limitarse a una era específica". Y cita a John Fletcher: "El Antiguo y Nuevo Testamentos prueban suficientemente que las influencias especiales del Espíritu han de ser experimentadas de modo universal por los fieles en todas las edades".[4]

El argumento de Pablo en Romanos nunca implicó la irrealidad o imposibilidad de esto, sino que se dirigió a la ilusión de poder alcanzar la justicia sin Cristo, ya sea por un moralismo pagano o por la observancia de la ley judía.

B. ¿Fue Regeneración?

¿Fue la relación de Abraham con Dios, así como la de Noé, Job, Isaías y Jeremías, la expresión de un despertamiento interno que bien podría llamarse regeneración? Abraham fue justificado por la fe y fue llamado "amigo de Dios" (Stg. 2:23). Dios le dio a Saúl otro corazón (1 S. 10:9), aunque más tarde Saúl apostató. David describió la vida religiosa en términos de perdón, gozo de la salvación, y novedad profunda (véase *ESC*, 1:51-57). Isaías experimentó limpieza de su iniquidad. La continuidad de la gracia, de la naturaleza y necesidad humanas, y de los principios divinos de operación, argüirían que estas personas experimentaron un cambio interno.

Sería difícil creer que tal cambio interno no fue de lo que Jesús habló a Nicodemo, el nuevo nacimiento por el Espíritu. Es asimismo difícil suponer que el nuevo nacimiento sea esencialmente diferente del perdón de los pecados (y, sin duda, cambio del corazón) experimentado por las multitudes que se arrepentían y eran bautizadas por Juan, y creían en Aquel que habría de venir. Aun cuando unos fueran superficiales, no todos pudieron haberlo sido. Hay razón para creer que los discípulos que Jesús reunió a su alrededor eran ya hombres cambiados, aunque, por cierto, todavía no eran completamente santos. A pesar de que su comprensión del contenido de la salvación y de la naturaleza del ministerio mesiánico era deficiente, su fe era real y había transformado sus vidas.

Es también pertinente preguntar si la conversación de Jesús con Nicodemo trataba de algo futuro o si se aplicaría de inmediato. ¿Estaba Jesús diciendo: "Te es necesario nacer de nuevo, pero no puedes hacerlo ahora, sino hasta que venga el Pentecostés?" La sugerencia da lugar a serias preguntas, pues Jesús declaró que el nuevo nacimiento es absolutamente indispensable para entrar al reino de Dios; y, si lo que Jesús quería decir al hablar del nuevo nacimiento no podía alcanzarse sino hasta el Pentecostés —si todas las formas prepentecostales de experiencia religiosa eran categóricamente diferentes y no eran verdadera regeneración—, entonces nadie estaba en el reino antes del Pentecostés. En ese caso, los santos del Antiguo Testamento eran santos despojados de sus derechos; eran siervos de Dios, pero no estaban en el reino de Dios —una situación realmente extraña.[5]

Podemos decir, por tanto, que el poder salvador de Cristo alcanza desde Adán en el pasado, hasta la nueva Jerusalén en el futuro. El alcance redentor de la gracia de Dios no puede limitarse a la dispensación del Espíritu. Aunque el Pentecostés introdujo un nuevo nivel de privilegio y una nueva metodología, y aunque el nuevo pacto desplazó al antiguo (Heb. 8:13), ni el Pentecostés ni el nuevo pacto invalidaron las experiencias religiosas del antiguo orden. En un sentido, por tanto, el Pentecostés fue la extensión y expansión de la historia de la salvación. Esta premisa es la base de lo que ahora consideramos.

II. El Dispensacionalismo de Wesley y de Fletcher

Anteriormente, en la división histórica de estos estudios, se proveyó una útil exposición de este tema (véase *ESC*, 2:243-46). En este punto conviene reconsiderar el asunto.

"Dispensación" es una traducción de *oikonomía*, que significa gobierno o administración de una casa. La transliteración, *economía*, es quizá más comprensible hoy. Una economía capitalista es un sistema monetario, de bienes y de trabajo que difiere de una economía comunista. Por tanto, una *dispensación* es "un modo de hacer tratos, un arreglo o administración de negocios".[6] Esto nos ayudará a entender el dispensacionalismo de Wesley y de Fletcher. El concepto, combinado con la doctrina de la gracia preveniente que enseñaron, proveyó la razón fundamental de los requisitos varios de Dios, en épocas diferentes y con diversas categorías de personas.[7] John A. Knight dice:

> Fletcher concluyó que si Cristo experimentó la muerte por cada hombre, como enseñan las Escrituras, hay sin duda un evangelio para cada persona. Un "evangelio general", entonces, es revelado a todos los hombres, de acuerdo a la dispensación más clara o más oscura bajo la cual viven.[8]

A. Tres Dispensaciones

En el esquema de Fletcher hay tres dispensaciones: la del Padre, la del Hijo y la del Espíritu Santo. Estas, por supuesto, son cronológicas y son sistemas diferentes. La dispensación del Padre prevaleció hasta la encarnación, luego dio lugar a la dispensación del Hijo (usando a Juan el Bautista como mediador de la transición). Esta fue sucedida por la dispensación del Espíritu Santo en el Día de Pentecostés.

Pero, aunque son cronológicas, la nota más importante es que cada dispensación se caracteriza por su propio modo de acceso a Dios, y por grados diferentes del conocimiento de Dios que es asequible. En cada dispensación ha sido posible la salvación eterna, si uno ha caminado de acuerdo a toda la revelación proporcionada por la dispensación. Sobre esta base, los judíos devotos dirigidos por Moisés, y aun (al menos hipotéticamente) los paganos devotos, experimentaron la salvación.

Cuando se considera histórica y cronológicamente, cada dispensación ha preparado y prometido la siguiente. John A. Knight explica:

> Dentro de cada una de las dispensaciones hay el tema de Cumplimiento y Promesa, Santidad y Esperanza. Esto es, en cada etapa está, en cierto grado, la realidad del conocimiento de Dios; no obstante, siempre hay la promesa de un conocimiento mayor que ha de venir. La dispensación del Padre, por ejemplo, promete la venida de su Hijo para la redención de los pecadores; la dispensación del Hijo promete el don del Espíritu Santo para la entera santificación de los creyentes; y la dispensación del Espíritu Santo promete el futuro retorno de Cristo para la glorificación de sus santos.[9]

B. Personal así como Histórico

"Fletcher estaba convencido", dice Knight, "de que la peregrinación espiritual de cada individuo, en cada una de las dispensaciones, es una recapitulación o microcosmos de la manera en que Dios obra en toda la historia".[10] El primer inicio de la verdadera religión lo experimenta el pecador que, al tomar conciencia, se da cuenta de que está violando la ley de Dios y que está bajo la ira divina, y en su corazón brota verdadero temor de Dios y la decisión de procurar encontrarlo y agradarle. El conocimiento de Jesucristo lo lleva a la dispensación del Hijo, donde aprende el camino al perdón y a la reconciliación consciente. La característica distintiva de esta dispensación es el nuevo nacimiento. Por cuanto la luz espiritual es progresiva, Dios en su fidelidad guiará al adorador sincero al conocimiento del Hijo, y quien crea en el Hijo será guiado a la luz completa y a los privilegios espirituales más extensos de la dispensación del Espíritu Santo.

Sin embargo, un creyente sincero que muera conociendo sólo la dispensación del Padre, sería salvo, porque estaría bajo los requisitos y cualidades de esa dispensación, resumidos en las palabras de Samuel: "Solamente temed a Jehová y servidle de verdad con todo vuestro corazón... Pero si perseveráis en hacer mal, vosotros y vuestro rey pereceréis" (1 S. 12:24-25).[11]

La tesis de que las dispensaciones se experimentan en la peregrinación individual de cada persona implica que, aunque en el sentido histórico el mundo está bajo la dispensación del Espíritu Santo, quizá algunos aún no estén experimentando esa dispensación personalmente. Algunos quizá estén todavía bajo la dispensación del Padre, porque no saben nada más; en tanto que otros pueden estar bajo la dispensación del Hijo, porque aceptaron a Cristo como Salvador, pero no saben que El desea bautizarlos con el Espíritu Santo. Conocen el bautismo de Juan, y aun el evangelio del Calvario y la Resurrección; sin embargo, todavía viven en las sombras e incertidumbres prepentecostales, exactamente como vivían los discípulos antes del primer Pentecostés. Este hecho debe guiar la predicación del pastor. El debe saber bajo qué dispensación están viviendo las personas de su congregación, no para confirmarlas en ella, sino para guiarlas de lo inferior a lo superior.

La doctrina de las dispensaciones se basa, no sólo en la doctrina de la gracia preveniente, sino también en la confianza de que un Dios justo y misericordioso se relacionará con el hombre moral en el nivel de su conocimiento y oportunidad. El denominador común en todas las dispensaciones, el único *sine qua non*, es obediencia sincera a la medida completa de conocimiento que uno posee. Sólo sobre esta base puede la Biblia llamar justos y santos a hombres y mujeres cuya comprensión de Dios era deficiente y cuya ética no alcanzaba las normas cristianas.

Esto significa también que lo que puede llamarse santidad, e igualmente lo que puede llamarse pecado, es progresivo, manteniéndose siempre al compás del nivel más alto de revelación divina del individuo. Lo que ayer era inocente puede ser pecado hoy. Una persona que con propiedad podía ser llamada santa ayer, quizá no sea llamada santa hoy, si su obediencia voluntaria ha principiado a quedarse atrás en relación al nivel de su comprensión.[12]

C. Ni Opcional ni Reversible

Nadie puede elegir quedarse en una inferior dispensación de gracia una vez que es confrontado con la posibilidad de una superior. Esto demostraría una insinceridad fundamental que cancelaría toda pretensión de aprobación divina. Tal como Mildred Bangs Wynkoop dice tan acertadamente: "En la Biblia el más bajo nivel permitido de obediencia es la capacidad más elevada posible para el hombre en cualquier momento dado".[13] Y Knight explica: "Con su doctrina de las dispensaciones, Fletcher no quiso decir que el hombre puede recibir u obedecer cualquier grado de conocimiento que escoja".[14] El judío, por ejemplo, habiendo sido confrontado por el Espíritu con Jesús de Nazaret y habiéndolo rechazado, no puede continuar encontrando aceptación divina en el judaísmo. Y toda la Epístola a los Hebreos es una extensa advertencia de que, habiendo ellos creído en Cristo, ya no podían regresar a Moisés. De la misma manera, un cristiano que ha nacido de nuevo, habiendo visto la Tierra Prometida del privilegio y poder pentecostal, no puede impunemente elegir quedarse en el desierto. La respuesta que demos a nuestro Cades-barnea será siempre de vida o muerte.[15]

III. El Pentecostés como Evento de la Iglesia

Una tesis central, por tanto, es que el Pentecostés no fue el inicio de los privilegios de salvación; fue la entrega de poder a la iglesia para su misión. No fue para pecadores, sino para creyentes. Es cierto que señaló una nueva entrega y una medida mayor de las ministraciones del Espíritu a los incrédulos, pero esto se implementó por medio de su derramamiento sobre la iglesia y sería mediado por la iglesia. "Os lo enviaré", había prometido Jesús. Después, "cuando él venga [a vosotros], convencerá al mundo" (Jn. 16:7-8).

A. La Información Bíblica

El enfoque sobre la iglesia en el Pentecostés es afirmado por todo lo que Jesús dijo respecto a este evento que habría de venir (Lc. 24:45-53; Jn. 14:15-26; 15:26-27; 16:5-15; Hch.1:4-8). La iglesia ya había sido comisionada para evangelizar el mundo; el Pentecostés fue el medio prometido por Dios para capacitar y equipar a la iglesia para esta misión. "Pero recibiréis poder cuando haya venido sobre vosotros el Espíritu Santo, y me seréis testigos" (Hch. 1:8). Es más, el Pentecostés fue el cumplimiento de las promesas hechas exclusivamente a la iglesia, el pueblo de Dios creyente y obediente. Además, el Pentecostés realmente le sucedió a la iglesia y sólo a la iglesia: A los 120 discípulos que esperaron confiando, obedeciendo y orando en el aposento alto.

Las multitudes se sorprendieron al descubrir lo que estaba sucediendo, pero no fueron participantes inmediatos. El nuevo poder de comunicación se demostró en ellos; pero permanecieron afuera del círculo hasta que llegaron a ser miembros del grupo al convertirse en creyentes. Esto sólo pudo ocurrir mediante el arrepentimiento y la aceptación de este Jesús de Nazaret, recientemente crucificado, como su Mesías y Salvador, y mediante la prueba de su cambio radical al aceptar los peligros del bautismo público. Sólo entonces estuvieron capacitados para la misma unción del Espíritu que habían recibido los 120. Por tanto, entraron en la iglesia por una fe y arrepentimiento suficientemente profundos para justificar la profesión de perdón, y por la confesión pública en el bautismo. Luego, como parte de la iglesia, estuvieron capacitados para recibir el gran Don para la iglesia —la plenitud del Espíritu.[16]

B. El Bautismo del Espíritu para la Iglesia

El Pentecostés, entonces, "es una experiencia de la Comunidad de Creyentes, y tiene significado especial para la entrega de poder a la iglesia, que sólo es posible por medio de una completa purificación del creyente por el democratizado Espíritu".[17] Pero esto sugiere que necesitamos ser cautelosos al designar sin reserva el Pentecostés como el día en que nació la iglesia. Los lineamentos del Nuevo Testamento en cuanto a la iglesia como el nuevo Israel, principiaron a verse en el llamado[18] de los doce, en el de los setenta, en la designación de ellos por Cristo como la "manada pequeña" (Lc. 12:32); y en el manifiesto de Cristo de la fundación de la iglesia como la confesión de su identidad divina: "Sobre esta roca edificaré mi iglesia" (Mt. 16:18). La esencia de la iglesia se define mejor en Mateo 18:20 que en Hechos 2:4; realmente Hechos 2:4 no habría ocurrido si el grupo no hubiera estado ya reunido.

Las características irreducibles de la verdadera iglesia fueron características de los discípulos de Cristo antes del Pentecostés. Se arrepintieron, fueron perdonados y bautizados.[19] Lo dejaron todo para seguir a Jesús. El los declaró "la sal" y "la luz" del mundo (Mt. 5:13-14). Estuvieron en Cristo como ramas vivas de la Vid impartidora de vida (Jn. 15:1-8). Fueron llamados específicamente "limpios" por la palabra que les había hablado Cristo (v. 3). No eran "del mundo" así como Cristo no era del mundo (17:14). Conocían cierta medida del poder del Espíritu, porque El estaba con ellos, aunque no en ellos en el sentido de la plenitud prometida. Si todas estas características pudieran adscribirse a un grupo de creyentes hoy, ¿negaría algún teólogo evangélico que ellos son en verdad miembros de Cristo y, como tal, miembros de la iglesia?

Es cierto que su unidad con Cristo estuvo dañada por la dureza de corazón, móviles egoístas, un espíritu que no era semejante al de Cristo, y cobardía ante la presión. Pero, por eso necesitaron el Pentecostés, y fue lo que motivó a Jesús a orar por la santificación de ellos.[20]

Sin embargo, aunque hablar del Pentecostés como el día en que nació la iglesia no es estrictamente exacto, el concepto expresa una verdad importante. La verdad es que la iglesia por primera vez llegó a ser lo que se esperaba que fuera: Un organismo espiritual donde los creyentes estaban unidos el uno al otro, y todos estaban unidos a la Cabeza viviente en una forma nueva. Fue en el Pentecostés donde los discípulos primero experimentaron la perfecta unidad por la que Jesús había orado (Jn. 17:21-23).

Podemos decir entonces que en el Pentecostés se completó la formación de la iglesia, no como organización (que se desarrolló según las necesidades), sino como Cuerpo de Cristo. Una implicación es que aunque los individuos son recibidos en la iglesia por medio del nuevo nacimiento, no es sino hasta que son llenos con el Espíritu que conocen por experiencia la profundidad de su lazo mutuo.

Al hablar de la formación de la iglesia en el Pentecostés, H. Orton Wiley dice:

> Como el cuerpo natural posee una vida común que une a los miembros en un organismo común; así el Espíritu Santo pone a los miembros en el cuerpo espiritual según El quiere, uniéndolos en un solo organismo bajo Cristo, su Cabeza viviente. Dios no creó a los hombres como una hilera de almas aisladas, sino como una raza interrelacionada de individuos mutuamente dependientes; asimismo el propósito de Cristo no es sólo la salvación del individuo, sino la formación de un organismo espiritual de personas redimidas e interrelacionadas.[21]

IV. El Pentecostés en su Novedad Radical

Aunque las influencias redentoras del Espíritu no principiaron con el Pentecostés, y aunque el Pentecostés sostuvo cierta relación de continuidad con la historia de salvación, en ciertos aspectos constituyó una transmutación radical del antiguo orden.

A. En Contraste con Jesucristo

En el discurso del aposento alto, Jesús contrasta la dispensación del Espíritu con su propia dispensación. Aunque el ministerio del Espíritu sería una continuación o extensión del de Cristo, el nuevo modo de operación tendría claras ventajas. Jesús estaría con ellos por un tiempo breve; el Espíritu permanecería. Jesús estaba con ellos física y externamente; el Espíritu estaría con ellos espiritual e internamente. Jesús participaba con el grupo socialmente; el Espíritu no sólo vendría a ellos corporativamente, sino que también habitaría en cada uno en forma personal, en las soledades de la vida así como cuando estuvieran reunidos.

Jesús tenía que comunicarse por medio de la lengua franca de su día, y la comunicación con frecuencia fallaba; el Espíritu iluminaría su entendimiento desde adentro (Jn. 16:13-14). Por tres años, Jesús no había llegado lo suficiente al interior de ellos para efectuar una reforma esencial; el Espíritu Santo los santificaría por completo.

Por estas razones Jesús les dijo: "Os conviene que yo me vaya, porque si no me voy, el Consolador no vendrá a vosotros; pero si me voy, os lo enviaré" (Jn. 16:7). Muchos evangélicos nerviosos temen que honrar al Espíritu Santo sea deshonrar en cierto modo a Cristo. Jesús no lo veía de esa manera. Aquí El estaba diciendo que estarían mejor sin El (en presencia física) mas con el Espíritu Santo, que con El mas sin el Espíritu Santo. Cuando el Espíritu Santo recibe honra, Cristo también la recibe, de hecho en una medida mayor y más gloriosa de la que recibiría en otra forma.

B. En Novedad de Privilegio

¿Cuáles son los avances especiales para los cristianos? El Pentecostés inauguró al menos cuatro innovaciones radicales.

1. *Un Nuevo Modo de Vida Religiosa*

En gran parte, el elaborado ritual de adoración en el Antiguo Testamento fue necesario debido a la débil motivación interna y a la ausencia de verdadera disposición hacia lo espiritual. Cuando se limitan las ministraciones internas del Espíritu, la vida religiosa tiene que moldearse con poderosas estructuras sociales que tienden a establecer hábitos, tradiciones y patrones de conducta. La ley informaba a sus mentes sobre lo bueno y lo malo, en tanto que el culto mosaico no sólo estimulaba la sensibilidad moral y el juicio moral, sino que fomentaba una profunda conciencia de la majestad de Dios y de la importancia de la adoración.

Para mantener viva la religión vital, las formas y deberes ordinarios debían tener una autoridad inmensa que compensara la poca autoridad del impulso espiritual interior. La misión del Espíritu Santo consistió en invertir la autoridad requerida de lo externo en relación con lo interno. Este cambio se ve significativamente en la experiencia clara del nuevo nacimiento, pero ¡cuánto más notable y completo es en la plenitud del Espíritu! El hace que el alma vibre con el amor de Dios y hace real el mundo espiritual invisible, sin el estímulo de color, sonido ni pompa. En el nuevo orden, las más mínimas formas son suficientes para activar los goces de la adoración.

Jesús le dijo a la mujer junto al pozo: "Mujer, créeme que la hora viene cuando ni en este monte ni en Jerusalén adoraréis al Padre... Pero la hora viene, y ahora es, cuando los verdaderos adoradores adorarán al Padre en espíritu y en verdad, porque también el Padre tales adoradores busca que lo adoren" (Jn. 4:21, 23). En el Día de Pentecostés los 120 principiaron a aprender en una nueva forma el significado de esta clase de adoración, tan nacida del corazón e incitada por el Espíritu, que era aceptable para el Padre en cualquier lugar o circunstancia.

Cuando los discípulos dijeron: "Enséñanos a orar" (Lc. 11:1), Jesús los instruyó acerca de la oración y les enseñó una oración modelo. Pero no fue sino hasta que fueron llenos con el Espíritu Santo que la oración principió a significar para ellos lo que significó en la vida de Jesús —una comunicación profundamente personal y real con Dios y una fuente de dirección y de poder.

El alcance del rompimiento radical con el antiguo culto, implícito en el Pentecostés, no fue entendido de inmediato, ni aun por los apóstoles. Pero el relato de Hechos demuestra el cambio gradual e irreversible de la vida religiosa, al pasar de los ritos del templo a un estilo de adoración cristiana que incluía cantos, predicación, enseñanza, eucaristía, oración libre y participación por medio de los dones del Espíritu. Los apóstoles, no los sacerdotes, se volvieron el centro. Esto principió a verse desde el Día de Pentecostés (Hch. 2:41-47).

2. Una Nueva Universalidad en el Acceso a la Plenitud Divina

Sería incorrecto decir que Dios en algún tiempo se mantuvo apartado del hombre, o inasequible para el buscador devoto. No obstante, la barrera de corazones pecaminosos y mentes oscurecidas, de ignorancia y superstición, era tan densa que pocos superaron su medio ambiente para abrirse paso a cierto grado de conocimiento de Dios. "Caminó Enoc con Dios" (Gn. 5:22, 24) sin la Biblia y sin la iglesia. Cuánto le costó, no lo sabemos. En esas circunstancias, Dios pudo revelarse sólo mediante sombras y susurros, nunca claramente, hasta que lo hizo por medio de su Hijo. Las personas se asían por fe de una mano invisible y adoraban a un Ser que percibían sólo débilmente. La experiencia de gracia principió a tomar una forma más clara por medio de la adoración establecida por Moisés, y después fue aún más clara mediante el ministerio de los profetas.

Por lo que se refiere a una medida especial de tutela y capacitación del Espíritu, esta se reservó para agentes especiales. Se concedió a veces en forma de dones, como en el caso de Bezaleel (Ex. 31:1-2). Se dio también en forma de unción a jueces y reyes; aún en forma más especial en el conocimiento e inspiración espirituales dados a los profetas que hablaron y escribieron. Pero una vez que la encarnación dividió la historia, y el velo fue roto por la muerte de Cristo, y el Señor resucitado se unió al Padre para enviar al Espíritu Santo, la gota de agua de repente se volvió caudaloso río. La extensión de sus aguas fue tan grande como la humanidad. Seguramente hubo un sonido de exaltación cuando Pedro "alzó la voz" para declarar: "Esto es lo dicho por el profeta Joel:

> En los postreros días —dice Dios—,
> derramaré de mi Espíritu sobre toda carne,
> y vuestros hijos y vuestras hijas profetizarán;
> vuestros jóvenes verán visiones
> y vuestros ancianos soñarán sueños;
> y de cierto sobre mis siervos y sobre mis siervas,
> en aquellos días derramaré de mi Espíritu,
> y profetizarán" (Hch. 2:14, 16-18).

El acceso a la plenitud del Espíritu desde entonces sería sin distinción de sexo, edad o clase social. El esclavo podía tener "tanto del Espíritu" como un apóstol. Entre los 120 había hombres y mujeres, sin duda había jóvenes y ancianos, personas educadas y sin educación. Unos quizá eran extremadamente pobres, y algunos tal vez eran esclavos, o al menos siervos en cautividad. Pero todos fueron igualmente llenos con el Espíritu e igualmente capacitados para vivir en forma victoriosa y cumplir su vocación respectiva en los días que siguieron.

El derramamiento universal fue tanto un hecho como una profecía. Con los 120 fue una experiencia realizada; con las multitudes y las generaciones subsecuentes fue una disponibilidad prometida, puesto que la promesa fue "para vosotros... y para vuestros hijos, y para todos los que están lejos; para cuantos el Señor nuestro Dios llame" (Hch. 2:39). Así que ahora el creyente más humilde puede ser poderoso en el Espíritu. Puede ser mejor y percibir más que el erudito más brillante que carece del Espíritu.

3. *Una Nueva Dinámica de Expansión Religiosa*

Los judíos podían hacer prosélitos; los cristianos, con el poder del Espíritu, podrían llevar a otros a Cristo. El método sería la predicación y la enseñanza con investidura sobrenatural. Al hablar, ya fuera en público o en privado, con destreza o sin ella, en todo caso la clave sería el Espíritu Santo.

La investidura de poder (véase Hch. 1:8) es aquella actividad divina en los cristianos que testifican, y por medio de ellos, la cual produce convicción. El Espíritu Santo convierte la comunicación verbal en rayos poderosos de descubrimiento, choque, revelación y percepción. Las palabras, ineficaces en ellas mismas, se vuelven descargas eléctricas que hacen impacto, sacudiendo la conciencia y cautivando la mente. Las flechas tiradas a veces al acaso son dirigidas infaliblemente a la conciencia. La prueba y la primera demostración de este evangelismo poderoso fueron las 3,000 conversiones en el primer día, cumpliendo así la promesa de Jesús: "El que en mí cree, las obras que yo hago, él también las hará; y aun mayores hará, porque yo voy al Padre" (Jn. 14:12).

Todos los énfasis contemporáneos sobre crecimiento de la iglesia son ejercicios inútiles, a menos que los participantes recuerden que los componentes del crecimiento —despertamiento, convicción, conversión y santificación— son eventos que sólo el Espíritu Santo puede efectuar. Sin éstos el "crecimiento" no será más que agrupar otros pecadores iguales. Los métodos humanistas pueden formar congregaciones; podemos atraer gente por medio de la amistad; podemos involucrar a personas en la iglesia organizada por medio de nuestro "interés" en sus necesidades —pero ninguno de estos métodos logra llevarlas, en la profundidad de su ser, a un encuentro personal con Jesucristo.

4. Una Nueva Norma de Experiencia Religiosa

La cuarta innovación es una nueva norma de experiencia que hace que las primeras tres sean posibles y tengan significado. La idea central, la verdadera piedra fundamental de una soteriología bíblica, es que esta nueva norma no es la regeneración, sino la plenitud del Espíritu Santo (véase *ESC*, 2:301-19). La posibilidad de un cambio interno verdadero pero inicial, como se ha señalado, trasciende las líneas dispensacionales más profundas. Debido a una mayor comprensión de la base de la salvación (la muerte y resurrección de Jesús) que fue transmitida por los apóstoles en el Pentecostés y después, las conversiones estaban mejor fundamentadas. En este sentido doctrinalmente formal, los convertidos eran "cristianos" en forma más completa. Aun los apóstoles, al ser llenos con el Espíritu, al instante tenían ideas más claras de lo relacionado con su fe. Pero este hecho en ningún modo invalida la legitimidad de su regeneración previa. ¿No han aceptado a Cristo muchos con una fe real pero confusa, y más tarde alcanzaron comprensión intelectual de la cruz?

La "promesa del Padre" en el Antiguo Testamento, enunciada cristológicamente por Juan el Bautista y reafirmada por Jesús mismo, tenía que ver con el bautismo especial con el Espíritu o plenitud del Espíritu que experimentaría el pueblo obediente de Dios. Tanto Wesley como Fletcher interpretaron Juan 7:39, no como un principio absoluto de las ministraciones del Espíritu, sino como la venida especial o derramamiento del Espíritu en el Pentecostés, un don de santidad y poder a la iglesia que haría realidad los "ríos de agua viva" en la vida de los creyentes.[22]

Además, el Pentecostés consumó el nuevo pacto como una realidad experiencial. Aunque la muerte salvadora de Cristo en la cruz inauguró el nuevo pacto, y aunque 50 días antes Él había instituido la conmemoración sacramental de su muerte, el papel del Espíritu fue implementar la provisión central prometida, lo que llevó a cabo al escribir la ley de Dios en los corazones y mentes de los discípulos que esperaban. Así como la santidad fue central en el Sinaí, la santidad es central en el Pentecostés. Y así como la primera pascua marcó la liberación de los israelitas de Egipto, y al mismo tiempo los capacitó para entrar en el pacto sinaítico con Dios,

Cristo nuestra Pascua nos libra del Egipto del pecado y nos capacita para participar completamente en el ministerio santificador del Espíritu, dado a la iglesia en el primer Pentecostés cristiano.[23]

C. El Pentecostés y el Reino

Se han hecho muchos intentos para definir el concepto del reino en el Nuevo Testamento, y para relacionarlo correctamente a la iglesia, al Pentecostés y a la escatología. Un recuento de los varios conceptos no cabría en este volumen. Sin embargo, tres observaciones son pertinentes y aun fundamentales.

Primero, un texto clave del Nuevo Testamento en cuanto a la santidad es Mateo 6:33: "Buscad primeramente el reino de Dios y su justicia". El reino del Padre y "su justicia" son inseparables. En su definición más elemental, el reino es el gobierno de Dios, en tanto que la justicia es la que está asequible al hombre por medio de Cristo Jesús. Es una justicia que consiste no sólo en justificación, sino también en santificación. La característica distintiva de esta santificación es completa armonía interna con el absoluto gobierno de Dios en la vida de uno. Así se establecería el reino interiormente. Tal concepto del reino es mencionado por Pablo: "El reino de Dios no es comida ni bebida, sino justicia, paz y gozo en el Espíritu Santo" (Ro. 14:17).

El énfasis, por tanto, no se hace en un territorio, sino en la gente. El reino es un lugar sin geografía terrena. Sin embargo, es una entidad verdadera, compuesta de una nueva raza: Los que han nacido de nuevo. Antes que Cristo viniera con el propósito expreso de revelar el reino en su persona, y hacerlo accesible a todos, la naturaleza espiritual de este reino se percibía sólo veladamente. Hay otras notas en la enseñanza total del Nuevo Testamento respecto al reino, pero debe observarse primeramente su naturaleza espiritual y su enfoque en Cristo (Lc. 17:21).

Segundo, por implicación debemos decir que el Pentecostés no marcó el génesis del reino, como tampoco marcó el nacimiento de la iglesia. Algunos han visto el Pentecostés como el cumplimiento de Marcos 9:1: "De cierto os digo que algunos de los que están aquí no gustarán la muerte hasta que hayan visto que el reino de Dios ha venido con poder". Es discutible que esto se relacione al Pentecostés; pero si es así, el énfasis tendría que estar en las palabras "con poder".[24] El Pentecostés fue un notable avance para el reino; por él se extendería el reino en la tierra con una nueva dinámica. Sería un orden de poder incrementado, como cuando un transmisor de 1,000 vatios se aumenta a 100 mil. Antes "llegaba" la transmisión, pero ahora "llega" en un diferente nivel de poder.

Tercero, una persona puede estar en el reino por medio del nuevo nacimiento y tener el reino en su interior, tanto en términos de su ley como de su Rey, y sin embargo, no tener la entera santificación, la medida plena de justicia interna por la que el reino se define más perfectamente. Como dice Wood:

> Una cosa es ser miembro del reino de Dios por la incorporación del creyente en la iglesia, a través de la fe justificadora; y otra cosa es que el reino de Dios sea establecido en cada creyente en Cristo por medio de la santificación del Espíritu.[25]

Por tanto, para el cristiano carnal, quien vive todavía sin experimentar el Pentecostés, la oración se vuelve insistentemente personal y sumamente urgente:

> Padre nuestro que estás en los cielos,
> santificado sea tu nombre.
> Venga tu Reino.
> Hágase tu voluntad,
> como en el cielo, así también en la tierra (Mt. 6:9-10).

NOTAS BIBLIOGRÁFICAS

1. *Pentecostal Grace*, p. 23. Wood dice que el libro de Hechos "refleja en la forma más estrecha posible la conexión entre la historia de Jesús y la historia de Israel. Esta relación está ligada tan estrechamente que los apóstoles no ven nada en su kerigma que no estuviera ya implícito en el credo antiguo. Su adoración, ritual y predicación suponen una relación directa con la historia de Israel. La esencia de esa relación es que la promesa hecha a Abraham se cumplió en Jesús" (p. 22).

2. Citado de una carta al autor.

3. J. Kenneth Grider dice: "Pablo, aparentemente, no sabía nada acerca del dispensacionalismo, que hace separación entre los que vivieron antes del Pentecostés y la justificación por fe, ya que usa a Abraham para ilustrar cómo somos justificados" (*Entera santificación*, p. 54).

4. John A. Knight, *The Holiness Pilgrimage* (Kansas City: Beacon Hill Press of Kansas City, 1973), p. 69.

5. En su sermón, "El Camino del Reino", Juan Wesley dice: "Tan pronto como el Señor hable a tu corazón y le diga: 'Confía, hijo: tus pecados te son perdonados', entrarás en el reino y tendrás 'justicia, paz y gozo por el Espíritu Santo'" (*Sermones*, 1:112).

No obstante, algunos piensan que Mateo 11:11 (véase Lc. 7:28) implica que Juan el Bautista no estaba en el reino, sugiriendo así una discontinuidad aguda entre el reino y los privilegios del Antiguo Testamento. Pero nada indica claramente tal idea. Compare los comentarios de Wesley sobre Mateo 11:11 con su comentario diferente sobre Lucas 7:28. Ralph Earle dice: "Evidentemente Cristo quería decir que el 'más pequeño' de los cristianos es 'más grande' en privilegios que Juan, quien en realidad pertenecía más al orden del Antiguo Testamento" (*CBB*, 6:119).

Quizá la mejor forma de resolver esta dificultad consista en distinguir entre el reino de Dios como entidad eterna, que abarca todas las dispensaciones, y la fase mesiánica del reino, que dependió de la venida de Cristo. El reino se enfocó en la persona de Cristo, y la obra redentora vino a ser el medio por el cual el reino de Dios llegó a ser accesible en forma más amplia. En relación a los humanos, el reino de Dios es —desde su venida— el reino de Cristo (1 Co. 15:24). Véase John Deschner, *Wesley's Christology*; y *Dios, hombre y salvación*, pp. 641-652.

6. Vine, *Expository Dictionary*, 1:320. Por supuesto, este significado primario no excluye la posibilidad de un significado temporal secundario. Históricamente la dispensación del Espíritu Santo principió en el primer Pentecostés cristiano y continuará hasta la Segunda Venida.

7. Aunque Wesley habló ocasionalmente de las diferencias en las dispensaciones, fue Fletcher quien refinó y amplió la doctrina. Esto lo hizo en su *Essay on Truth*, que Timothy L. Smith llama la mejor obra teológica de Fletcher. No hay duda alguna de que Wesley respaldó la exposición de Fletcher. Dijo: "El señor Fletcher nos ha dado un panorama magnífico de las diferentes dispensaciones bajo las que estamos. Creo que este difícil tema jamás fue explicado antes con tanta claridad. Parece que Dios lo ha traído para este propósito: "Para vindicar la Providencia eterna, y justificar los tratos de Dios con el hombre" (*Works*, 13:55).

8. *Holiness Pilgrimage*, p. 65.

9. *Ibid.*, p. 72. Incuestionablemente la dispensación del Espíritu es un estado avanzado, tanto de revelación como de privilegios redentores; y desde el Pentecostés, las personas llenas con el Espíritu experimentan un nivel superior de gracia que los que sólo conocen la dispensación del Hijo o la del Padre. Pero esto no debe interpretarse erróneamente creyendo que el Espíritu es mayor que el Hijo, o que el acercamiento neumatológico a la salvación es antitético al acercamiento cristológico. En la Trinidad no hay rivalidad ni celo cuando una Persona es honrada en forma especial. El Hijo nunca recibe tanta honra como cuando los creyentes son llenos del Espíritu, pues la misión del Espíritu es aclarar al alma quién es Cristo y conformarla a El.

10. *Ibid.*, p. 66.

11. Wesley tomó la posición de que la moralidad sin el nuevo nacimiento de nada servía "para los que están bajo la dispensación cristiana"; pero rehusó declarar que este mismo principio gobernaba el juicio de Dios respecto a los paganos (*Works*, 7:353; véase 506; 8:337; comentario de Adam Clarke sobre Hechos 10:35).

12. "El verdadero creyente", dice Knight, "voluntaria y alegremente prosigue 'de fe en fe'. Los que rehúsan, se engañan y no son aceptados por Dios" (*Holiness Pilgrimage*, p. 76).

13. Mildred Bangs Wynkoop, *A Theology of Love* (Kansas City: Beacon Hill Press of Kansas City, 1972), p. 181.

14. *Holiness Pilgrimage*, p. 77.

15. Como se afirma solemnemente en Hebreos 10:26-31.

16. La posición final, tanto de Wesley como de Fletcher, fue que los 3 mil nacieron de nuevo en el Día de Pentecostés, pero no fueron llenos o bautizados con el Espíritu sino hasta después. La historia de su discusión sobre este punto ha sido cuidadosamente examinada por Timothy L. Smith en "How John Fletcher Became the Theologian of Wesleyan Perfectionism", *Wesleyan Theological Journal*, 15, N.º 1 (primavera, 1980), p. 68. Esta posición firme fue expuesta en *Last Check*, de Fletcher, en la sección llamada "An Address to Imperfect Believers". En respuesta, Wesley le escribió a Fletcher el 1.º de agosto de 1775: "Recibí todos sus escritos, e hice algunas pequeñas correcciones aquí y allá... No percibo que usted haya cedido demasiado, o que haya diferencia entre nosotros". Citado por Smith de *Letters*, 6:174-175.

17. En una carta personal de Willard H. Taylor al autor.

18. *Ekklesia*, "asamblea", de *ekkaleo*, "llamar, citar". La palabra se usa 120 veces en el Nuevo Testamento para denotar la iglesia.

19. Aunque la Iglesia Primitiva sin duda bautizaba con agua, el rito físico mismo no es requisito absoluto para participar en el Cuerpo de Cristo, como lo han demostrado los Cuáqueros y el Ejército de Salvación.

20. Tal como Charles Carter afirma, en lugar de decir que el Pentecostés es el "nacimiento" de la iglesia, debe considerarse "como la consagración, dedicación o inauguración de la iglesia de Cristo" (*The Person and Ministry of the Holy Spirit* [Grand Rapids: Baker Book House, 1974], p. 156).

21. *Christian Theology*, 2:329-330. Wiley agrega: "El Espíritu Santo es, por tanto, no sólo el vínculo que une al alma individual con Cristo en una relación vital y santa; sino que es el vínculo común que une a los miembros del cuerpo entre sí, y a todos a su Cabeza viviente. El Espíritu es la vida del cuerpo, y desde su inauguración en el Pentecostés, tiene su 'Sede' o residencia con la iglesia... Antes del Pentecostés las pequeñas lloviznas del Espíritu Santo descendían sobre Israel en gotas de gracia salvadora; pero en tal forma que cada uno recogía sólo para sí. Esto continuó hasta el tiempo de la encarnación, cuando Cristo reunió en su sola Persona la corriente completa del Espíritu Santo para todos nosotros... Cuando los canales de la fe estuvieron completos y todo obstáculo fue removido, el Espíritu Santo en el Día de Pentecostés vino como una avalancha por todos los canales conectados al corazón de cada creyente. Antes había aislamiento, cada uno actuaba en forma individual; ahora es una unión orgánica de todos los miembros bajo su única Cabeza. Esta es la diferencia entre los días antes y después del Pentecostés" (Nota: Aunque Wiley declara en *Christian Theology*, 2:329, que el Pentecostés es el nacimiento de la iglesia, toma la posición opuesta en 3:185-186).

22. Véase Timothy L. Smith: "*How John Fletcher Became the Theologian of Wesleyan Perfectionism, 1770-1776*", *Wesleyan Theological Journal* 15, N.º 1, pp. 75-76, 80.

23. La tradición judía consideraba que la promulgación de la ley en el monte Sinaí constituyó el primer Pentecostés. Véase Clarke, Matthew Henry, *CBB*, y *Wesleyan Bible Commentary* sobre Exodo 19.

24. Fletcher decía que en el Pentecostés el reino de Dios "principió a venir con nuevo poder".

25. *Pentecostal Grace*, p. 39. Wood dice en otra parte (41): "La vida cristiana se compone por ello de dos fases —cuando el creyente se incorpora al reino de Cristo (justificación), y cuando el reino de Cristo se establece en el corazón del creyente (santificación)".

7

Nacer del Espíritu: Santificación Inicial

Jesús hizo el sorprendente anuncio a Nicodemo de que, antes que una persona pudiera "ver" (entrar, participar en) el reino de Dios, debía ocurrir un evento que El llamó nacimiento espiritual (Jn. 3:1-8). Nicodemo había nacido físicamente en la nación de Israel; pero Israel no constituía el reino. Este reino era una entidad totalmente diferente; se entraba a él por una clase diferente de nacimiento, "de arriba", y efectuado por el Espíritu.

El espíritu humano es el lugar donde ocurre este nacimiento. Debido a la caída, el espíritu del hombre está separado de Dios y espiritualmente inactivo, incapaz de entender las realidades espirituales. El nuevo nacimiento es la revitalización del espíritu, de manera que de repente es sensible a las realidades espirituales. "El hombre natural no percibe las cosas que son del Espíritu de Dios... porque se han de discernir espiritualmente" (1 Co. 2:14). El hombre sin el nuevo nacimiento es una criatura disminuida, de dos dimensiones; el nuevo nacimiento restaura la tercera dimensión, la que corresponde a Dios y a la naturaleza invisible de su reino.

I. Requisitos del Nuevo Nacimiento

A. Despertamiento

George Smeaton es leal al calvinismo cuando arguye que el poder del Espíritu para convencer a la persona de su pecado equivale a la conversión y a la confiada seguridad eterna de los elegidos, puesto que El convencería de pecado sólo a quienes se propusiera salvar. Esto explica por qué esta escuela cree que la regeneración es el primer evento en la peregrinación espiritual de una persona.[1]

Un predicador explicó la dinámica de la conversión así: "Usted va caminando por la calle sin pensar en nada en particular; de repente siente que alguien le da una palmadita en el hombro, vuelve la cabeza y ve a un amigo. Así ocurre en la vida. Usted vaga por el sendero de la existencia, cuando de repente siente ese toque. Vuelve el rostro, y allí está Jesús. Esto es la conversión". No, esto es sólo el despertamiento. Es oír el "llamado" del evangelio. No hay compulsión en ese toque. El acto de detenerse es involuntario y el volver el rostro para saber quién nos tocó es espontáneo. Pero luego sigue la decisión —si nos volveremos para andar con Jesús, o si continuaremos en nuestro camino.

El despertamiento del alma a la realidad de su necesidad, intensificado por una conciencia conmovida, es una fase de la gracia preveniente; el agente es el Espíritu Santo; el medio es la verdad, a la cual debemos prestar atención forzados por eventos providenciales e influencias humanas; quizá sea un sermón, un canto o un testimonio en un momento crítico en nuestra vida.

Sin la Palabra, oída en un sermón o leída, la convicción quedará opacada. Será un desasosiego vago, una sensación de temor, quizá temor de un desastre inminente; o la sensación de que algo está incompleto o de no haber realizado algo en la vida. La predicación de la Palabra permitirá al Espíritu cristalizar la intranquilidad en convicción de pecado, y al mismo tiempo, avivar la esperanza al dirigir hacia Jesús la atención que estaba en el yo y en los demás.

Mientras más pronunciado y doloroso sea el sentido de culpabilidad en esta experiencia de despertamiento, más genuino será el arrepentimiento, y la orientación religiosa será más favorable a la santidad. La conversión basada en un sentido superficial del pecado será difícil de reacondicionar hacia un deseo profundo e intenso de santidad. Estas variaciones reflejarán los métodos de evangelismo por los que las personas han sido traídas a la fe en Cristo.

B. Arrepentimiento

Juan el Bautista, así como Pablo, Pedro y los otros apóstoles, todos predicaron el arrepentimiento, sin dejar de mencionar a Jesucristo mismo, quien predicó que los hombres debían arrepentirse y creer el evangelio (Mc. 1:15).

1. La Lucha de la Voluntad

El propósito del Espíritu Santo en el despertamiento es instar al arrepentimiento. El arrepentimiento es "dado" por el Espíritu en el sentido de que Él produce la inclinación y la capacidad. Pero la inclinación lucha contra el orgullo, lasitud, temor al hombre, amor al pecado; por tanto, la decisión depende del hombre mismo. Tal como enseñan los luteranos, el pecador no puede crear el hambre en su corazón, pero puede resistirla; no puede salvarse a sí mismo, pero puede condenarse a sí mismo. Adolf Köberle escribe: "No podemos impulsar a Dios para que nos llame, pero podemos cerrar nuestros oídos a su llamado cuando llega a nosotros".[2]

El arrepentimiento es doloroso, pues involucra un cambio radical de dirección y una distribución totalmente nueva de metas y valores. Por esa razón siempre hay la tentación de recibir a Cristo con euforia pero con un arrepentimiento superficial. Las personas están inclinadas a aceptar el ofrecimiento del perdón sin una lucha agonizante con la situación moral involucrada (véase Mt. 13:5-6, 20-21).

En este caso también, mucho depende de la atmósfera evangelística. La predicación que habla mucho de la felicidad pero dice poco de la santidad, que es poderosa respecto a la fe pero débil en cuanto al arrepentimiento, fomentará esta "forma" de experiencia religiosa. Es fácil llevar al individuo a Jesús como la solución de sus problemas, antes que como su Salvador del pecado. Pero el arrepentimiento superficial pone un fundamento débil para la conducta ética más tarde. Curtis dice que la fe verdadera está "saturada de pasión moral".[3] Un arrepentimiento tal será una débil fachada si no nace de la agonía por los pecados propios. Es axiomático que la santidad vital tiene sus raíces en el arrepentimiento vital.[4]

2. ¿Religión Ilusoria o Nacimiento Débil?

No siempre es fácil entender la superficialidad de algunos recién convertidos y la facilidad con que regresan tan rápidamente al mundo. En algunos casos se trata de una voluntad que no se ha rendido por completo, y que está oculta bajo el terreno receptivo de la conciencia. La primera explosión de gozo y la entrega entusiasta parecen tan prometedoras, y el desaliento y la deserción subsecuentes, tan decepcionantes.

En otros casos ocurre una experiencia religiosa que no llega a ser verdadera regeneración espiritual. Estas personas se vuelven religiosas, pero la nueva vida es un cambio de vocabulario, ambiente y estilo que depende del poder de la carne, tal como lo hacía la vida antigua. Esto resulta generalmente cuando la "conversión" ocurre por razones equivocadas: Como cuando el alma responde al cuidado de creyentes amorosos y se apega a ellos antes que a Cristo. O puede ser cuando el móvil es lograr alguna ventaja egoísta, como en el caso del joven que quería ser salvo para dejar de ser alcohólico, y así conquistar a cierta joven de la iglesia. O pudiera ser como el padre que dijo: "Hemos tenido tantas enfermedades y tantos reveses, que pensé que si me volvía creyente, las cosas cambiarían". Después de tres años de prueba, durante los cuales ni las deudas ni los problemas desaparecieron, él desapareció.

Sin embargo, no debemos desechar todas las conversiones que no perduraron. Aunque no podemos extender demasiado la metáfora del nacimiento, es verdad que así como algunos bebés nacen débiles y enfermizos, lo mismo sucede con los bebés espirituales. Dios conoce el corazón y estimulará y avivará todo acercamiento sincero a Jesús, aunque los motivos sean mixtos y el arrepentimiento no sea tan profundo como debiera ser. En tales casos se efectúa una verdadera obra de gracia, pues el Espíritu Santo guía a la persona hasta donde ella esté lista a ir.

Pero esta clase de convertido será doblemente vulnerable a la influencia de la vida antigua. Sólo la edificación espiritual cuidadosa lo ayudará a permanecer firme sobre sus pies espirituales, hasta que el Espíritu Santo pueda profundizar su arrepentimiento y afirmar su propósito, llevándolo luego lentamente a la salvación plena. La necesidad de santidad siempre debe mantenerse ante estas personas, no para desalentarlas —y definitivamente no para acusarlas—, sino para desafiarlas e invitarlas.

II. Concomitantes del Nuevo Nacimiento

El nuevo nacimiento, como la primera obra de la gracia salvadora, es una experiencia que incluye la justificación, la regeneración, la adopción y la santificación inicial. A éstas se les llama concomitantes en el sentido de que, aunque son definitivamente distintas, no pueden separarse en la experiencia. Nadie es justificado sin ser al mismo tiempo regenerado, adoptado en la familia de Dios y santificado inicialmente.

A. Justificación, Regeneración, Adopción

La justificación es doble; incluye tanto el perdón de los pecados como la reconciliación con Dios. La regeneración es el acto del Espíritu por el cual nos da vida espiritual. La adopción es la transferencia de nuestra situación y relación legal, al pasar del mundo a la familia de Dios, y del reino de las tinieblas al "reino de su amado Hijo" (Col. 1:13). El Espíritu Santo da testimonio de nuestra relación como hijos; es El quien "da testimonio a nuestro espíritu, de que somos hijos de Dios" (Ro. 8:16). Este es un sentido de paz y seguridad que Dios imparte. Una cosa es que "aceptemos" a Cristo como nuestro Salvador, y otra es saber que El nos ha aceptado.

El cuarto concomitante, la santificación inicial, requiere consideración especial.

B. Santificación Inicial

1. *Cambios Relativos y Reales*

Los cambios relativos en la salvación son la justificación, la adopción y la santificación posicional. Son relativos en el sentido de que son cambios de relación, no (en ellos mismos) cambios subjetivos en la persona. La justificación es un cambio de situación ante la ley y el Dador de la ley. Un criminal que sale de la cárcel, ya sea por haber sido perdonado o por haber cumplido su condena, está en una relación alterada con la sociedad. Legalmente está bien con la sociedad. Esta ya no tiene base legal para encarcelarlo. No obstante, en su interior quizá él no haya cambiado. En este caso el cambio es legal, esto es, en relación con la ley, pero no es real, o sea, dentro de él mismo. La adopción también es un cambio relativo, de una familia a otra; nunca somos hijos en el sentido en que lo era Jesús.

La santificación posicional es la santidad que es nuestra por haber sido aceptados por un Dios santo. Esta es una combinación de (*a*) la santidad inherente en todo lo que está dedicado a Dios, y de (*b*) la santidad debido a la relación con Dios. En este sentido pueden ser santos los días, lugares, mobiliarios y también las personas. Los hijos de Israel eran una nación santa porque fueron escogidos por Dios y porque eran su posesión especial, aunque a veces estaban muy lejos de ser éticamente santos. Al respecto, todos los cristianos son santos, aun cuando sean carnales, lo que explica por qué en las epístolas se les llama comúnmente santos.[5] Son posicionalmente santos, en virtud de estar "en Cristo".

Los cambios reales son la regeneración, la purificación de la depravación adquirida (la santificación inicial), y la entera santificación. Son reales en el sentido de que constituyen cambios internos en la persona. En la regeneración, ella recibe vida espiritual. En la entera santificación no sólo se eliminan los residuos del pecado original, sino que es llenada con la presencia del amor perfecto, y llega a tener completa armonía con Cristo.

2. *Componentes de la Santificación Inicial*

La santificación principia en la primera obra de gracia en cuatro aspectos. (*a*) Hay la santidad posicional que ya se ha indicado. (*b*) Hay un compromiso de vivir en santidad ética, involucrado en el arrepentimiento. Nadie es verdadero cristiano en ningún sentido si no tiene intención de llevar una vida santa; aunque reconocemos que su concepto de lo que constituye una vida santa puede ser vago. (*c*) Hay la santificación inicial en el sentido de un impulso a la santidad, que es esencial en la vida nueva en Cristo. La nueva vida espiritual del regenerado es santa en sí misma, y crea el deseo de ser santo.

Pero (*d*) el aspecto especialmente particular de la santificación inicial es la purificación de la depravación adquirida. La depravación adquirida y la depravación heredada son claramente distintas. Hay un deterioro cumulativo del carácter que ocurre continuamente como resultado directo del pecado personal. Todo pecado deja su marca: Una voluntad debilitada, un vicio confirmado y un razonamiento pervertido. Un pecador de 20 años de edad es más depravado que cuando tenía 10 años, y será aún más depravado a los 40. Esta realidad no se cancela por el hecho de que su depravación quizá no llegue a un nivel irracional, y que mediante disciplina personal y cultura pueda mantener una respetabilidad básica de carácter. La depravación progresiva en la que estamos pensando, es la dureza de corazón y el hábito de impiedad. Si la depravación adquirida no fuera un fenómeno real, no habría explicación para la abrupta declinación en las estadísticas en cuanto a la probabilidad de conversión a medida que las personas avanzan en edad.

Nada es más sorprendente que la limpieza de esta capa tras capa de inmundicia y dureza que se puede observar en una conversión verdadera. El rostro se ablanda, los viejos hábitos desaparecen, el vocabulario cambia, y la forma de pensar se transforma. Esta es la conversión por la que los pecadores malvados llegan a ser como niños otra vez (Mt. 18:3). J. Kenneth Grider dice que si esta tendencia al pecado, que se ha formado en nosotros, no fuera limpiada en el nuevo nacimiento, "no podríamos vivir la vida cristiana".[6]

Es verdad que el cambio externo no es inmediato, pero el cambio interno es instantáneo y muy pronto principia a transformar lo exterior, tocando cada faceta de la personalidad y del estilo de vida. Desgraciadamente este cambio puede ser impedido en forma parcial por la oposición de la mente carnal. Pero esta tensión llevará a la persona a conocerse a sí misma y a desear más intensamente la santidad completa. Si el nuevo creyente comienza a ceder a la resistencia de la mente carnal, habrá un estancamiento y, luego, una regresión fatal.

En cualquier forma, teológicamente el término santificación inicial encuentra su característica distintiva primaria en relación a la depravación adquirida, así como la entera santificación encuentra su característica distintiva primaria en relación a la depravación heredada.[7]

III. Total, pero Parcial

A. Total

Los cambios reales y relativos en las dos obras de gracia son inseparables. Sólo en pensamiento la justificación lleva el peso de nuestra salvación final, en el sentido de que una persona justificada irá al cielo.[8] Pero en la experiencia, la justificación no puede existir aparte de la regeneración y de la santificación inicial. No puede continuar sin la fe que obedece y la obediencia que cree (Mt. 7:20-22, *et al.*). Rechazar la luz significa la muerte de la vida espiritual y la pérdida de la justificación. Bonhoeffer dice: "Sólo el que cree es obediente; sólo el que es obediente cree".[9]

El error fatal en algunas formas populares de calvinismo es el intento de separar los cambios relativos de los cambios reales ("posición" de "estado"; "gracia declarativa" de "gracia operativa"), en tal forma que los cambios relativos sean válidos por ellos mismos. Aunque la justificación nos asegura el cielo si muriéramos dentro de una hora, la justificación —el cambio relativo— será inseparable, conforme se desarrolle la vida, de los cambios reales que corresponden a la salvación total, la cual se efectuará con el tiempo (véase pp. 110-112).

B. Parcial

La salvación completa, en un sentido imputada en la conversión y sujeta a ser impartida, no se realiza plenamente al experimentar por primera vez la gracia salvadora. En este punto el término "nuevo nacimiento" requiere un segundo examen. En ocasiones, Wesley extendió el concepto para incluir la totalidad de los cambios disponibles en esta vida, incluyendo la entera santificación. Aunque rechazó muchas interpretaciones erróneas del metodismo, escritas por un tal señor Tucker en el panfleto titulado *A Brief History of the Principles of Methodism* (Una breve historia de los principios del metodismo), Wesley expresamente aprobó el sumario de Tucker sobre la relación de la primera obra de gracia con la segunda, incluyendo esto:

> Santificación, el estado de perfección último y supremo en esta vida, porque entonces los fieles nacen de nuevo en el sentido perfecto y total. Entonces se les da un corazón nuevo y limpio; y termina la lucha entre el viejo hombre y el nuevo.[10]

Sin embargo, en otras ocasiones Wesley tuvo cuidado de limitar el término "nuevo nacimiento" al inicio de la vida espiritual.[11] Cuando usó los términos "salvación plena" y "gran salvación" siempre se refirió a la "segunda bendición" de la entera santificación.

Se es más fiel a la metáfora del nacimiento cuando se limita el término "nuevo nacimiento" a la regeneración con sus concomitantes, por la que los pecadores que creen son llevados a la esfera de la salvación personal. Un "nacimiento" es un principio que sólo anticipa lo que sigue. Al volver a nacer y convertirnos en hijos de Dios, "vemos" el reino, esto es, entramos en él (Jn. 3:3, 5).

Además, extender ya sea "conversión" o "nuevo nacimiento" para incluir la salvación plena, tiende a opacar la diferencia radical entre la primera obra de gracia como nacimiento, y la segunda obra de gracia como corrección y restauración. La analogía para la entera santificación no es nacimiento, sino circuncisión (Dt. 30:6). La circuncisión estaba relacionada al nacimiento (y se requería para una membresía total en Israel), pero era distinta y subsecuente. Wiley nos advierte que no pongamos demasiado peso en la regeneración. "No debemos inferir", dice, "que por cuanto la nueva vida es una vida santa, el simple crecimiento y desarrollo de esta vida 'guiará al alma a la entera santificación'".

No hacer la distinción aquí, conduce inevitablemente a la "teoría del crecimiento" respecto a la santificación. La santificación es un acto de purificación y, a menos que el pecado heredado sea removido, no puede haber plenitud de vida ni perfección en amor. En un sentido estricto, la regeneración no es purificación.[12]

Es un error, insiste, suponer que la santificación "no es algo nuevo, sino una perfección de lo que ya poseemos".

Es cierto que tanto la regeneración como la entera santificación tienen un substrato común, esto es, una vida de amor moral. Pero la regeneración es la experiencia en la que se imparte esta vida de amor, y la entera santificación es una purificación tal del corazón que hace del amor una experiencia única y suprema. Las dos obras son separadas y distintas, y consecuentemente, la última es algo más que sólo retoques de la primera.[13]

IV. El Nacimiento por el Espíritu

Los sicólogos de la religión no saben cómo describir y explicar, sobre bases naturalistas o puramente sicológicas, el cambio que ocurre en el nuevo nacimiento. La explicación bíblica es que, el cambio es una acción inmediata del Espíritu Santo en el espíritu humano. Incluye un cambio y una presencia en nosotros.

A. Una Presencia Inicial

El Espíritu Santo se convierte en residente cuando somos regenerados. Es un nacimiento "por el Espíritu" (*ek tou pneumatos*, procedente de, en el sentido de origen y agente). El entra a la vida como agente activo para revelar a Cristo, para continuar la obra de convencer de justicia y de pecado, y para guiar a la santidad total. Por tanto, en cierto sentido debe decirse que el Espíritu Santo es impartido en la primera crisis. "Y si alguno no tiene el Espíritu de Cristo, no es de él", y "los que son guiados por el Espíritu de Dios, son hijos de Dios" (Ro. 8:9, 14).

B. Pero no Es Plenitud del Espíritu

El nuevo nacimiento, como experiencia inicial, no constituye en sí mismo el privilegio de gracia que es normativo en la dispensación del Espíritu Santo.[14] Los discípulos tenían antes del Pentecostés todas las características del nuevo nacimiento pero no estaban llenos con el Espíritu. Al definir que la relación del Espíritu era "con" ellos en vez de "en" ellos (Jn. 14:17), Jesús dio a entender la disponibilidad limitada del Espíritu en ese tiempo.

Pero, ¿es esencialmente diferente la relación del cristiano regenerado y el Espíritu en la dispensación postpentecostal? Como en el caso de los discípulos antes del Pentecostés, el centro de atención está en Jesús, mas no en el Espíritu Santo como persona plenamente manifestada. Para que los creyentes sean llenos con el Espíritu, deben escoger conscientemente recibir el Espíritu en su obra santificadora.[15]

Es más, la descalificación del mundo (los no regenerados) para recibir el Espíritu como Consolador por no tener relación con El, se aplicaría también a los no regenerados después del Pentecostés. Es eternamente cierto que "el hombre natural no percibe las cosas que son del Espíritu de Dios" (1 Co. 2:14). Debe ocurrir un despertamiento espiritual para que la persona pueda entrar en una relación con el Espíritu en su soberanía y poder.

Las instrucciones de Pedro a sus oyentes en el Día de Pentecostés lo confirman (Hch. 2:38). Hacer lo que les dijo que hicieran, era nada menos que confesar abiertamente como Señor y Salvador a este Jesús a quien habían crucificado recientemente, y confesar que eran sus discípulos; y era experimentar el perdón de los pecados. En suma, era nacer de nuevo. Entonces, y sólo entonces, podrían recibir el derramamiento especial del Espíritu, lo normativo en el nuevo régimen. Además, sólo una persona regenerada puede pedir específicamente el don del Espíritu con algún grado de comprensión de la verdadera naturaleza de la petición; no obstante, Jesús puso la condición de que lo pidieran a fin de recibirlo (Lc. 11:13).

C. Un Don Dual

Un pecador que se arrepiente y cree, entonces, experimenta también al Espíritu cuando recibe a Jesús. Sin embargo, no tiene conciencia de quién es El. Luego, habiendo recibido vida, es capaz de pedir deliberadamente y de recibir el Espíritu, con el deseo expreso de que el Espíritu mismo lo santifique y le imparta poder. El don del Espíritu, por tanto, puede considerarse dual: Real en cierto grado en el nuevo nacimiento, pero en un grado más consciente y más profundo en el bautismo con el Espíritu. La Persona divina es la misma, pero la relación es diferente (véase *ESC*, 2:316-19 para conocer la posición de Daniel Steele).

V. Más Allá del Nuevo Nacimiento

A. Crisis y Proceso

Según Hebreos, el pueblo de Dios debe correr "con paciencia la carrera que tenemos por delante" (12:1). El cristiano está en una peregrinación, y el cielo es su meta. El proyecto total puede describirse como un proceso en el que hay crisis grandes y pequeñas. Llegar a ser dueño de una casa es para la mayoría un largo proceso que se inicia con dos crisis grandes: Dar el pago inicial al firmar el contrato, y después de un tiempo, cerrar la transacción. Pero ese no es el fin, como nos lo recuerda cruelmente el primer pago mensual de la hipoteca.[16]

En la vida cristiana hay una secuencia usual de eventos y experiencias espirituales. Puede decirse que comienza con el despertamiento, la convicción y el arrepentimiento, y culmina con la justificación como el primer cambio crucial. Después siguen el crecimiento y el descubrimiento, los obstáculos y los desalientos. Con el tiempo hay un reconocimiento doloroso del pecado interno. Este reconocimiento culmina en un nuevo estado de convicción, con frecuencia acompañado de vacilación y la tentación de ceder al abatimiento. En este punto probablemente haya intentos para remediar la necesidad espiritual mediante el esfuerzo propio con una disciplina más intensa (creando así un eco de Romanos 7). Pero a medida que se profundiza el hambre, hay una crisis mayor de confrontación con Dios, que resulta en rendición total y en la llenura con el Espíritu Santo. Este es el segundo cambio mayor. Después se experimenta el poder investido y la libertad, un progreso más rápido, nuevo aprendizaje y descubrimientos avanzados, mayor fortaleza, conocimiento y capacidad para servicio. Pero simultáneamente puede haber tentaciones y pruebas peculiares, incluyendo algunos oscuros túneles. Puede haber aun algunas regresiones pequeñas. Pero en general, el caminar santo será hacia adelante y hacia arriba, hasta que las puertas de la "ciudad" se abran de par en par y después se cierren para siempre.

Después de la segunda crisis mayor, la vida espiritual estará en un nivel superior, y normalmente el progreso será más rápido y continuo. "¿Hay subidas y bajadas en la vida santificada?", se le preguntó a J. Edwin Orr, a lo que él replicó afirmativamente. "Entonces, ¿cuál es la diferencia entre las subidas y bajadas en la vida santificada, y las subidas y bajadas en la vida anterior?" "Una es como las subidas y bajadas de una carretera en el valle", contestó Orr; "después principiamos a subir hasta llegar a una meseta. Aun allí el camino tendrá algunas inclinaciones y vueltas normales; pero las inclinaciones y vueltas están en un nivel superior".[17]

B. La Teología de la Segunda Obra

¿Por qué hay dos obras de gracia distintas? Sencillamente porque hay dos problemas del pecado con los que hay que tratar: (1) Los pecados que cometemos, por los cuales somos responsables y necesitamos perdón; y (2) la naturaleza pecaminosa interna, por la que no somos responsables, pero de la cual necesitamos purificación. Hay dos procesos y dos fases o niveles para su logro. Además, el primero (conversión) es requisito para el segundo (santificación). Juan Wesley dijo que tanto él como su hermano habían aprendido que las personas son justificadas antes de ser enteramente santificadas.[18]

1. *El Pecado en los Creyentes*

Cuando hablamos del pecado en los creyentes, no queremos decir "pecado en pensamiento, palabra y obra cada día". Eso sería una caricatura vergonzosa de la vida cristiana. Dar ocasión al pecado conocido queda excluido (*a*) por la naturaleza del arrepentimiento, tal como hemos visto; y (*b*) por la naturaleza de la nueva vida regenerada. El veredicto bíblico es: "Todo aquel que es nacido de Dios no practica el pecado, porque la simiente de Dios permanece en él; y no puede pecar, porque es nacido de Dios" (1 Jn. 3:9). Esto es más que "ser capaz de no pecar", y más que "no tener permiso o licencia para pecar" (aunque ambos son verdad). Es una imposibilidad moral que la regeneración coexista con el pecado deliberado continuo.

Pero, aunque el pecado deliberado queda excluido por las condiciones morales esenciales de la vida cristiana, el pecado original permanece. Todos los credos principales aseveran la persistencia de este otro ánimo interno. La siguiente es una declaración representativa de las iglesias de santidad: "Creemos, además, que el pecado original continúa existiendo en la nueva vida del regenerado, hasta que es erradicado por el bautismo con el Espíritu Santo".[19]

Si el pecado original continúa "existiendo", estamos compelidos a reconocer la presencia de una naturaleza diferente de la naturaleza regenerada. Aunque nos opongamos vehementemente a la teoría de "dos naturalezas", no podemos escapar de ella por completo (véase el apéndice al final del capítulo). A lo que podemos objetar propiamente, no es a este estado temporal de "doble ánimo" (Stg. 1:8; 4:8, lit. *dos psiques*), sino a la enseñanza de que los dos ánimos o naturalezas deben permanecer hasta la muerte, sin que una afecte a la otra. Por el contrario, cada una afecta a la otra, lo que explica la lucha espiritual en el creyente no santificado. Esta lucha, bajo la presión del Espíritu, tiene como meta, no una coexistencia débil, sino la conquista total. El objetivo es unificar el alma, eliminar todo elemento recalcitrante, y que la totalidad de la vida síquica esté bajo el gobierno del Espíritu y en armonía con la santidad cristiana.

El arrepentimiento y la regeneración son cambios reales que ocurren en el terreno sicológico de la conciencia y la volición, y son de naturaleza tan radical que cambian el rumbo de la vida. Pero a pesar de lo significativo del cambio efectuado, la inclinación a la egolatría con que principió la vida personal todavía acecha bajo el nivel de la conciencia plena. Tal inclinación se constituirá en una fuerza opositora o resistencia en el nuevo rumbo y en la nueva vida. Esta es una profunda falta de armonía en el ser mismo, una propensión en el ego todavía no reconstruido. Harold Ockenga dice:

> Pocos cristianos se dan cuenta de la presencia de esta naturaleza corrupta al tiempo de su conversión, pues están absortos en el gozo de la nueva vida de perdón, la remoción de la culpa y la adopción en la familia de Dios. Pero finalmente el problema surgirá para atormentarlos. El primer gozo, la paz y el júbilo de la experiencia de regeneración huirán, y se presentará la lucha con el yo.[20]

"La pureza de corazón", decían los puritanos, "es tener todas las ruedas del alma girando en la misma dirección". Pero esto no sucede en el cristiano no santificado. Es como un automóvil con el freno trabado. Dos fuerzas contrarias crean un conflicto. El motor impulsa hacia adelante, pero el freno detiene la marcha, y la consecuencia es pérdida de fuerza y libertad. Todo creyente que lucha, y que con dolor se da cuenta de esta pecaminosidad que queda en él, exclama: "¡Esta es exactamente mi situación!"

Puesto que esta pecaminosidad que atormenta al cristiano es esencialmente la misma tendencia natural que tenía al nacer, es una en naturaleza, pero con manifestaciones múltiples. Por tanto, tratar de cortar poco a poco esta o aquella condición carnal, como la remoción de sombras en porciones, no llega a la raíz del problema, que es el ser interior no santificado. El corazón necesita ser purificado de su perversidad. Los afectos necesitan ser afirmados en Dios. Pero éstos son dos aspectos de una obra, de manera que si se resuelve uno, también se resuelve el otro.

Las manifestaciones del yo no santificado tienden a tomar la forma de pecados del espíritu: Orgullo, celos, envidia, amargura, susceptibilidad, dureza de corazón, duda excesiva, avaricia, tibieza, amor a las cosas del mundo. A su vez puede haber espíritu pendenciero y tensión interpersonal sin razón alguna, terquedad, tendencia al chisme y a las conjeturas malintencionadas. En relación a Dios, el pecado puede tomar la forma de resistencia oculta a los derechos absolutos de la soberanía divina. Esta resistencia se manifiesta como un deseo de ceder a lo mundano y el intento de hacer tratos con el Señor, usando evasivas e intrigas para buscar ventaja. Hay la tendencia de perder entusiasmo en la devoción, como lo expresó Robert Robinson: "Me siento inclinado a alejarme, Señor, / Inclinado a apartarme del Dios que amo".

Estas características se manifestaron en los once discípulos antes del Pentecostés (¡no después!), en los corintios,[21] en Ananías y Safira, en Demas, en Diótrefes, en los cristianos hebreos ("mirad, hermanos, que no haya en ninguno de vosotros corazón tan malo e incrédulo que se aparte del Dios vivo", Heb. 3:12), y en aquellos a quienes Santiago reprendió tan duramente: "Pero si tenéis celos amargos y rivalidad en vuestro corazón, no os jactéis ni mintáis contra la verdad. No es esta la sabiduría que desciende de lo alto, sino que es terrenal, animal, diabólica, pues donde hay celos y rivalidad, allí hay perturbación y toda obra perversa" (Stg. 3:14-16). Vemos el contraste irreconciliable cuando comparamos este pasaje con la plomada de este otro: "Pero la sabiduría que es de lo alto es primeramente pura, después pacífica, amable, benigna, llena de misericordia y de buenos frutos, sin incertidumbre ni hipocresía" (v. 17).[22]

Lo que queda del pecado original en la vida regenerada es lo que hace necesaria una segunda obra de gracia. Además, la purificación de esta condición es la que define el propósito y la naturaleza de la entera santificación. Negar la presencia del pecado original en el creyente es negar una real purificación de este pecado. Toda "segunda crisis" que sigue, viene a ser sólo una fase en la peregrinación espiritual del individuo, la que puede explicarse respetablemente en términos de la sicología del desarrollo.

2. La Necesidad de un Escogimiento Etico

"Presentaos vosotros mismos a Dios", dice la Escritura, "como vivos de entre los muertos" (Ro. 6:13). Sólo los que están vivos espiritualmente son capaces de hacer esta gran consagración. La presentación del cuerpo como "sacrificio vivo" que se pide a los creyentes debe ser santa para que sea aceptable, en el sentido de estar libre de culpa o de inmundicia (Ro. 12:1).[23]

En otro lugar se ha expresado como sigue:

> Las transgresiones personales y la depravación adquirida del pecador, de las que sólo él es responsable, deben ser quitadas antes que pueda tratarse el problema más profundo de la disposición heredada (cf. Mateo 18:3). Una [restauración] a la vida espiritual y filiación involucrando el cese [del distanciamiento] y la rebelión, lógicamente es el requisito previo para la rectificación de una falla racial, falla que no se debe al mismo pecador sino que es su herencia de Adán (Hechos 2:38). Las dos fases de redención disponibles en esta vida, la justificación y la entera santificación —el perdón de los pecados personales y la purificación de la iniquidad heredada— son tan trascendentales... y tan profundamente diferentes [una de la otra], que la consumación de ambas en una sola experiencia religiosa sería sumamente improbable como una norma característica en el plan divino.[24]

Además, aunque la mente carnal se caracteriza por preferir los procesos graduales a las crisis,[25] lo gradual solo no es compatible con (*a*) la naturaleza unitaria del pecado que mora en nosotros, la que demanda acción definida y directa; (*b*) la voluntad de Dios de que seamos santos ahora, o el poder de Dios para hacernos santos ahora; (*c*) la naturaleza de la fe, que es el factor condicional en nuestra santificación; (*d*) el hambre y sed de justicia del creyente que experimenta convicción de su pecado y ansía liberación de inmediato; (*e*) el desafío y la expectación de inmediatez que se percibe en todo el Nuevo Testamento.

La idea de que la entera santificación es gradual o simultánea con la conversión tampoco es compatible con la necesidad moral del creyente, no sólo de ver los residuos del pecado interior, sino también de pronunciar juicio en cuanto a ellos. Tal como Wesley lo expresó, debe ver "el fondo mismo de su corazón" —su corrupción y engaño—. Isaías Reid habla de un respetable superintendente de escuela dominical que parecía modelo de piedad, pero que nunca había profesado una "segunda obra"; más bien él aseguraba "haber recibido todo al mismo tiempo". En una reunión de oración el pastor Reid leyó un pasaje bíblico y luego sugirió que todos se pusieran de rodillas en oración silenciosa, cada uno pidiendo que el Espíritu Santo lo examinara interiormente. Después de un momento oyó que el superintendente de escuela dominical gemía. Cuando se acercó a él, lo oyó orar: "Oh Dios, ¡mi corazón, mi corazón!" Estaba sorprendido por el descubrimiento de lo que realmente se escondía dentro de él bajo la superficie de una vida cristiana consistente.

Pero habiendo visto su necesidad, ya no podía permanecer neutral o evasivo. El pecado innato por el que antes no era responsable, en este punto se convirtió en su responsabilidad. Ahora debía confesarlo, renunciar a él y rendirlo. Por tanto, la necesidad teológica de la segunda obra de gracia incluye la necesidad moral de que el pecador perdonado renuncie a la herencia de Adán, y que deliberadamente pida ser librado de ella en base a la provisión santificadora de Cristo y el poder prometido del Espíritu.[26]

APÉNDICE: LAS DOS NATURALEZAS

El tema total de la "naturaleza" necesita considerable clarificación. Así como filosóficamente *esse* (ser) debe distinguirse de *existencia* (relación), una entidad debe distinguirse de su naturaleza. La naturaleza puede definirse como los atributos de un ser genérico particular, tales como la naturaleza de un perro, de una rosa o de un hombre. En este sentido, la naturaleza no puede separarse de la entidad, aunque son distintas en pensamiento; porque "naturaleza" define al perro, a la rosa y al hombre, distinguiéndolos de otras formas de ser. La naturaleza canina es lo que constituye la "perridad", distinguiéndola de la condición de "árbol" o de "rosa". En este nivel, entidad y naturaleza son complementarias e incambiables.

Pero el asunto adquiere nuevas complejidades y potencialidades cuando hablamos de la naturaleza del hombre. Hay la naturaleza genérica que, de alterarse, resultaría en algo diferente de lo que es el hombre. Pero esta naturaleza genérica incluye ciertos atributos que no están presentes en otras clases de ser, como personalidad, conciencia y la facultad de ser formado. La propiedad de ser complejos y de cambiar moralmente es característica particular de la naturaleza humana.[27] Este hecho nos obliga a acomodar el término "naturaleza" a un uso secundario, por el que podemos decir que la naturaleza genérica se convierte en diversas naturalezas individuales. Pero aún más significativa es la necesidad de reconocer que un individuo o persona puede tener más de una naturaleza. El ejemplo literario clásico es el del "Dr. Jekyll y el Sr. Hyde", de Robert Louis Stevenson.

El caso teológico, y mucho más importante, es Cristo, de quien se afirma que es una Persona con dos naturalezas. Negar que una entidad personal puede existir con dos naturalezas es repudiar toda la cristología calcedonia. El problema de dos naturalezas en el creyente no es tan agudo como en la fórmula cristológica, pues en este caso se trata de la unión de dos naturalezas genéricas: La naturaleza genérica de la Divinidad y la naturaleza genérica del hombre.

Sin embargo, la situación en el cristiano tiene que ver, no con naturalezas genéricas, sino con naturalezas morales. La doctrina del pecado original que queda en los creyentes, señala una dualidad moral en la persona. Esa dualidad consiste en dos orientaciones conflictivas y diametralmente opuestas en la psique, cada una de las cuales busca la supremacía. La disposición al egocentrismo bien pudiera llamarse naturaleza. Pero en la misma forma, la nueva disposición al Cristocentrismo pudiera llamarse naturaleza. El yo se encuentra dividido —o al menos angustiado— por estas formas contrarias de impulso, lealtad y afecto.

De nada sirve rechazar el término "naturaleza" y preferir la idea de la "mente carnal" contra la "mente de Cristo", pues *fronema* es mucho más que una actitud superficial; es nada más ni nada menos que una orientación profunda que en sí es una naturaleza. En verdad es paradójico suponer que dos orientaciones tan profundas y tan opuestas puedan coexistir; pero, ¿acaso no es paradójico el fenómeno de los cristianos carnales? Lo que podemos reconocer es que estas dos naturalezas no pueden ser igualmente dominantes, y que al fin una debe ser destruida por la otra. Es también cierto que la presencia de esta dualidad no puede ser una situación normal y que imposibilita una vida espiritual sana.

También debemos decir que la palabra "existir", en relación al pecado original que queda en los creyentes, no implica una entidad u organismo síquico distinto que exista junto con la naturaleza humana. Más bien es cierta clase de inclinación en la naturaleza humana individual. Este es un remanente de su estado no regenerado y adánico que constituye una fuerza moral opuesta al cambio en la naturaleza individual ya regenerada. La naturaleza carnal, por tanto, puede definirse como un conjunto de tendencias síquicas hacia la incredulidad y la obstinación, que en el cristiano no dominan, pero desafían las decisiones y direcciones conscientes.

Debemos recalcar también que no podemos hablar de la naturaleza carnal en el regenerado como estamos forzados a referirnos a ella en el no regenerado. En este último opera sola, con completo dominio (sin la gracia preveniente), y define el carácter de la persona. En esta compleja mentalidad carnal, el término definidor "enemistad contra Dios" queda sin modificar. En el cristiano, sin embargo, domina la naturaleza regenerada por el poder del Espíritu. No es la enemistad contra Dios lo que define el corazón del creyente —su verdadero yo—, sino el amor. La naturaleza carnal permanece sólo en el sentido de que este creyente reconoce que el yo no ama completa o perfectamente. Está en oposición al impulso de "volver a Egipto" que, aunque dominado y latente, nos atrae sutilmente para que cedamos en nuestra devoción a Dios. La mente carnal en el creyente, por tanto, es sólo incipientemente "enemistad contra Dios", pues la naturaleza carnal ya no define el yo interno como lo hacía antes. Si esta persona alguna vez permite que la enemistad contra Dios ocupe nuevamente el centro, ha apostatado o al menos está a punto de apostatar.[28]

NOTAS BIBLIOGRÁFICAS

1. *The Doctrine of the Holy Spirit* (reimp., London: Banner of Truth Trust, 1961), pp. 173-189.

2. *Quest for Holiness*, p. 143.

3. *Christian Faith*, p. 87; véase p. 124.

4. El peligro de recalcar así la *sola fide* (la fe sola) hasta quitar importancia al arrepentimiento se vio en los inicios de la Reforma, y fue repudiado vigorosamente en la Fórmula Luterana de Concordia (1576): "Sin embargo, no debemos imaginar una fe justificadora tal que pueda existir y permanecer con un propósito malo, a saber: Pecar y actuar en contra de la conciencia". Las personas pueden "incurrir en condenación, tanto por una persuasión epicureana respecto a la fe, como por una confianza farisaica y papista en sus propias obras y méritos". La necesidad de evitar el pecado se afirma también en forma vigorosa. "Además, repudiamos y condenamos ese dogma de que la fe en Cristo no se pierde y que el Espíritu Santo mora en una persona aunque peque voluntariamente y con pleno conocimiento".

5. Como 58 veces; véase 1 Co. 1:2; 6:11.

6. *Entera santificación*, p. 138; véase su excelente tratamiento del concepto de depravación adquirida, pp. 137-138.

7. Véase Wiley, *Christian Theology*, 2:476.

8. En realidad, si la muerte siguiera inmediatamente al perdón de los pecados, el alma se salvaría. En este punto reconocemos que la Biblia habla de una

156 / Explorando la Santidad Cristiana

justicia imputada. (Todo el "paquete" se pone a "cuenta" del creyente, así como la prima inicial de una póliza de seguro crea al instante un capital por su valor nominal. Pero esta cuenta es condicional de acuerdo al cumplimiento de los términos del contrato).

Esto no quiere decir que la justicia imputada exima al creyente de ser purificado del pecado original antes de entrar al cielo. Significa más bien que, en caso de muerte repentina, tal purificación será efectuada por el Espíritu Santo sin los procesos usuales. Para comprender mejor el concepto bíblico de la justicia imputada, véase E. P. Ellyson, *Bible Holiness* (Kansas City: Beacon Hill Press of Kansas City, 1972), pp. 63-64.

9. *The Cost of Discipleship* (New York: Macmillan Co., 1963), p. 69.

10. *Works*, 8:373-74. En manera similar, E. Stanley Jones a veces usó "conversión" como si incluyera el cambio completo, tanto de la justificación como de la santificación.

11. *Ibid.*, 5:150-151; 7:205; 8:48-49; véase *ESC*, 2:214-216.

12. *Christian Theology*, 2:476.

13. *Ibid*.

14. Hechos 6:3 da a entender que no todos los creyentes eran llenos del Espíritu, así como no todos eran hombres de "buen testimonio" o dotados de "sabiduría".

15. Es cierto que tratamos aquí con el misterio de la Trinidad y estamos en peligro de caer en el triteísmo. Wiley habla del Espíritu como "el otro Yo siempre presente de nuestro Señor" (2:311). En esto pudo cumplirse su promesa: "No os dejaré huérfanos; volveré a vosotros" (Jn. 14:18). Sin embargo, la distinción no puede borrarse por completo. En su sermón del Pentecostés, Pedro situó al Dios-hombre en el cielo (Hch. 2:33-34; véase 3:21; 7:56; 9:3; 1 Ts. 4:16; y otros). Tomar literalmente el Nuevo Testamento nos conduce al borde del triteísmo.

16. Con esta analogía no se quiere decir que "compramos" nuestra salvación a plazos. Sólo sirve para ilustrar el sentido en que crisis y proceso son conceptos compatibles.

17. *Full Surrender* (London: Marshall, Morgan, and Scott, 1957), p. 79.

18. *Works*, 8:300; véase 6:43ss.

19. "Artículos de Fe", *Manual*, Iglesia del Nazareno. Otros grupos de santidad como la Iglesia Metodista Libre de Norteamérica, la Iglesia Wesleyana y la Iglesia Evangélica de Norteamérica declaran o dan a entender la presencia continua del pecado innato en el creyente.

20. Harold John Ockenga, *Power Through Pentecost* (Grand Rapids: William B. Eerdmans Publishing Co., 1959), p. 22. Véase la descripción que hace Wesley del despertamiento del creyente a su necesidad más profunda, en *Perfección cristiana*, pp. 25ss.

21. Pablo no halló falta en la conversión de los corintios, sino en su desarrollo interrumpido por su condición carnal (1 Co. 3:1-3). Al llamarlos "niños en Cristo" obviamente dio a entender que habían nacido de nuevo. Es evidente que los cristianos pueden estar en un estado anormal doble que impide el crecimiento espiritual. Wesley dijo que la mayoría de los creyentes, no perfectos en amor aún, "sienten todavía un poco de orgullo, ira, obstinación, un corazón inclinado a apostatar" (*Works*, 11:423).

22. Para leer una explicación más detallada del pecado en los creyentes, véase Purkiser, Taylor y Taylor, *Dios, hombre y salvación*, pp. 495-496. Véase Grider, *Entera santificación*, pp. 106-113.

23. Los animales ofrecidos como holocaustos en el Antiguo Testamento no eran sacrificados para quedar libres de defectos; el requisito era que no tuviesen defecto.

Nacer del Espíritu: Santificación Inicial / 157

24. Richard S. Taylor, *La vida en el Espíritu* (Kansas City: Casa Nazarena de Publicaciones, 1985), pp. 97-98.

25. Los creyentes con una leve convicción de su necesidad tienden a posponer el momento de arreglar cuentas con Dios. Pero la honradez y sensibilidad los llevan a una crisis, sea que lo quieran o no.

26. "La naturaleza ética de la verdadera santidad demanda la cooperación humana. Una de las objeciones presentadas por los que no creen en una experiencia de crisis, es la siguiente: '¿Puede el carácter ético ser impartido por un golpe de omnipotencia?' Ciertamente que no sucederá por un toque arbitrario, parcial. Dios imparte la santidad solamente al grado en que uno está listo para recibirla... Las bendiciones de la salvación no son investidas sobre personas que reciben pero que no participan... Dios demanda que la pidamos si queremos recibirla, y que ejercitemos la fe si deseamos experimentarla. Estos son actos conscientes y deliberados que implican un sentir de necesidad, de intenso deseo y de escogimiento y decisión reflexionados. De esta manera, la agencia moral del hombre es libre en todos los pasos de la [vital] redención personal" (*La vida en el Espíritu*, p. 98).

27. Michael L. Peterson dice: "La consideración clásica de las naturalezas incluye, no sólo las propiedades esenciales de las substancias, sino también sus disposiciones, que son capacidades dinámicas para actuar y reaccionar bajo circunstancias apropiadas... De aquí que la filosofía substancialista, propiamente entendida, puede explicar el cambio real y la actividad en el mundo; el cambio sucede en y por medio de objetos relativamente estables" ("Orthodox Christianity, Wesleyanism, and Process Theology", *Wesleyan Theological Journal*, otoño 1980, p. 57).

28. Compárese con Grider, *Entera santificación*, pp. 106ss.

8

El Bautismo con el Espíritu Santo: La Entera Santificación

Al considerar el Pentecostés, es imposible ignorar el lugar central de lo que puede llamarse propiamente el bautismo con el Espíritu Santo. La declaración de Juan el Bautista de que Jesús bautizaría con el Espíritu Santo (mencionada en los cuatro evangelios), y la promesa del Consolador hecha por Jesús, fueron enlazadas al Pentecostés por Jesús mismo: "Vosotros seréis bautizados con el Espíritu Santo dentro de no muchos días" (Hch. 1:4-5). Más tarde, Pedro equiparó el evento del Pentecostés con el bautismo con el Espíritu Santo, calificándolo como el "don" prometido (11:16-17; véase *ESC*, 1:104-108).

Podemos decir, por tanto, que en el Día de Pentecostés los 120 creyentes fueron bautizados con el Espíritu Santo. Además, este fue el tema principal del sermón de Pedro, como lo muestra una lectura cuidadosa. Su sermón fue acerca de Cristo como el medio para explicar "esto": "Exaltado por la diestra de Dios y habiendo recibido del Padre la promesa del Espíritu Santo, ha derramado esto que vosotros veis y oís" (Hch. 2:33). Además, "esto" fue el objetivo de sus instrucciones de que se convirtieran a Cristo (vv. 38-39). Más aún, "esto" se identifica como "la promesa" que es la característica especial de toda la dispensación, no sólo del primer día. Es decir, el bautismo con el Espíritu Santo es la provisión y plan divinos para los cristianos durante toda la era de la iglesia.[1]

I. Lenguaje y Terminología

A. Nomenclatura del Bautismo

Por lo común se hace más referencia al "bautismo del Espíritu Santo". Esto es aceptable si queremos decir bautismo en referencia al Espíritu Santo, en lugar de un genitivo subjetivo (el bautismo propio del Espíritu), porque en realidad el bautismo no es del Espíritu, sino de Cristo. El es quien bautiza a sus seguidores con el Espíritu, según la declaración de Juan el Bautista (y de Pedro, Hch. 2:33). Además, en todos los casos (seis) se usa la preposición griega *en*, que puede significar "en" o "con".[2] Si se prefiere "en", la idea expresada sería una inmersión completa del creyente en la presencia, poder y esfera del Espíritu. Si se prefiere "con", en el sentido de instrumentalidad (véase Ap. 2:16), el significado es que Cristo efectúa un bautismo espiritual por medio del Espíritu.

Otros verbos descriptivos (y en un sentido definidores) del evento parecerían apoyar el uso de "con". Fue un acto por el cual todos fueron llenos (Hch. 2:4), sugiriendo la saturación de todo su ser con el Espíritu. Fue un derramamiento (vv. 17, 33) y un descendimiento (8:16). Estas metáforas sugieren lo definido de la llegada del Espíritu, la fuente celestial y divina de su venida, la medida abundante de su presencia, y su ungimiento para el servicio. En estos aspectos, el Pentecostés fue una réplica del bautismo con el Espíritu que recibió Jesucristo, pues Juan testificó: "Yo no lo conocía; pero el que me envió a bautizar con agua me dijo: 'Sobre quien veas descender el Espíritu y permanecer sobre él, ese es el que bautiza con Espíritu Santo'" (Jn. 1:33). Sería un descendimiento con la intención de permanecer —en claro contraste con la acción ocasional y temporal del Espíritu cuando descendía sobre los profetas y otros en los tiempos del Antiguo Testamento.[3]

Los vocablos "bautizar" o "bautismo" pueden referirse a un acto literal y físico, como en Lucas 7:29, "bautizándose con el bautismo de Juan". O pueden ser metáforas de una experiencia espiritual, como la referencia de nuestro Señor a su pasión: "De un bautismo tengo que ser bautizado" (12:50). Similarmente, "bautismo" es, en esencia, una metáfora en la nomenclatura pentecostal. Como tal, su significado exacto no puede limitarse, sino que debe tener completa y abundante flexibilidad. Representa la instalación en la vida plena del Espíritu, la purificación por el Espíritu, y la muerte espiritual. Estos conceptos paradójicos se vuelven coherentes en el multifacético término "bautismo".[4]

B. Los Términos como Modelos

El erudito británico Ian Ramsey[5] ha llamado nuestra atención al peligro de olvidar que los términos teológicos, tales como "redención", no son "completamente descriptivos". Más bien, estos términos indican a lo más una "similitud con una diferencia". La cautela demanda calificativos, tales como "Padre celestial", y pudiéramos agregar "santidad cristiana" y "perfección cristiana" como ejemplos. Los calificativos nos hacen recordar la diferencia. Por esto Ramsey sugiere que los términos deben considerarse como modelos. Esto permite que los términos digan algo verdadero, sin que tengamos que "articular" hasta la implicación más insignificante. Permite también una variedad de términos, cada uno como modelo con una contribución única a nuestra comprensión de la verdad.

El concepto de "modelo" introducirá cierta libertad en nuestro uso de términos típicos de santidad, tales como bautizar, limpiar, santificar, destruir y erradicar. Cada vocablo expresa algo válido e importante acerca de los privilegios de la gracia, pero ninguno lo dice todo. Los varios términos redentores que se usan deben verse como un cuadro compuesto, no como ideas en competencia. Y no es necesario defender cada término contra todas las objeciones posibles.[7]

El término "bautismo" también es un modelo. En este sentido, todo gran derramamiento del Espíritu Santo, aun en la conversión, podría llamarse "bautismo con el (o del) Espíritu", tal como hablamos de "un bautismo de sufrimiento". Sin embargo, el Nuevo Testamento nunca confunde esta clase de bautismo con el prometido bautismo con "Espíritu Santo y fuego", experimentado en el Día de Pentecostés y subsecuentemente. Y aunque el nacimiento del Espíritu pudiera llamarse bautismo, exegéticamente no es convincente hacer que el Nuevo Testamento equipare este nacimiento con el bautismo, que es privilegio particular de esta dispensación. Por tanto, la flexibilidad ilimitada no es apropiada. No obstante, aunque se use en relación a este segundo evento espiritual, "bautismo" es un modelo en el sentido de que representa una "similitud con una diferencia" de la idea empírica básica, la inmersión física.

II. FACETAS DE LA PLENITUD DEL ESPÍRITU

La discusión anterior pudiera ayudarnos a apreciar mejor una legítima amplitud de concepto al enunciar la doctrina de santidad.

Esta experiencia se conoce también con varios nombres que representan sus diferentes fases, tales como "perfección cristiana", "amor perfecto", "pureza de corazón", "bautismo con el Espíritu Santo", "plenitud de la bendición" y "santidad cristiana".[8]

A. Perfección Cristiana

El concepto de perfección como nota central, básica e indispensable en la fe cristiana, nunca ha estado completamente ausente de la iglesia. Ningún término tan frecuente y tan trascendente en la Biblia podría pasarse por alto con facilidad.[9] En el Nuevo Testamento predominan las ideas de realización, cumplimiento y ejecución.[10] Los diversos vocablos giran alrededor de la idea de "fin" o propósito. "¿Cuál es el fin principal del hombre?", pregunta el catecismo, y contesta: "Glorificar a Dios". En ese aspecto, la vida que glorifica a Dios es perfecta, puesto que cumple su destino; tal como la perfección de un reloj no debe medirse por la caja, sino por la forma en que marca la hora. Es posible que el mecanismo funcione perfectamente aunque esté en una caja dañada.

Así que, la perfección cristiana es cuestión del corazón —el "mecanismo" interno del alma—, no de pericia de las manos ni de criterio de la cabeza. Como Wesley afirmaba siempre, la perfección cristiana es amar a Dios con todo el corazón, alma, mente y fuerzas, y al prójimo como a uno mismo. Tal perfección es compatible con numerosas flaquezas de la mente y del cuerpo, dando lugar a errores de criterio y práctica.[11] El usó también el término como sinónimo de la entera santificación, y de esa forma interpretó Hebreos 6:1: "Por tanto, dejando los principios de la doctrina de Cristo, vamos adelante a la perfección". El entendió que esta era una súplica a pasar de una vez a un nivel de experiencia definitivamente asequible. La perfección cristiana no era un sueño irrealizable, sino un privilegio y deber presentes.[12]

El bautismo con el Espíritu Santo introdujo a los primeros discípulos a este nivel de vida. Ahora estaban a la altura de lo que Cristo esperaba de ellos en amor, sacrificio, motivos puros, celo santo, y fortaleza espiritual que no se rinde. Ellos ejemplificaban la "perfección cristiana".

El calificativo "cristiana" nos hace recordar que esta experiencia no es perfección absoluta, la que pertenece sólo a Dios. Tampoco es perfección adánica; ésta incluía la perfección de mente y cuerpo que el hombre perdió en la caída, y que no puede recuperarse en esta vida. Tampoco es perfección angélica; ni siquiera perfección humana, en el sentido de ser en todo aspecto un ejemplo perfecto de la humanidad, el cual sólo Jesús lo fue. Es más bien una perfección que puede caracterizarnos ahora mismo, viviendo como seres humanos falibles y con flaquezas en un mundo abatido y corrupto. Pero esta perfección, aunque no se define por nuestros actos externos, se define por nuestra relación con Dios —una relación de amor y obediencia que es satisfactoria en todo aspecto.

En un sentido, la perfección debe caracterizar cada fase de nuestra peregrinación. El término "perfección cristiana" técnicamente describe el estado de gracia de los que han sido bautizados con el Espíritu. Sin embargo, se basa en arrepentimiento perfecto, consagración perfecta, fe perfecta, y se mantiene mediante obediencia perfecta. Es razonable que se espere esto de nosotros, porque por la gracia divina es asequible a toda persona. Jesús "vino a ser autor de eterna salvación para todos los que lo obedecen" (Heb. 5:9). Pero ahora estamos usando el otro significado de *teleios*, "completo". Nuestro arrepentimiento, consagración y obediencia deben ser completos. ¿Por qué no habrían de serlo?

B. Amor Perfecto

Este término expresa el contenido esencial de la perfección cristiana. Es la perfección o carácter completo del amor. Una vez que nos demos cuenta de que Mateo 5:48: "Sed, pues, vosotros perfectos, como vuestro Padre que está en los cielos es perfecto", está en el contexto de una discusión sobre el amor del Padre, dejaremos de dar excusas y de sentirnos incómodos por este versícululo. No es un mandato para que seamos perfectos como Dios en todo aspecto, sino en uno solamente: Nuestro amor debe ser completo y universal como lo es el de Dios. Nuestro amor no es perfecto a menos que incluya al enemigo así como al amigo, pues sólo entonces es semejante al amor de Dios. Pero el término "amor perfecto" es también un modelo, en el sentido en que la "segunda bendición" (otro modelo) puede describirse en esta forma, sin afirmar que sea el único término para la segunda bendición, o que se le atribuya mayor significado del que debe tener. Cuando tratamos de extender demasiado el término, encontramos problemas como lo veremos en el próximo capítulo.

C. Investidura de Poder

Jesús mismo es quien asocia el don de poder con el bautismo con el Espíritu Santo: "Pero recibiréis poder cuando haya venido sobre vosotros el Espíritu Santo" (Hch. 1:8; véase Lc. 24:49). La conjunción adversativa "pero" presenta un definido contraste entre la clase de poder que los discípulos recibirían y los sueños de poder político que tenían. Tales sueños estaban implícitos en su pregunta: "Señor, ¿restaurarás el reino a Israel en este tiempo?" (v. 6). Jesús respondió que, aunque esa restauración visible de Israel estuviera finalmente en el plan de Dios, no tenía relación con su necesidad inmediata, o con el bautismo que les había prometido. La misión del Espíritu Santo sería establecer el gobierno del reino de Cristo en los corazones humanos, uno por uno, e investir a los discípulos de Cristo con el poder espiritual necesario para ser sus instrumentos en el cumplimiento de la tarea.

Por tanto, el propósito del poder fue equiparlos para su función como testigos de Cristo: "Y me seréis testigos". El sentido primario de *martus*, "testigo", como se usa aquí, es comunicación verbal. La misión de la iglesia es dar testimonio de la vida, muerte y resurrección de Cristo, no sólo respecto a los hechos puramente históricos, sino también en la interpretación de su significado para la salvación. La religión cristiana es una religión que habla; debe ser propagada, no con la espada, sino con la palabra hablada.

El poder prometido está relacionado a esta tarea en una forma doble. Primero, por el poder moral para hacerlo, como Pedro lo demostró ante la multitud. El tuvo palabras de verdad incisiva y amonestación aguda en lugar de palabras cobardes de negación. Segundo, por el impacto sobrenatural de las palabras en los oyentes. La causa de tal impacto no es la elocuencia o persuasión de las palabras mismas, sino la acción del Espíritu Santo en ellas y por medio de ellas. Este es el ungimiento indispensable que "hace que la predicación sea predicación", y que eleva aun las palabras vacilantes de un testimonio humilde a niveles inesperados de influencia.

En la Iglesia Primitiva, *martus* también llegó a significar "mártir", uno que testificaba de Cristo dando su vida, si era necesario.[13] Según Pablo, el martirio sin amor era al menos una posibilidad hipotética (1 Co. 13:3). Pero lo que él había visto en el primer mártir, Esteban, era algo completamente diferente. Era el poder increíble para enfrentar la muerte, con la gloria de Dios en el rostro, con perfecta serenidad en el corazón, y con una oración en los labios pidiendo el perdón para sus asesinos. Es más que probable que la demostración de tal poder fuera la bomba de tiempo de Dios en el alma torturada del joven Saulo.

Esteban ilustra una implicación más. El testimonio efectivo es, no sólo hablar y morir, sino vivir. Esteban no mostró una "gracia para morir" que hubiera recibido en el momento final, sino que fue el producto final de la gracia para vivir. Mucho mayor que el poder de los milagros vistos en el Pentecostés fue el poder de hombres y mujeres transformados. El verdadero poder del Pentecostés se demostró (y se demuestra) en el poder para ser santos en medio de la corrupción, para resistir infortunios no sólo con valor, sino triunfalmente, y para regocijarse por ser "tenidos por dignos de padecer afrenta por causa del Nombre" (Hch. 5:41; véase Ef. 5:18-21).

Aunque es verdad que los apóstoles "hacían muchas señales y prodigios" (Hch. 5:12), no hay evidencia de que fuera normativo entre los 120, o que el poder de hacer milagros se identificara alguna vez como evidencia de haber sido bautizados con el Espíritu Santo. La característica distintiva de la nueva dispensación no fueron los *carismata* (este poder les fue dado antes del Pentecostés, Mt. 10:1), sino el poder para vivir en santidad y para testificar efectivamente.[14]

D. Pureza de Corazón

La pureza es un estado de libertad de elementos prohibidos, nocivos y extraños. La pureza de corazón, por tanto, debe ser el estado del corazón libre de pecado. Puesto que Jesús sitúa la raíz del pecado (otro modelo) en el corazón, es obvio que para que los individuos gocen de la bendición de un corazón puro para "ver" a Dios (Mt. 5:8), sus corazones deben ser purificados por gracia. En este caso también debemos tener cuidado de no ser atrapados por definiciones demasiado estrechas.[15] El término "corazón" es un modelo (en algunos idiomas su equivalente es la palabra "hígado") que representa al hombre interno en las relaciones morales. El acento puede estar en la intención, el área del pensamiento, la conciencia, o los afectos dominantes más profundos. El "corazón" no es un elemento constitutivo de la naturaleza humana, sino una palabra descriptiva que se refiere a la calidad interna de la vida del yo.

Por tanto, la pureza de corazón es un estado interno satisfactorio para Dios. Pero si es así, el "corazón" debe haber sido purificado de culpabilidad, de inmundicia y de la tendencia al egocentrismo. Los actos pueden observarse, las palabras pueden oírse, pero los motivos e intenciones reales se esconden en el corazón. Por tanto, es sumamente significativa la expresión de Pedro, de que en el bautismo con el Espíritu Santo fueron purificados sus corazones (Hch. 15:9), y la pureza de corazón puede verse como un modelo que nos ayuda a entender el estado resultante del bautismo con el Espíritu Santo.[16] Sólo puede significar la remoción del pecado innato.

El libro de los Hechos abunda en evidencias de motivos y afectos purificados en la vida de los apóstoles y de todos los que experimentaron este bautismo. Se podría decir que el pensamiento de cada uno estaba sólo en Dios. La antigua rivalidad, el egoísmo, y el afán de autoprotección habían desaparecido. Por esta razón se estaba cumpliendo la Gran Comisión. Ellos se mostraban celosos de "buenas obras", porque conocían por experiencia el propósito de Cristo de "purificar para sí un pueblo propio" (Tit. 2:14). Habían sido purificados de aquel residuo de resistencia al señorío de Cristo, que es lo que acosa al cristiano de doble ánimo.

Juji Nakada, cofundador con Charles Cowman de la Sociedad Misionera Oriental, expresó gráficamente la relación de la pureza con el poder, y la relación de ambos con el bautismo con el Espíritu Santo. El escribió:

> No recibía satisfacción interna aunque buscaba sinceramente el "bautismo en el Espíritu Santo". Mientras lo buscaba, me di cuenta de que mi motivación era cuestionable. Lo buscaba simplemente porque quería ser un evangelista admirable. La "investidura de poder para el servicio" sonaba bien a mis oídos. En la Escritura poco a poco aprendí que lo que más necesitaba no era poder, sino pureza. Vi que mi corazón no era puro a los ojos de Dios... Cuando principié a buscar la santidad, muchos se opusieron, diciéndome que "mientras vivamos en este mundo no podremos estar libres de la naturaleza maligna". Pero pensé que si Dios no podía cambiar nuestra propensión, ¿en qué se distingue el cristianismo de otras religiones? Aun el budismo nos enseña a reprimir la vieja naturaleza. Lo que yo buscaba no era otra forma de represión, sino ser librado del pecado, la carnalidad que es enemistad contra Dios... Cuando me rendí completamente a El, contestó mi oración en forma definitiva y me "bautizó en el Espíritu Santo".[17]

E. Entera Santificación

Como modelo, este término contribuye a la comprensión global de nuestros privilegios en Cristo. Sugiere que hay un aspecto de la santificación que puede ser completo, así como hay un aspecto que permanece progresivo. Hay un estado de gracia al que podemos llegar con una experiencia definida, del que podemos estar seguros y del cual humildemente podemos dar testimonio. Hay siempre el peligro de que la conciencia quede adormecida en una ilusión de piedad por una actitud permanente de ansia, anhelo, y aun cierta clase de búsqueda. Tales personas se deleitan en aspirar a este estado de gracia, pero cuando alguien afirma haber tenido la experiencia, se ponen nerviosas. Con demasiada frecuencia la gente se conforma con la sensación de virtud al experimentar hambre sentimental de santidad, como substituto de la experiencia.

1. *Más allá de la Santificación Inicial*

El término "entera santificación" implica un estado previo de santificación parcial, y como hemos visto, eso es exactamente la santificación inicial. La exhortación de Pablo a los corintios implica la idea de santidad real pero parcial: "Así que, amados, puesto que tenemos tales promesas, limpiémonos de toda contaminación de carne y de espíritu, perfeccionando la santidad en el temor de Dios" (2 Co. 7:1). Implica santidad parcial al decir que los corintios estaban "en Cristo", sin embargo eran carnales, no espirituales (1 Co. 3:1-3). Implica santidad parcial por el deseo sincero de Pablo de que los creyentes tesalonicenses fueran santificados "por completo" (1 Ts. 5:23; "plenamente", *Biblia de Jerusalén*). Una santificación "por completo" difícilmente podría llamarse de otra forma, sino "entera". Y Pablo agrega la seguridad de que Dios, quien los ha llamado a esta santificación, es fiel y "lo hará" (v. 24).

2. *La Oración de Nuestro Señor*

Pero Pablo no fue el primero en desear la entera santificación de los discípulos. El Espíritu simplemente estaba dirigiendo a Pablo a imitar a su Señor, quien oró por ellos y por nosotros para que, tanto ellos como nosotros pudiéramos ser "verdaderamente santificados" (Jn. 17:19, *NVI*; véase vv. 17-20). Su santificación parcial previa es atestiguada por la declaración de Jesús de que no eran "del mundo, como tampoco yo soy del mundo" (v. 16). Antes había declarado: "Vosotros estáis limpios", y "yo soy la vid, vosotros los pámpanos" (15:3, 5). Hay muchas evidencias semejantes.[18]

¿Fue la oración de nuestro Señor en vano? ¿Recibió respuesta alguna vez? Si la recibió, ¿dónde y cuándo? De seguro que una lectura imparcial de las Escrituras nos lleva a la respuesta obvia —en el Pentecostés—. Por una parte, no podría considerarse accidental o insignificante la yuxtaposición de esta oración sacerdotal con su discurso sobre la venida del Espíritu Santo, el Consolador, quien haría mucho por ellos. Sería difícil suponer que no había conexión entre la promesa de Jesús respecto al Espíritu Santo, y su oración respecto a la santificación de los discípulos. Además, el cambio en ellos cuando fueron llenos con el Espíritu Santo, armonizó perfectamente con lo que la oración había predicho como respuesta.

"Santificar" (*hagiazo*, hacer santo) es un término categórico que significa, en esencia, separar para Dios o para una tarea santa y, por inferencia, separar del pecado. En el caso de los discípulos, el pecado principal del cual necesitaban separarse en forma evidente era el pecado de egoísmo, manifestado en insensibilidad, cobardía, pleitos e incredulidad. Sin la separación de este lado malo en ellos, la misión habría fracasado y la iglesia se habría convertido en una débil secta del judaísmo —si hubiera sobrevivido—. Pero afortunadamente (para nosotros y para ellos) esta clase de purificación fue precisamente la que experimentaron el Día de Pentecostés. Por tanto, en realidad no podemos separar la entera santificación del bautismo con el Espíritu Santo. Es más, nuestra entera santificación hoy depende tanto de la acción inmediata, personal y radical del Espíritu Santo como ocurrió con ellos. Esta es una dinámica interna, tan esencial en una experiencia real de la entera santificación, que no viene al caso hablar de distinciones entre prepentecostés y postpentecostés (2 Ts. 2:13).

3. *Consagración y Purificación*

A veces "santificar" equivale a "consagrar". Lo vemos, por ejemplo, cuando Jesús usó el mismo término para designar lo que El estaba haciendo voluntariamente para que la santificación de sus discípulos fuera posible. Mientras que Jesús se santificaba a sí mismo, le pedía al Padre que los santificara a ellos. La santificación efectuada por Dios es una purificación que nos lleva a la consagración perfecta; ocurre en respuesta a nuestra rendición para la purificación que nos lleva a la vida consagrada. La consagración perfecta no es posible hasta que nuestra decisión sincera de consagrarnos es contestada con la perfecta purificación divina. "La consagración perfecta sería santidad completa y absoluta. Los motivos son puros y el carácter es noble en quien está completamente dedicado al Señor su Dios, con 'todo su corazón, con toda su alma, con toda su mente y con todas sus fuerzas'".[19]

Nuestra consagración, por tanto, debe estar autenticada por la autopurificación de nuestra parte, de acuerdo a lo que sabemos y podemos hacer (2 Co. 7:1; Stg. 4:8; 1 Jn. 2:1); pero después de este punto, debe ser perfeccionada por la obra santificadora del Espíritu Santo (2 Ts. 2:13; 1 P. 1:2).

> A esto sigue, casi sin mencionarlo, que si usted aparta a una persona o cosa para el servicio de un Dios absolutamente santo, todo lo que deshonre a esa persona o cosa la hace indigna para que Dios la use. De aquí que, aunque el primer significado del término es separación, pronto "adquiere", como el Arzobispo Trench... señala, un "significado moral"; por tanto, la idea de purificación se agrega a la idea fundamental de separación. Si quiero separar un vaso para el servicio a Dios y ese vaso está sucio, no sólo tengo que apartarlo para el servicio de Dios, debo separarlo de la inmundicia que hay en él... Para que yo esté apartado para Dios, y santificado para el servicio de Dios, no es suficiente que yo sea apartado sin ninguna referencia a mi carácter intrínseco. El carácter mismo debe ser purificado de la contaminación que lo hace inadecuado para el servicio santo... (2 Ti. 2:21). Vemos entonces que la idea más profunda de renovación moral y espiritual sigue de cerca al primer significado de separación, y de hecho, surge de él.[20]

4. *Entera —Limitada y no Limitada*

El significado mínimo de "entera", como indicativo de la santificación que está disponible ahora, debe ser completa purificación de la mente carnal, a fin de que nuestra subsecuente vida de consagración sea aceptable, sin mácula, y no pueda ser afectada por la lucha interna. Pero este significado mínimo debe incluir también lo que incluye Pablo, la persona total. "Y todo vuestro ser, espíritu, alma y cuerpo, sea guardado irreprensible para la venida de nuestro Señor Jesucristo". O, como lo expresa Weymouth: "Que Dios mismo, quien da paz, os haga enteramente santos; y que vuestros espíritus, almas y cuerpos sean preservados completos, y sean hallados intachables en la venida de nuestro Señor Jesucristo". Por implicación esto incluye rendición total, entera confianza, completa disponibilidad, obediencia total. Pero se extiende sólo al estado sin culpa, que quiere decir libres de toda causa real para condenación. No es ausencia total de fallas, o tener total entendimiento, total madurez, o total habilidad en cuanto a las cosas de Dios. Tampoco es total semejanza a Cristo en términos de personalidad externa o cultura. Todavía se necesitan otros refinamientos y alteraciones, lo que significa que en el sentido más amplio del término, continúa el proceso de santificación.

NOTAS BIBLIOGRÁFICAS

1. El hecho de que otros términos que denotan esta experiencia se usen más comúnmente en literatura del Nuevo Testamento de un período posterior, en ninguna forma contradice esto.

Una declaración típica de la relación de la entera santificación con el bautismo con el Espíritu es: "Es efectuada por el bautismo con el Espíritu Santo y encierra en una sola experiencia la limpieza del corazón de pecado, y la presencia permanente del Espíritu Santo, dando al creyente el poder necesario para la vida y servicio" (*Manual*, Iglesia del Nazareno). La Iglesia Wesleyana declara: "La entera santificación es efectuada por el bautismo del Espíritu Santo que purifica el corazón del hijo de Dios de todo pecado innato por medio de la fe en Cristo Jesús". La declaración de la Iglesia Metodista Libre dice: "La entera santificación es aquella obra del Espíritu Santo, subsecuente a la regeneración, por la que el creyente completamente consagrado, ejercitando la fe en la sangre expiatoria de Cristo, es purificado en ese momento de todo pecado interno e investido de poder para el servicio". La Iglesia Evangélica de Norteamérica y otros grupos wesleyanos tienen credos similares.

2. Aun puede significar "por" como en 1 Corintios 12:13, una posible séptima referencia. El significado del bautismo en relación al Espíritu, en este caso, no es muy claro y está sujeto a debate (véase *ESC*, 1:158). En cuanto a "en", William Douglas Chamberlain dice: "El significado correcto de esta preposición puede obtenerse sólo a la luz del contexto" (*An Exegetical Grammar of the Greek New Testament* [New York: Macmillan Co., 1960], p. 119). Compárese con *ESC*, 1:105, nota 5; y Grider, *Entera santificación*, p. 141.

3. En realidad, el nominativo "bautismo con el Espíritu" es una adaptación necesaria del lenguaje, pues sólo se usan verbos en los seis textos pertinentes.

4. Un análisis muy útil de los diferentes nombres con que se hace referencia al Espíritu Santo en el Nuevo Testamento, en relación a las dos obras de gracia, puede hallarse en Leslie D. Wilcox, *Be Ye Holy* (Cincinnati: Revivalist Press, 1965), pp. 53-65. Compárese con *Dios, hombre y salvación*, pp. 510-11.

5. Profesor "Nolloth" de Filosofía de la Religión Cristiana en Oxford, y Obispo de Durham. Alden Aikens ha discutido el concepto de "modelo" en el ensayo *"Wesleyan Theology and the Use of Models"*, *Wesleyan Theological Journal*, otoño 1979, p. 64. Las obras de Ramsey citadas incluyen *Models and Mystery* (London: Oxford University Press, 1964), p. 6, y *Christian Discourse* (London: Oxford University Press, 1965), p. 44.

6. Hay una diferencia entre "modelo" y tipo, símbolo o metáfora, aunque "modelo" se aproxima más a esta última.

7. En su ensayo, Alden Aikens documenta el hecho de que Wesley fue el "cabecilla" de ese notorio grupo de "pensadores [del pecado] como cosa". Usó expresiones tales como "residuos de pecado" que son "quitados", que todo el pecado es "destruido por completo", etc. Sin embargo, según Aikens, críticos como E. H. Sugden están equivocados al inferir, por esta terminología, que Wesley creía que el pecado innato era un "cáncer o un diente careado". Estas son expresiones

figuradas con las que Wesley intentó afrontar la realidad de la condición. Aikens comenta: "El pecado es real y afecta tan profundamente a las personas que para aproximarse siquiera a una comunicación adecuada de su realidad, debemos, en un sentido, considerarlo 'cosa'. Debemos usar palabras que sugieran la naturaleza del pecado como 'cosa', dándonos cuenta al mismo tiempo de que estamos usando modelos, palabras que indican 'similitud con una diferencia'. Somos humanos, y al menos por ahora estamos sujetos a un mundo empírico, y los modelos nos permiten llegar a una revelación significativa de las realidades espirituales. Y vemos que la gracia de Dios es tan efectiva al tratar con la necesidad profunda del hombre, que cuando trata con ella, es como si arrancara una raíz o destruyera una cosa maligna; así de poderosa y efectiva es la gracia de Dios". Laurence Wood apoya esta idea; compárese su discusión en *Pentecostal Grace*, p. 168; véase también Grider, *Entera santificación*, pp. 25-26.

8. *Manual*, Iglesia del Nazareno. En la declaración doctrinal (Artículo X), el título no es "Bautismo con el Espíritu Santo", sino "La Entera Santificación".

9. *Telos* y sus términos afines aparecen aproximadamente 150 veces, además de *katartizo*, que también se traduce "perfeccionar".

10. Véase artículo de Delling, *Theological Dictionary of the New Testament*, ed. Gerard Friedrich; trad. Geoffrey W. Bromiley (Grand Rapids: Wm. B. Eerdmans Publishing Co., 1972), 8:67-68.

11. *Works*, 11:394-395.

12. *Ibid.*, 6:411-412.

13. El proceso por el que *martus* vino a significar "mártir" es explicado por H. Strathmann en *Theological Dictionary of the New Testament*, 4:504.

14. La enseñanza de Keswick y Moody sobre el bautismo con el Espíritu Santo, no es errada al hacer énfasis en el poder, a menos que sea a expensas de la purificación del corazón. Véase R. A. Torrey, *Why God Used D. L. Moody* (reimpreso en 1973 por el Departamento de Evangelismo, Asbury Theological Seminary, Wilmore, KY).

15. Es significativo que Jesús ubique esta corrupción interna en el corazón, en contraste con el estómago. Cuando Él negó el poder de corrupción de lo que entra al estómago y sale del cuerpo, demostró la gran separación moral entre el cuerpo como organismo biológico y el hombre interno que piensa y escoge. Lo que estaba diciendo era: "El problema de la corrupción no está allí, sino aquí". Él cambió del preciso término empírico "estómago", que quería decir el órgano digestivo, al "corazón" —que no significaba el órgano que hace circular la sangre—. Usó "corazón" como un modelo del espíritu, y al hacerlo, cambió del lenguaje literal al figurado.

16. Algunos han limitado la purificación del corazón en el testimonio de Pedro (Hch. 15:8-9) al perdón de los pecados, o a la "purificación" de la expiación. Para ello se basan en que el término es un participio aoristo y, por tanto, significa "habiendo purificado sus corazones por la fe". El manejo cuidadoso de los muchos participios aoristos en Hechos es indispensable para una exégesis sana —y debe hacerse en forma más consistente—. Pero en este caso la precedencia temporal no es aplicable, porque la palabra principal "dándoles" ("dándoles el Espíritu Santo") es también participio aoristo. Tomar en cuenta el tiempo gramatical en este caso resultaría en: "Dios, que conoce el corazón, demostró que los había aceptado, habiéndoles dado el Espíritu Santo, y no hizo distinción entre nosotros y ellos, habiendo purificado sus corazones por la fe". Por tanto, el purificar y el dar el Espíritu Santo son simultáneos. La purificación es la respuesta a la promesa descriptiva de Juan el Bautista de un bautismo simbolizado por el fuego purificador. El símbolo del fuego se posó sobre cada uno de los presentes en el gran Día de Pentecostés. Pedro lo interpretó como prototipo de esta bendición. En lo que respecta al perdón de los pecados,

El Bautismo con el Espíritu Santo: La Entera Santificación / 171

la suposición de que los discípulos no fueron perdonados hasta el Día de Pentecostés, sería muy difícil de sostener, en vista de la abundante evidencia que indica lo contrario.

17. *OMS Outreach* (Greenwood, IN), junio 1979. Al relacionar el poder con la pureza, J. Paul Taylor dice mordazmente: "Simón el mago tendría que morir completamente a Simón el mago para tener el don de poder. El hombre impío procuraría controlar el poder para alcanzar sus propios fines; el hombre santo es controlado por el poder para conseguir los fines de Dios. El Espíritu Santo viene en su plenitud para usarnos, no para ser usado por nosotros" (*Holiness, the Finished Foundation*, p. 108). El capítulo entero es una discusión excelente sobre la relación del poder y la pureza, y su relación con el amor.

18. Rudolf Steir, escritor británico del siglo XIX, dice de la santificación parcial de los discípulos: "De hecho, en tanto ellos sean puros por la palabra que recibieron (Jn. 15:3) y Cristo viva en ellos por la fe, que implica renuncia al mundo, ya son santificados en el sentido de 1 Corintios 6:11, pero esto no es suficiente para el *hagiason* que aún está reservado, que debe explicarse de acuerdo con 2 Corintios 7:1; Hechos 26:18; y 20:32" (*The Words of the Lord Jesus* [Edinburgh: T. and T. Clark, 1863], p. 486).

19. *Great Texts of the Bible*, ed. James Hastings (Grand Rapids: Wm. B. Eerdmans Publishing Co., s.f.). 12:294-295.

20. *Ibid.*, p. 301. Por tanto, la tendencia de algunos de equiparar consagración y santificación "en forma total" es incorrecta y peligrosa, pues reduce la santificación a un acto del creyente, sin reconocer debidamente la santificación como un acto de Dios en el creyente y sobre el creyente. Véase el prefacio de *RSV* (1952), p. viii.

9

La Experiencia de la Santidad del Corazón

Aunque el mandato "sed llenos del Espíritu" (Ef. 5:18) implica una continua vida llena del Espíritu, también implica un inicio: "Casi todos los cristianos quieren ser 'llenos del' Espíritu", dice A. W. Tozer. "Sólo unos cuantos quieren ser 'llenados con' el Espíritu".[1] Esta es la tendencia humana de desear resultados sin cumplir los requisitos y sin enfrentar crisis. Pero debe haber un momento cuando se reciba el Espíritu en su plenitud; en otras palabras, cuando se experimente el "bautismo con el Espíritu".

I. Requisitos que Debemos Cumplir

Una enseñanza básica del Nuevo Testamento es que la llenura santificadora del Espíritu es un regalo que recibimos simplemente por la fe. Sin embargo, sería un grave error deducir que por cuanto la bendición es un don, no hay requisitos que cumplir. Las instrucciones bíblicas: "Presentaos vosotros mismos a Dios" (Ro. 6:13), "que presentéis vuestros cuerpos" (12:1), "limpiémonos de toda contaminación" (2 Co. 7:1), y "vosotros los de doble ánimo, purificad vuestros corazones" (Stg. 4:8; véase 1 Jn. 3:3), son amonestaciones dirigidas a los creyentes, y se relacionan con nuestra santificación. Por tanto, es un error suponer que no hay metodología en el Nuevo Testamento.

Aun los discípulos recibieron instrucciones precisas del Señor: "Quedaos vosotros en la ciudad... hasta que seáis investidos de poder desde lo alto" (Lc. 24:49). Pero también dio instrucciones específicas el Día de Pentecostés, con las cuales podrían cumplir los requisitos para recibir el mismo Espíritu Santo prometido (Hch. 2:38).

No obstante, el libro de los Hechos no sugiere que el período de espera de 10 días antes del Pentecostés sea la norma para los tiempos postpentecostales. El derramamiento del Espíritu sobre Cornelio y sus amigos en Samaria, y sobre los discípulos en Efeso, estuvo relacionado con instrucción, oración e imposición de las manos. El resultado parece sencillo y directo. El Espíritu Santo ya había sido derramado dispensacionalmente; ahora su plenitud estaba siempre disponible en forma personal e individual. Sin embargo, podemos suponer razonablemente que hubo una preparación espiritual esencial para recibir la bendición. Asimismo pudo haber transcurrido más tiempo, y quizá tuvieron mayores luchas espirituales de las que registran los relatos. Aun la preparación de Cornelio tuvo un antecedente de oración, limosnas y obediencia. El tenía una actitud de fe, y Dios, "que conoce los corazones" (*kardiagnostes*) respondió dándole el don santificador del Espíritu.[2]

Es significativo que cuando guías espirituales competentes, tanto keswickianos como wesleyanos, han tratado de preparar instrucciones específicas, éstas han sido notablemente similares. Las instrucciones de A. W. Tozer son: (*a*) Rendirse (Ro. 12:1-2). (*b*) Pedir (Lc. 11:13). (*c*) Obedecer (Hch. 5:32). (*d*) Creer (Gl. 3:2).[3] Harold Ockenga menciona los siguientes pasos: (*a*) Confesión de vivir en un estado carnal. (*b*) Consagración. (*c*) Oración. (*d*) Fe. (*e*) Obediencia.[4] J. A. Wood, en su clásico libro *Amor perfecto*, resume los pasos preparatorios hacia la fe con las siguientes preguntas:

1. ¿Veo yo claramente mi pecado innato y mi necesidad de la santidad?
2. ¿Estoy listo, anhelante y resuelto para obtenerla?
3. ¿Estoy listo para rendir mi todo a Dios —es decir, mi yo, mi familia, mi propiedad, mi reputación, mi tiempo, mis talentos, todo— para ser suyo, entregado a El, usado para El, y nunca ser retirado o quitado de El?
4. ¿Creo yo que El puede santificarme?[5]

A. Arrepentimiento en los Creyentes

En esencia, es válida la insistencia de Wesley en un arrepentimiento profundo en el creyente para que la fe tenga la profundidad que debe tener (aunque puede debatirse si la palabra "arrepentimiento" es adecuada en este caso). Este arrepentimiento, dice, es "enteramente diferente" del que conduce a la conversión, porque "implica que no hay culpabilidad, ni sentido de condenación, ni conciencia de la ira de Dios". Es más bien una profunda convicción de necesidad.

Es propiamente convicción, efectuada por el Espíritu Santo, en cuanto al pecado que permanece todavía en nuestro corazón; de... la mente carnal, que "todavía queda" (como dice nuestra iglesia), "aun en los que son regenerados"; aunque ya no gobierna; no tiene ahora dominio sobre ellos. Es convicción de nuestra propensión al mal, de un corazón inclinado a la apostasía, de la todavía continua tendencia de la carne a la concupiscencia en contra del espíritu [sic]... Es convicción de la tendencia de nuestro corazón a la obstinación, al ateísmo o a la idolatría; y sobre todo, a la incredulidad, por la que en miles de formas, y bajo miles de pretextos, siempre estamos apartándonos del Dios viviente.[6]

No es que seamos santificados por este "arrepentimiento", en especial si se convierte en mero autocastigo. "Menoscabar" el yo es saludable sólo cuando lleva a la fe que, para recibir la pureza, se entrega a la misericordia y gracia de Dios en forma tan completa como lo hizo para recibir el perdón.

B. Primacía de la Oración

Con la posible excepción de los efesios (Hch. 19:1-6), cada caso de bautismo con el Espíritu, o de ser llenos nuevamente con el Espíritu, que se menciona en Hechos, estuvo asociado con la oración. Esto concuerda con la promesa de Cristo, de que el Padre daría el Espíritu Santo a los que "se lo pidan" (Lc. 11:13). Si no pedimos, no recibimos. La necesidad de la oración implica varios principios básicos: Es reconocer que la santidad es la obra de Dios en el alma; si Dios no actúa, nunca seremos santos. Además, es reconocer la naturaleza de la plenitud del Espíritu como un don de gracia. Es una experiencia y una relación que no se puede conseguir, merecer o ganar. Se obtiene sólo al acudir a su fuente, el Dios trino.

Es más, la oración implica la necesidad de la iniciativa humana. No es suficiente que el creyente sea pasivamente receptivo, que esté listo para ser lleno del Espíritu si lo decide Dios, y cuando El lo decida —sin que él tenga que hacer nada—. La plenitud del Espíritu es un don elevado y precioso que está a la disposición sólo de quienes lo deseen lo suficiente para pedirlo en forma específica y sincera, y si es necesario, con persistencia.

C. Intensidad del Deseo

La promesa de la plenitud y la declaración de la bendición deben interesar no sólo a los pecadores que "tienen hambre y sed" (Mt. 5:6) de justicia en la obra de justificación, sino también a los creyentes que tienen hambre y sed de la rectitud interna de la santidad. Esto es natural, puesto que la regeneración imparte amor por la santidad y da lugar a una tensión interna con el residuo de pecaminosidad, la que en forma gradual se vuelve sumamente angustiosa. Si el cristiano procura alcanzar la meta de andar más cerca de Dios, y alcanzar un mayor grado de victoria personal, llegará a aborrecer la corrupción interna. Al fin llegará a un estado de desesperación santa del alma que sencillamente rehúsa continuar sin la purificación. Este intenso deseo lo obligará a buscarla con sinceridad y decisión.

Sólo tal intensidad del deseo vencerá la pasividad que tiende a llevarnos a la deriva o a posponer toda acción; disipará el temor humano que nos hace retroceder ante las burlas de quienes objetan la santidad; o disipará el orgullo paralizante que lucha contra la humillación de buscar abiertamente la purificación, y que procura proteger la reputación y la profesión religiosa. Además, sólo este deseo profundo y este propósito vencerán el prejuicio teológico, dejarán de lado las preguntas "intelectuales", e impedirán que nos ocultemos detrás de falsos maestros.

Desafortunadamente con demasiada frecuencia el deseo necesario se disipa por el abandono de principios y la mundanalidad. El resultado es apostasía completa, o conformismo con una existencia espiritual débil, sin crecimiento y árida. Para evitar tal caricatura miserable de la religión cristiana, debemos instar desde el principio al nuevo convertido para que cultive sensibilidad a la dirección del Espíritu hacia nuevas perspectivas de verdad y privilegio.

D. Consagración

Esta es la presentación decisiva del yo a Dios para el sacrificio o servicio, de acuerdo con Romanos 12:1-2.

1. *Dedicación*

La consagración es un acto hecho con estudiada deliberación, con plena conciencia de las implicaciones, y sin reserva alguna. Es categórica, decisiva y final. Incluye sumisión a Dios en cuanto al lugar adonde nos envíe y el trabajo que nos dé. Es un compromiso de obediencia ilimitada, al punto de ser "obediente hasta la muerte, y muerte de cruz" (Flp. 2:5-8). Es la rendición a Dios de todos los derechos sobre nuestra vida. Significa "poner en el altar" nuestras circunstancias presentes y futuras —maritales, económicas, eclesiásticas y sociales— con el compromiso de ser santos, pese a las consecuencias, el costo o el dolor involucrados.

Además, la consagración acepta las demandas completas de la mayordomía total: Yo no soy el dueño, sino Dios; no busco mi gloria, sino la de El; no deseo provecho propio, sino el avance de la iglesia; no quiero "usar" a Dios, sino ser usado por El. Es imposible que una persona consagrada luche continuamente con Dios sobre asuntos de mayordomía como el diezmo.

Es más, la consagración es activa así como pasiva. No es sólo decir: "Hágase tu voluntad" en mí y para mí, sino por mí, y a través de mí. Con este fin, la persona consagrada estará activamente dedicada a discernir la mente de Dios, activamente dedicada a desarrollar sus capacidades para un mayor servicio, y activamente dedicada ahora mismo a buscar a los perdidos. No será un espectador indolente que deje que sólo los demás oren, se sacrifiquen y trabajen.

2. *Concentración*

La consagración, además, por su naturaleza misma, demanda concentración. La persona santa puede tener muchos y variados intereses, pero todos están centrados en el interés supremo, Cristo. Los demás intereses no sólo son secundarios, sino prescindibles. Las actividades que en nada contribuyen a la gloria de Dios serán discretamente dejadas de lado. Puesto que nadie puede hacer todo lo que es legítimo y fascinante, o todo lo que sería capaz de llevar a cabo, el cristiano consagrado se concentrará en lo principal. Y su sentido espiritual, iluminado por el Espíritu, le señalará sin equivocación cuáles son las cosas principales. Una persona consagrada tiene sus prioridades en orden y las conserva así (Mt. 6:33).

La consagración respecto a los negocios implica prioridad de las personas sobre las ganancias. Implica prioridad de los valores espirituales sobre los valores materiales. Por tanto, da lugar amplio a la oración, a la Palabra de Dios, a la casa de Dios y a la obra de Dios. El cristiano consagrado se siente satisfecho con las consecuencias, aunque signifique ganar menos dinero y ocupar un puesto inferior. Esos "sacrificios" insignificantes no lo perturban en absoluto.

3. Muerte

La consagración es superficial si no toca la vena yugular de la naturaleza del yo. Tradicionalmente tanto los escritores wesleyanos como los keswickianos han dado mucha importancia al concepto de la crucifixión del yo. En parte se basa en la idea de que cuando Pablo testificó: "Con Cristo estoy juntamente crucificado" (Gl. 2:20), quiso expresar más que una identificación posicional con la cruz, de la que él era beneficiario. Dio a entender también una realidad subjetiva por la que él personalmente experimentó una crucifixión. Esta interpretación es confirmada por lo que sigue: "Y ya no vivo yo, mas vive Cristo en mí".

¿Cuándo "murió" Pablo? ¿Acaso esos tres días en Damasco, antes que Ananías llegara, no lo llevaron a una verdadera muerte al yo? En el camino a Damasco se rindió a Jesús como el Mesías, y dijo: "¿Qué haré, Señor?" (Hch. 22:10). Luego, solo, se enfrentó a lo que significaría una confesión pública como discípulo de Cristo. El había sido la esperanza preciada del sanedrín, el "joven más valioso". Todo honor y posición de poder posibles —exceptuando el sacerdocio— estaban a su alcance. Al contemplar el costo, vio que de pronto se destruían sus ambiciones personales, sus sueños como un joven judío celoso, su prestigio e influencia en la nación judía, todo lo que él consideraba de valor. Esto es, si decidía seguir adelante en vez de retroceder. Hubiera podido decir: "Jesús, te reconozco como Mesías, y prometo no perseguir más a tus seguidores. Pero me alejaré quietamente y me aislaré a un refugio de fe secreta". Sin embargo, escogió "morir". Aprendió el significado de las palabras de Jesús: "Si el grano de trigo que cae en la tierra no muere, queda solo, pero si muere, lleva mucho fruto" (Jn. 12:24; ver Flp. 3:4-10; Hch. 20:24).

Se dice que cuando a George Mueller de Bristol se le preguntó el secreto de su valioso servicio, contestó: "Si Dios ha podido usarme, ha sido porque un día, siendo apenas un recién convertido, morí. Morí a George Mueller —a sus preferencias y planes. Morí al mundo, con sus alabanzas o culpas. Morí a todo, excepto a la voluntad de Dios".

Clarence W. Hall describe gráficamente la "ruta de muerte" de Samuel Logan Brengle, quien quedó horrorizado por el enorme "yo" que descubrió en sí mismo. Brengle dijo:

> Vi la humildad de Jesús, y mi orgullo; la mansedumbre de Jesús, y mi temperamento; la humildad de Jesús, y mi ambición;

la pureza de Jesús, y mi corazón inmundo; la fidelidad de Jesús, y lo engañoso de mi corazón; el desprendimiento de Jesús, y mi egoísmo; la confianza y fe de Jesús, y mis dudas e incredulidad; la santidad de Jesús, y mi falta de santidad. Quité mis ojos de todos, excepto de Jesús y de mí mismo, y llegué a aborrecerme.[7]

La lucha se enfocó en la ambición de Brengle de ser un gran predicador. "Consideremos cuidadosamente esta batalla interna", escribe el biógrafo Hall. "Noten los argumentos sutiles del 'yo' y vean cómo el Espíritu acaba progresivamente con ellos". Continúa Hall:

> Si fuera un gran predicador, se dice Brengle a sí mismo, él podría reflejar mejor la gloria para Dios; ¿acaso no es glorificar a Dios el principal fin del hombre? La Luz lo alumbra para demostrarle que Dios puede ser glorificado mejor cuando ganamos almas para El.
>
> De acuerdo, acepta Brengle; mientras más almas sean salvadas, mayor gloria para Dios. De aquí que, para salvar a muchos, él debe tener un ministerio amplio e influyente. Otra vez lo alumbra la Luz, y al ver que su "yo" aún está presente en todas sus aspiraciones, Brengle se rinde: "Señor, si me santificas, aceptaré el puesto más humilde y pequeño que haya".
>
> Hasta aquí todo está bien. No obstante, aún queda en él algo del "yo". Piensa que aunque sus feligreses serán pocos, él todavía puede ser un orador poderoso y elocuente, edificando su pequeño segmento del reino de Dios por medio de la fuerza de su retórica y las cadencias de su voz. Sin embargo, otra vez lo alumbra la Luz; y vemos el gesto final que vacía sus manos al arrojar el último ápice de su "yo". Escuchen: "Señor, quería ser un predicador elocuente, pero si balbuceando y tartamudeando logro rendirte mayor gloria que con mi elocuencia, entonces permite que balbucee y tartamudee".[8]

Así su sueño más preciado fue puesto finalmente "en el altar". Durante su gran ministerio, él, en efecto, predicó con elocuencia; pero el toque del fuego de Dios estuvo en su predicación, porque Brengle había muerto a ella.

Harold Ockenga conjetura que durante los días de oración, antes del Pentecostés, entre los discípulos hubo mucho que corregir, confesar y consagrar. Selecciona a Pedro como un posible ejemplo. El jueves, sugiere Ockenga, la mente de Pedro estaba distraída con pensamientos en cuanto a su negocio de pesca y sus contratiempos familiares. No podía orar "bajo ellos, sobre ellos, ni alrededor de ellos, porque ocupaban el centro de su atención. Finalmente, en desesperación, consagró al Señor sus redes, sus intereses en la industria de la pesca, y después pudo orar". El viernes, el Señor le habló acerca de su suegra; tuvo que orar por ella hasta tener la seguridad de que el problema estaba resuelto. El sábado luchó con la idea de dejar su bien situada casa con vista al mar de Galilea. "Finalmente, lo entregó todo en oración: Consagró su casa, aceptó llevar a su esposa con él, tanto en pobreza como en abundancia, y trabajar con el único propósito de dar la gloria a Dios". El domingo tuvo que morir su ambición personal de ser "jefe". El lunes, Pedro confesó "su propia irritación y resentimientos hacia Jacobo y Juan, por haber querido sentarse a la derecha y a la izquierda del Señor en su reino; confesó sus negaciones, sus flaquezas, su indignidad, y su necesidad de la purificación e investidura de poder del Espíritu Santo. Otros apóstoles hicieron lo mismo. Hubo un momento de reconciliación...". Y así siguió la semana.[9] Cuando llegó finalmente el Día de Pentecostés, no sólo estaban "todos unánimes juntos" en un lugar físico, sino espiritualmente. Estaban listos.

II. El Catalizador de la Fe

A. El Lugar de la Fe

La Biblia indica de varias maneras que recibir al Espíritu, con su poder santificador, depende de nuestra fe (Hch. 15:8-9; 26:18; Gl. 3:2, 14; Ro. 5:2; Ef. 3:17; 1 Ts. 3:10 junto con 5:23-24). Jesús generalmente declaró que la fe es necesaria, tanto para bendiciones físicas como espirituales. "Conforme a vuestra fe os sea hecho" (Mt. 9:29) es un principio fundamental. Jesús desafió al preocupado padre a creer sin ver "señales y prodigios" (Jn. 4:48-50), y alabó al centurión por estar dispuesto a confiar sólo en la palabra de Jesús (Mt. 8:5-10).

Cuando Pedro declaró a la asamblea en Jerusalén que sus corazones habían sido purificados "por la fe" (Hch. 15:8-9), estaba afirmando una purificación que no dependía de las obras de la ley mosaica (representada por la circuncisión). Era, más bien, una purificación asequible ahora en respuesta a una fe sencilla —una fe que podía alcanzar el poder del Espíritu con este objetivo inmediato—. Por implicación, el testimonio de Pedro quiere decir que así como la justificación es provista por gracia como un don, y nos apropiamos de ella mediante una fe sencilla, así, precisamente, la santificación se obtiene por la fe —no por obras, disciplina, tiempo o crecimiento.

La fe, sea fe justificadora o fe santificadora, es una clase particular de actitud hacia Dios. Es (1) creer que Dios ha hablado, suprema y finalmente en su Hijo, pero también en su Palabra escrita, la Biblia, y que este Libro es todavía la Palabra de Dios, por medio de la cual entendemos su voluntad. Pero fe es también (2) una actitud de completa confianza en la integridad de Dios —su fidelidad en cumplir su Palabra—. Por eso la incredulidad es pecado, el pecado de difamación; y tal incredulidad hace imposible agradar a Dios (Heb. 11:6). La raza humana se alejó de Dios al dudar de su Palabra. No hay manera de regresar a El sin creer en su Palabra. La fe cristiana, por tanto, es creer lo que Dios dice en su Palabra acerca de Cristo, la cruz, el Espíritu Santo y la santidad; y lo que El ha prometido respecto a nosotros. Es con tal fe que nos acercamos a Dios en humildad para pedir la entera santificación.

No obstante, la Biblia no enseña que nuestra fe sola efectúe la santificación. Nuestra santificación también es adscrita a la Palabra (Jn. 17:17; Hch. 20:32); a la sangre de Cristo (Jn. 17:19; Ef. 5:25; Heb. 13:12; Tit. 2:14); y más directamente al Espíritu Santo (2 Ts. 2:13; 1 P. 1:2). En ocasiones los teólogos han dicho que la voluntad del Padre es la causa originadora de nuestra santificación, que la sangre de Cristo es la causa procuradora, que la Palabra de Dios es la causa instrumental, y que el Espíritu Santo es la causa eficiente. La fe, entonces, es la causa condicional, la respuesta voluntaria de confianza que hace posible la realización de las provisiones y los actos del Dios trino en nuestros corazones. Fe es la condición, en el sentido de que la Palabra, la sangre de Jesús y el Espíritu de nada servirán si no creemos.

B. El Enigma de la Fe

La relación exacta de la fe con la experiencia —en especial con el "testimonio del Espíritu"— es difícil de explicar. Juan Wesley sostenía que somos santificados cuando creemos, pero no instruía a los creyentes que confesaran la bendición sin tener seguridad.[10] En correspondencia con un amigo suyo hizo esta sorprendente declaración: "Sostengo firmemente que todo hombre puede creer si lo desea; no obstante, niego por completo que pueda creer cuando lo desee". Esto tiene sentido sólo si él quería decir que la voluntad para creer debe ser investida por el Espíritu, quien es el único que sabe cuándo está lista la persona. Wesley sabiamente agregó: "Pero siempre habrá algo en el asunto que no podremos comprender o explicar bien".[11]

Nuestro concepto de la obra por la que ejercitamos la fe determinará, hasta cierto grado, nuestra comprensión de la dinámica de la fe. Si vemos la entera santificación simplemente como una relación, el ejercicio de la fe es confiar que Dios acepta la entrega de nosotros mismos —una suposición relativamente fácil—. Pero si percibimos la entera santificación (como Wesley la percibía), como un cambio subjetivo real, efectuado instantáneamente por el Espíritu —una "circuncisión" espiritual—, entonces es más difícil entender cómo trabaja la fe, porque en este caso la fe no es el agente de poder; ese agente es el Espíritu. La fe es más bien la actitud y acción que recibe el Espíritu para realizar este cambio interno. Pero la complejidad se profundiza, pues aquí también hay dos posibilidades:

a. Si entendemos la obra de santificación como un cambio interno, esto es, en la naturaleza, por debajo del área de la conciencia, hay base para pedir audazmente la bendición sólo por la autoridad de las promesas y de la fidelidad divinas: "Creo que Dios hace lo que le pido, y mis sentimientos en el asunto no vienen al caso". Charles G. Finney parece expresar este punto de vista cuando dice: "Recibir al Espíritu Santo es aceptarlo como nuestro *Parakletos*, nuestro consolador, guía, instructor".[12] Repetimos: No hay "circunstancia alguna en que se encuentre el hombre en que no pueda entrar de una vez al descanso, afirmándose con simple fe en las promesas de Dios".[13]

b. Si, por el otro lado, percibimos la entera santificación como un cambio que forzosa o invariablemente incluye el área de la conciencia, se comprende que el intento de creer no será más que una actitud de expectación, hasta que la conciencia sea inundada por la seguridad. Una interpretación recalca el conocimiento inductivo que se deriva de la confianza en la Palabra de Dios; la otra recalca el conocimiento de la experiencia, o sentimiento.

1. *La Fe de Expectación*

Pedro dice que los 120 en el Pentecostés y los de la casa de Cornelio fueron purificados "por la fe". ¿Cuándo y cómo ejercieron esta fe? O ¿qué clase de fe era? En ambos casos fue primordialmente la fe de obediencia, que dio como resultado la fe de expectación y receptividad. En ningún caso hubo una visión mental, clara, de lo que debían esperar. Hubiera sido sicológicamente imposible que ellos profesaran la plenitud del Espíritu, porque no hubieran tenido idea de lo que estaban profesando. Para ellos, la fe de seguridad sólo pudo coincidir con la irrupción dramática e inequívoca de la experiencia consciente. Jesús les había ordenado a los discípulos: "No salgáis... sino esperad", y ellos esperaron. Pero fue una espera en fe —de confianza segura en que la promesa de Jesús se cumpliría—. Cornelio también ejemplifica esta fe de expectación. Obedeció al ángel al mandar que buscaran a Pedro; después escuchó con confianza total de que Dios satisfaría su necesidad por medio del mensaje de Pedro. La fe de expectación debe ser al mismo tiempo la fe de obediencia.

La enseñanza de Wesley acerca de la fe parece apoyar la fe de expectación, a pesar de su énfasis en el "ahora". Al contestar la pregunta: "¿Pero cuál es esa fe por la que somos santificados (salvos del pecado y perfeccionados en amor)?", Wesley elabora el siguiente sumario de cuatro puntos:

a. "Es una evidencia divina y convicción... de que Dios lo ha prometido en las Sagradas Escrituras".

b. "Es una evidencia divina y convicción... de que Dios es capaz de cumplir lo que ha prometido".

c. "Es... una evidencia divina y convicción de que El es capaz y quiere hacerlo ahora".

d. "A esta confianza... hay que añadir una cosa más, una evidencia divina y convicción de que El lo hace. En ese momento está hecho".

El insiste en que "hay una conexión inseparable entre estos tres puntos: Espérela por fe, espérela tal como está, y espérela ahora". Pero no cambia la palabra "esperar", aunque hable del "ahora". No dice: "Confiésela ahora".[14]

2. *La Fe Apropiadora*

Esta es el acto deliberado de pedir la plenitud del Espíritu, y que resulta en aceptar la bendición sólo en base a la promesa divina. James Oliver Buswell, hijo, relata la experiencia de James A. Gray. Cuando éste era un ministro joven, suponía que ser lleno del Espíritu Santo era tener una gran experiencia emocional. Cuando se convenció de que la clave era una fe sencilla, "oró que Dios lo llenara con el Espíritu", después "sencillamente creyó que Dios honraría su promesa", y siguió adelante sin "emoción especial alguna". Pero pronto sus colegas principiaron a notar una diferencia en él. Dijeron: "Eres un hombre nuevo... Hay un poder espiritual en tu ministerio que no tenías antes".[15]

La Experiencia de la Santidad del Corazón / 183

Aquí opera cierta lógica que, si no tenemos cuidado, puede restar valor al testimonio directo del Espíritu. Es la inferencia de que la fe en un testimonio no demanda un segundo testimonio. Si la fe se basa directa y firmemente en la Palabra de Dios, se contenta con ello. La Palabra se convierte en el testimonio. En realidad esta es una base sólida. No obstante, la confianza no está en la Palabra como un poder independiente —eso sería bibliolatría—, sino en el Dios de la Palabra. Nuestra fe está puesta en las promesas sólo porque confía en el Prometedor. Esto reconoce que la Biblia no puede separarse de la acción del Espíritu, quien es el único que puede autenticar las promesas. Sólo El puede transformar las palabras en una vida de realidad experiencial. Recalcar, por tanto, el método de descansar en las promesas, sin el sentimiento, es correcto sólo si nuestra "fe apropiadora" es una confianza segura en que Dios cumplirá y cumple sus promesas, porque El es esa clase de Dios.

En la experiencia, el modo con frecuencia parece ser el reavivamiento por el Espíritu de una promesa particular que después se vuelve el puente a la seguridad. Esta fue la experiencia de Brengle. El había "muerto" verdaderamente y había orado para quedar vacío. No obstante, se sintió decepcionado porque nada "ocurrió". Entonces recordó 1 Juan 1:9: "Si confesamos nuestros pecados, él es fiel y justo para perdonar nuestros pecados y limpiarnos de toda maldad". Hall describe lo que sucedió:

> Las palabras atraviesan su corazón como un cohete, revelando que, puesto que Dios es "fiel y justo", su bendición prometida debe recibirse ahora con una fe sencilla en esos atributos del carácter de Dios. Al instante comprende la gracia y la fidelidad de Dios, y cuando apoya la cabeza sobre sus brazos y murmura confiadamente, "¡Señor, lo creo!", una gran sensación de paz inunda su alma.
>
> ¿Es esta la Bendición? No tiene que preguntar dos veces. Como un "SÍ" grandioso, mudo, que lo envuelve totalmente, recibe la respuesta desde cada parte de su cuerpo y de su alma.[16]

Si bien esta paz interior se volvió torrentes de bendición, y dos días después se convirtió en un poderoso bautismo de amor, Brengle fue santificado cuando el Espíritu lo capacitó para creer en la promesa. Pero el poder de la promesa para efectuar esta liberación, estuvo en la visión repentina que tuvo Brengle de la fidelidad absolutamente confiable de Dios detrás de la promesa. Creer en ello produjo el descanso del alma.

3. La Teología del Altar

El concepto de fe en la Palabra fue formulado como un claro sistema a mediados del siglo XIX, principalmente por Febe Palmer (por lo que a veces se le llama método Palmerino). A pesar de alguna oposición, sus enseñanzas se extendieron en el movimiento de santidad hasta convertirse casi en la norma. Millares de personas de todas las denominaciones, tanto predicadores como laicos, fueron guiados a tener la seguridad plena siguiendo sus instrucciones. Puesto que Jesús es nuestro altar, afirmaba ella, y el altar "santifica la ofrenda" (véase Mt. 23:19), nuestra responsabilidad es asegurarnos de estar en el altar, y aceptar que Cristo es fiel para santificar. Desde este punto de vista, no creer es incredulidad, lo cual es pecado. Por tanto, un paso definido de fe es moralmente obligatorio. En efecto, esto puso una nueva nota de urgencia. "Si tardas en presentar el sacrificio por cualquier causa, tal actitud requiere arrepentimiento. Dios demanda santidad presente".[17]

Además de basarse en el principio de Cristo como nuestro altar, hubo cuatro componentes básicos en las enseñanzas de la señora Palmer. Juntos distinguieron al movimiento de santidad con lo que realmente fue una nueva metodología.

a. La obligación de ser enteramente santo ahora. No es bíblico esperar ser santificado en un tiempo futuro, aunque sea en actitud de expectación.

b. La obligación de hacer una completa consagración ahora. Si Cristo es nuestro "altar", nuestra responsabilidad es poner el sacrificio en este altar de inmediato. Sin esta presentación consciente y completa no puede haber santificación.

c. La primacía de la Palabra de Dios. La Biblia es la Palabra viviente de Dios ahora. Por medio de ella, El se compromete a hacer ciertas cosas en el creyente y para el creyente que cumple las condiciones bíblicas. Es imposible que esta Palabra no se realice si se cumplen las condiciones.

d. La naturaleza obligatoria de la fe. Es pecado no creer que Dios hace ahora lo que promete, porque es negar su Palabra. Esta fe se basa en la promesa y en la integridad divina detrás de la promesa, no en alguna clase de emoción.[18] No obstante, tal fe producirá emoción, así como la fe en la palabra del médico cuando dice que no hay cáncer, dará alivio y alegría al paciente. Permanecer preocupado es demostrar incredulidad en la palabra del médico. Aunque esa ansiedad persistente pueda justificarse al tratar con un médico humano debido a su falibilidad, no se justifica cuando se trata de Cristo.

No podemos reprobar con bases bíblicas este énfasis en la inmediatez. La entera santificación es tanto el privilegio como el deber de cada cristiano en el momento en que conoce la provisión bíblica. "El conocimiento", decía la señora Palmer, "es convicción".[19] Tampoco puede ponerse en duda el énfasis en la Palabra de Dios como la verdadera base de seguridad.

Sin embargo, hay un eslabón débil en la cadena del argumento de la señora Palmer: Establece un paralelo demasiado estrecho entre el principio ceremonial de la santificación del altar y la enseñanza del Nuevo Testamento. "Cualquier cosa que toque el altar quedará santificada" (Ex. 29:37). Esto significa que toda ofrenda puesta en el altar participa de la santidad del altar. El altar (pudiera decirse) "declara" que la ofrenda es para Dios. Viene a ser sagrada, y todo mal uso de ella es profanación. Pero esto es santidad por asociación, no por purificación. Es posicional, y por tanto, imputada.

Cuando Jesús se refirió a esto (Mt. 23:19) al reprender a los escribas y fariseos, estaba confirmando el principio de consagración por medio de la presentación en el contexto del ceremonialismo del Antiguo Testamento. Decir que esto describe el modo de santificación en el Nuevo Testamento es cuestionable, porque abre la puerta a (1) equiparar la santificación con la consagración (véase c. 8, n. 20), (2) implicar meramente una santidad posicional, y por ello (3) una santidad imputada. No había cambio sustantivo en la "santidad" al estar en el altar, sólo cambio de relación. No obstante, Wesley, y probablemente la señora Palmer, entendían que la entera santificación era verdadera santidad, no sólo consagración.

Puede haber base bíblica para considerar a Jesús como el altar del cristiano, aumentando así la importancia y lo apropiado de una presentación específica en consagración. Pero no se puede inferir que la santificación efectuada por Cristo sea exactamente igual que la santificación efectuada por el altar del Antiguo Testamento. Cristo es nuestro "altar", no en el sentido ceremonial, sino en el sentido espiritual y metafórico. No es un objeto sagrado funcional, sino una Persona que con fidelidad y libertad responde a nuestra consagración y fe con el don de su Espíritu santificador.

En un aspecto, nuestra ofrenda a Dios es santa simplemente en virtud de haber sido hecha. Si se hace de buena fe, la ofrenda es de Dios. Si se "retira del altar" o se le da mal uso es una violación del contrato y, por tanto, es pecado. Pero la esencia del wesleyanismo auténtico, y la piedra de toque de la soteriología en el Nuevo Testamento, es que la santidad es más que consagración. La respuesta a la ofrenda es el fuego divino. La santidad no es consecuencia automática de la relación, sino el producto del poder purificador del Espíritu Santo. Sólo entonces se cumple la promesa: "El os bautizará en Espíritu Santo y fuego" (Mt. 3:11; Lc. 3:16; véase Mc. 1:8).

La fe, entonces, retorna al principio de que no sólo es declarar que Cristo es nuestro Santificador, sino que también es la seguridad de que El llevará a cabo esta obra en nosotros por su Espíritu, y la hará real para nosotros.

III. Evidencias de la Plenitud del Espíritu

A. El Testimonio del Espíritu

El testimonio del Espíritu respecto a nuestra entera santificación es la seguridad interna, impartida por Dios, de que la obra ha sido hecha. Esta seguridad puede tomar la forma de éxtasis desbordante, sentido de pureza, profunda paz interna, efusión de amor, o una combinación de éstos. En todo caso la angustia desaparece, la lucha termina, las dudas se despejan y la mente experimenta reposo. No podemos dictarle a Dios la forma en que debe darnos la seguridad. Con frecuencia no la percibimos, quizá por años, debido a falsos conceptos de lo que debemos esperar. Nunca consideremos la experiencia de otra persona como el modelo al que Dios debe conformarse.

A. W. Tozer dice: "El único testimonio que El da es subjetivo, y sólo el individuo lo conoce. El Espíritu se anuncia en lo recóndito del espíritu del hombre". Pero este testimonio es indispensable. Tozer insiste en que ningún creyente fue "alguna vez lleno con el Espíritu Santo sin que él supiera que lo había sido. Asimismo ninguno fue lleno sin que supiera cuándo sucedió. Y ninguno ha sido lleno gradualmente".[20]

B. ¿Son las Lenguas la Evidencia?

Toda insistencia en que las lenguas u otra manifestación física son evidencias de la plenitud del Espíritu, es un callejón sin salida que no hace más que reducir el poder auténtico y anular el crecimiento espiritual. Adquirir el llamado don de lenguas moderno es relativamente fácil para cierta clase de temperamentos. Aceptarlo como prueba de una experiencia válida y profunda en el Espíritu Santo es un error que tiende a impedir el hambre más profunda de santidad.[21]

Hablar en idiomas dados por Dios, además de ser simbólico, fue un instrumento impresionante y evangelístico en el Día de Pentecostés. En Cesarea y en Efeso fue una prueba para los judíos escépticos de que el Espíritu Santo era asequible igualmente a los gentiles. Pero suponer que este o cualquier otro don fuera uniformemente indispensable para el bautismo con el Espíritu, o la evidencia de un profundo estado de gracia, fue rechazado expresa y vigorosamente por Pablo al hablar de los dones en 1 Corintios 12—14.[22]

C. La Evidencia del Cambio

Es válida la distinción que hizo Wesley entre el testimonio del Espíritu y el testimonio indirecto, esto es, el testimonio de nuestro espíritu por el que sabemos que somos diferentes. Por tanto, tenemos un testimonio doble, y uno es confirmado por el otro. La necesidad del segundo testimonio se debe a la facilidad con que una persona puede interpretar prematuramente una experiencia emocional como el testimonio del Espíritu. Necesita ver un cambio en sí misma, un cambio que corresponda a las necesidades que le hicieron buscar la santidad de corazón en primer lugar. Uno no puede buscar inteligentemente sin tener convicción de la necesidad. ¿Cómo puede confiar en una "bendición" a menos que en los días siguientes descubra que las necesidades han sido satisfechas, o que ahora posee algo del "poder" prometido? Sherwood E. Wirt describe realmente el testimonio indirecto al decir lo siguiente:

> Pero cuando le informé que estaba abdicando al trono de mi vida (esto es, mi vida cristiana); cuando dije que mi ego había sido destronado y mandado al exilio; cuando le pedí que me crucificara, El aceptó mi declaración y cumplió mi petición.
>
> De acuerdo a su tiempo y placer, envió un solvente divino a este corazón atribulado. Fue como el calor del sol despejando las capas de neblina.
>
> No sé cómo entró el amor, pero sé que toda la amargura que tenía contra otros —incluyendo a quienes están cerca de mí— desapareció.

Resentimiento, hostilidad, sentimientos heridos —todo. Todo se disolvió. Se evaporó. Se fue.[23]

El supo que había sido lleno con el Espíritu Santo por el cambio que vio en sí mismo.

El amor, con los frutos concomitantes, es la evidencia universal e indispensable del Espíritu (Ro. 5:5; 1 Co. 13; Gl. 5:22). La experiencia más común es una "paz profunda y segura", combinada con una notable expansión e intensidad de amor. El espíritu se da cuenta de que está libre de malicia o mala voluntad, ve que el corazón está limpio de orgullo y obstinación, y ve que estas diferencias internas se manifiestan en un cambio de carácter. Hay un nuevo reposo y quietud de espíritu, una aceptación más victoriosa de las providencias de Dios, y una nueva capacidad para enfrentar los enojos y las desilusiones —aun las tristezas. Uno tiende en forma espontánea a poner sus ojos en Jesús en cada circunstancia (Heb. 12:1-2).

Pero hay también nueva libertad para testificar, nueva audacia santa (no descaro), nueva agresividad en las cosas de Dios. El fuego arde. Esto no significa necesariamente elocuencia o dones de oratoria pública. Sin embargo, se experimenta al menos la misma libertad para hablar de Cristo que para hablar del clima.

Al responder a la pregunta: "¿Por cuáles 'frutos del Espíritu' podemos 'saber con certeza que somos hijos de Dios', en el sentido más elevado del término?", Wesley dijo:

> Por medio del amor, gozo y paz permanentes; por medio de la tolerancia invariable, paciencia y resignación; por medio de la mansedumbre triunfante sobre toda provocación; por medio de la bondad, benignidad, dulzura, y ternura de espíritu; por medio de la fidelidad, la sencillez y piadosa sinceridad; por medio de la calma y serenidad de espíritu; por medio de la temperancia, no sólo en el comer y el dormir, sino en todas las cosas naturales y espirituales.[24]

Además, Wesley desacreditó la profesión hecha por algunos debido a que les faltaban estas evidencias. Algunas de las deficiencias que cita son:

> A algunos les hace falta más mansedumbre. Ofrecen resistencia al malo, en lugar de presentar la otra mejilla. No reciben el vituperio con humildad; no, ni aun la represión. No pueden soportar la contradicción, sin por lo menos dar la apariencia de enojo. Si son reprendidos o se les contradice, aunque con benignidad, no lo aceptan bien; son más reservados y huraños que antes. Si se les opone o reprende ásperamente, contestan con aspereza, en voz alta, con tono enojado.

Después de varios párrafos de tales acusaciones, Wesley concluye: "No tenéis lo que yo llamo la perfección cristiana; si otros quieren llamarlo así, que lo hagan. Sin embargo, retened lo que tenéis, y orad sinceramente por lo que os falta".[25]

Es evidente que para Wesley la calidad del espíritu es la verdadera piedra de toque. Pueden haber todavía numerosas deficiencias culturales y peculiaridades de la personalidad que no son corregidas inmediatamente, porque no son expresiones de un egoísmo pecaminoso.

Es igualmente evidente para Wesley que ninguna experiencia religiosa puede identificarse como perfección cristiana o entera santificación, si no produce un cambio del carácter. Aunque no todo lo que necesite alterarse sea alterado, ni todo problema personal sea resuelto, el cambio que ocurre es radical, profundo y permanente (aunque las demás circunstancias permanezcan iguales).

SUMARIO

Los últimos capítulos han intentado exponer la doctrina de la santidad como un privilegio en Cristo que está disponible para nosotros. Hemos hecho todo esfuerzo por tratar con franqueza los asuntos doctrinales a veces complejos. La discusión habrá fallado, a menos que estos capítulos hayan ayudado al lector a comprender que la santidad no es simplemente un tema de estudio abstracto o académico. Aun la comprensión intelectual eludirá a quien intente examinar la santidad como un observador emocionalmente distante, como alguien que estudia insectos. Estos asuntos tienen que ver con la vida interna de las personas, con sus relaciones más profundas y con su destino eterno.

La realidad de la santidad sólo puede experimentarse; no puede conocerse por disección verbal. No importa cuán correcta y bíblica sea nuestra exposición, si los lectores no buscan y obtienen la experiencia por ellos mismos, la exactitud doctrinal de nada servirá. Es igualmente cierto que, si estos capítulos ayudan a los lectores en su búsqueda personal de la santidad, y éstos son guiados a una realidad satisfactoria que dé testimonio, esta obra habrá cumplido una misión incalculablemente importante, aun si la eternidad revelara fallas de expresión o de posición. Pues la virtud "sin la cual nadie verá al Señor", no es la infalibilidad, sino la santidad (Heb. 12:14).

NOTAS BIBLIOGRÁFICAS

1. *Keys to the Deeper Life* (Grand Rapids: Zondervan Publishing House, 1957), p. 26.

2. Véase *ESC*, 1:120-123. Para leer otra explicación sobre la preparación espiritual de Cornelio, véase Grider, *Entera santificación*, pp. 49-53.

3. *Keys to the Deeper Life*, pp. 22-24. Hay también una similitud notable entre calvinistas y arminianos en las experiencias al encontrar la "bendición"; véase V. Raymond Edman, *They Found the Secret* (Grand Rapids: Zondervan Publishing House, 1968).

4. *Power Through Pentecost*, pp. 22-24.

5. J. A. Wood, *El amor perfecto* (Kansas City: Beacon Hill Press, 1952), pp. 57-58. Eldon Fuhrman sugiere los siguientes pasos: Toma de conciencia —de la necesidad—; reconocimiento —de la necesidad—; petición —de la bendición—; entrega —de todo residuo de obstinación—; apropiación —por fe—; afirmación — en testimonio abierto—. Tomado de notas de clase inéditas, Wesley Biblical Seminary.

6. *Works*, 6:50. Lo que Wesley describe puede llamarse "arrepentimiento", en el sentido de pesar al descubrir la presencia del pecado innato y quizá actual, y es renuncia a él, por medio de la confesión y la consagración. Grider, sin embargo, cree que una mejor palabra sería "penitencia", y que "arrepentimiento" debe reservarse para lo que hacen los pecadores al convertirse. Véase *Repentance Unto Life* (Kansas City: Beacon Hill Press of Kansas City, 1965), p. 78.

7. *Samuel Logan Brengle: Portrait of a Prophet* (New York: National Headquarters, the Salvation Army, 1933), p. 55.

8. *Ibid.*, pp. 56-57.

9. *Power Through Pentecost*, pp. 32-33. Muchos suponen que al pedalear un armonio están llenando los fuelles con aire, pero en realidad están vaciándolos. Se necesita un vacío. Después, simplemente al presionar las teclas, se permite que el aire creado por Dios haga su obra. Rogar al Espíritu Santo que nos llene es errar al blanco. Nuestra tarea es prepararle un lugar. Esto quiere decir que oraremos, no para estar llenos, sino para estar vacíos. La fe es presionar las teclas y recibir al Espíritu en sus oficios preciosos de santificar, fortalecer, reforzar, iluminar y morar.

10. *Works*, 6:52.

11. *Letters of John Wesley*, 6:287. Citado por John Leland Peters, *Christian Perfection and American Methodism* (New York: Abingdon Press, 1956), p. 113. Véase también Melvin Easterday Dieter, *The Holiness Revival of the Nineteenth Century* (Metuchen, NJ: Scarecrow Press, 1980), p. 30.

12. Timothy L. Smith, *The Promise of the Spirit: Charles G. Finney on Christian Holiness* (Minneapolis: Bethany Fellowship, 1980), p. 188.

13. *Ibid.*, p. 209.

14. *Works*, 6:52-54. Sin embargo, se acerca más a la fe apropiadora en su sermón "Sobre la Paciencia", *Ibid.*, p. 492. Al repetir las cuatro aproximaciones a la fe, expresa la cuarta como sigue: "Creed, cuarto, que El no sólo es capaz, sino que quiere hacerlo ¡ahora mismo!, no cuando mueras; no en un tiempo distante; no mañana, sino hoy. El, entonces, te capacitará para creer, 'está hecho', de acuerdo a su palabra". La voluntad para creer debe contar con la capacitación del Espíritu, una capacitación que en sí misma hace que la fe se convierta en seguridad.

15. *A Systematic Theology of the Christian Religion* (Grand Rapids: Zondervan Publishing House, 1963), 2:214-215. Debe reconocerse que aunque el punto de vista de Buswell nos ayude en este aspecto, no es wesleyano.

16. *Brengle: Portrait of a Prophet*, p. 57. Algunos quizá cuestionen la pertinencia de este versículo en relación con la segunda obra de gracia. Pero si el Espíritu soberano lo aplicó en el caso de Brengle, ¿quién puede censurarlo?

17. Phoebe Palmer, *Faith and Its Effects: Or Fragments from My Portfolio* (New York: Impresión privada en 200 Mulberry St., 1854), p. 104. Citado por Dieter, *Holiness Revival*, p. 32.

18. La señora Palmer hubiera rechazado como caricatura la fórmula: "Cree que lo tienes y ya lo tienes". De acuerdo con John L. Peters, su posición fue más bien el énfasis "en una consagración tan completa y total, que la fe sería sencillamente el paso siguiente y necesario" (*Christian Perfection*, p. 112). Si desea leer una exposición imparcial de la enseñanza de la señora Palmer, así como un estudio de su amplia influencia, véase Peters, pp. 109-113; Dieter, *Holiness Revival*, pp. 26-32; Timothy L. Smith, *Revivalism and Social Reform* (New York: Abingdon Press, 1957), pp. 116-128; y Delbert R. Rose, *A Theology of Christian Experience* (Minneapolis: Bethany Fellowship, 1965), pp. 31-45.

19. *The Way of Holiness*, ed. y abr. Alathea Coleman Jones (Wilmore, KY: Christian Outreach, Asbury Theological Seminary, 1981), p. 11. Para conocer una discusión útil de la misteriosa dinámica de la fe, véase Grider, *Entera santificación*, pp. 115-118.

20. *Keys to the Deeper Life*, pp. 30-31.

21. Michael Harper, conocido líder internacional del movimiento carismático, dijo en una entrevista en *New Covenant*, febrero de 1981: "Hace algunos años pensaba que si todos los cristianos se volvieran carismáticos, la iglesia avanzaría grandemente. Ahora veo con claridad que lo que más necesitamos son vidas de obediencia bajo el señorío de Cristo... Me gustaría que la renovación sustituyera la palabra 'integridad' con 'santidad'. Hay un mundo de diferencia entre las dos... De lo que la Biblia habla, página tras página, es santidad... No obstante, la gente hace a un lado la santidad, que es ordenada y prometida, para alcanzar esta integridad... Creo que mucha gente en la renovación carismática no está crucificada con Cristo". Este es el reconocimiento de alguien del movimiento carismático de que los "dones", en ellos y por ellos mismos, no son evidencia de un profundo estado de gracia.

22. Para leer una explicación más amplia de los "Dones del Espíritu", véase esa sección en el capítulo 10.

23. *Afterglow—The Excitement of Being Filled with the Spirit* (Grand Rapids: Zondervan Publishing House, 1975), p. 19.

El misionero Raymond Browning informó al Dr. George Coulter (superintendente general emérito, Iglesia del Nazareno): "Cuando un feligrés del campo misionero es santificado, he observado (1) nueva consistencia en la conducta, (2) nueva abnegación, (3) nuevo celo en el servicio".

24. *La perfección cristiana*, p. 85. Su declaración en otro lugar, de que no debemos apoyarnos en ningún supuesto fruto en el testimonio directo del Espíritu, se dirige a los pecadores que buscan la seguridad de la adopción (*Works*, 5:133-134). Su creencia en que el testimonio directo es también normativo para la segunda obra de gracia, fue más bien una inferencia (véase *La perfección cristiana*, pp. 81-82).

25. *Ibid.*, p. 90-91. Dennis Kinlaw recuerda que predicó sobre 1 Corintios 13 a un grupo de misioneros. Un día, alrededor de la mesa un misionero veterano dijo: "Dennis, no dirás que tú crees que podemos vivir de acuerdo con este capítulo, ¿verdad?" Su respuesta fue: "Sí, lo creo. Aquí está en la Palabra de Dios, y las Escrituras dicen que si tenemos todo pero nos falta amor, hemos fallado en todo. Así que si esto es esencial para agradar a Dios y hacer su voluntad, debe haber una manera, por la gracia de Dios, para que una persona pueda cumplirlo" (sermón, Radiant Cassettes, Vancleve, KY, enero de 1981).

10

La Vida de Santidad

Las experiencias de crisis que conducen a la santidad de corazón tienen como objetivo la vida de santidad. Esta es una vida de vitalidad espiritual, conducta ejemplar e impacto en la tarea de ganar almas. Cuando Pablo instó a los filipenses: "Ocupaos en vuestra salvación con temor y temblor" (Flp. 2:12-13), les estaba recordando que lo que Dios había hecho y aún continuaba haciendo en ellos por gracia, debía traducirse en aspectos prácticos de la vida diaria.

Los santificados deben actuar como tales. Es más, esta responsabilidad es totalmente de ellos. Aunque la gracia interna es suficiente para capacitarlos, no es un mecanismo automático de causa y efecto. Deben aceptar la responsabilidad y dar atención sistemática y deliberada a esta tarea, para que la experiencia sea validada por la ética, y la fe se traduzca en práctica diaria y en semejanza a Cristo.[1]

I. UNA VIDA LLENA DEL ESPÍRITU

El esfuerzo personal sin el Espíritu Santo pronto se convertirá en humanismo carnal. El orgullo se vanagloriará de cualquier resultado atractivo logrado por medio de la autodisciplina, y esto satisfará a las almas superficiales que edifican sobre la arena. Pero los que tienen objetivos más elevados quedarán abrumados por el desaliento. Aunque la responsabilidad es sólo del creyente, el Espíritu es el Recurso del cual depende en forma absoluta. Este es el Espíritu que fortalece interiormente como dínamo divino (Ef. 3:16-19). La "vida de santidad", por tanto, es un sueño infundado a menos que primero sea una vida llena del Espíritu (5:18-21).

A. El Espíritu y el Yo

1. *El Concepto de Plenitud*

Los dos vocablos más comúnmente usados para expresar la plenitud del Espíritu son *pimplemi* (o *pletho*) y *pleres* (*pleroo* y *pleroma*). Sugieren realización, lleno de, totalmente ocupado por, completamente bajo la influencia de. Puede decirse que ser lleno con el Espíritu es (*a*) encontrar satisfacción personal en El, (*b*) estar saturado de su presencia, y (*c*) vivir por completo bajo su influencia.

Tres notables pares de analogías hacen gráfica esta plenitud. Primero, Lucas 4:1 habla de Jesús, "lleno del Espíritu Santo", en tanto que 5:12 habla de un hombre "lleno de lepra". Así como el hombre estaba lleno de lepra, saturado de ella y dominado por ella, Jesús estaba lleno del Espíritu, "saturado" con El y dominado por El. Segundo, Hechos 2:4 dice que los discípulos fueron "llenos del Espíritu Santo", y el versículo 2 dice que el sonido del viento "llenó toda la casa".[2] Así como el sonido del viento llenó y dominó cada parte de la casa, el Espíritu Santo llena y domina cuerpo, alma y espíritu —de arriba abajo—. El satura los apetitos y hábitos, las aspiraciones y metas, los valores y afectos, la vida en relación con las personas, así como la vida en relación con Dios.

Tercero, se contrasta el estar lleno de vino con el ser lleno del Espíritu (Ef. 5:18).[3] La humanidad sufre el gran vacío, la vacuidad interior que produce inquietud, ansia y búsqueda perpetuas. Emborracharse con vino simboliza el modo en que el mundo llena ese vacío. Busca satisfacción y contentamiento en cosas, drogas, placer sensual, aplauso y poder. Este es el modo carnal. Pablo nos dice: "No imiten al mundo, sino encuentren su satisfacción —llenen ese vacío— permitiendo que el Espíritu los llene continuamente", porque no tener al Espíritu fue lo que causó el vacío en primer lugar.

Aunque hay similitudes entre estar lleno de lepra, del viento y de vino, y estar lleno del Espíritu, las diferencias son aún mayores. En el nivel físico hay fuerzas impersonales que se imponen y destruyen. Esto es cierto especialmente cuando se está lleno de vino. Cuando uno se deja dominar por el alcohol, se somete a un tirano químico que trastorna la voluntad y el juicio, y reduce la personalidad a la nada. Cuando nos rendimos al

Espíritu, invitamos a una Persona a ser nuestro amigo y ayudador, quien nunca degrada nuestra calidad de personas y nunca subyuga nuestra voluntad a la impotencia, sino que activa y refuerza nuestra voluntad. Nadie ha sido mejor por llenarse de vino, siempre peor. Nadie ha sido peor al ser lleno del Espíritu, siempre mejor. El vino esclaviza; el Espíritu libera. Nadie es más libre o es más uno mismo como persona que cuando es capacitado y dirigido por el Espíritu.

2. *Una Relación, no una Fusión*

Aunque el concepto bíblico de "plenitud" recalca el dominio del Espíritu, la doctrina de Jesús sobre el Paracleto (Jn. 14—16) nos libra de cualquier noción de automatismo. En realidad, *parakletos* significa uno que es llamado a nuestro lado para ayudar. El término se ha traducido en varias formas, como portavoz, abogado, consolador, fortalecedor, pero nunca como operador. Jesús describe la relación del Espíritu con los discípulos como maestro y guía, relaciones que son libres e interpersonales, no imposiciones monolíticas por la fuerza. El Espíritu morará en ellos como amigo y ayudador, no como manipulador. El "dominio completo" del Espíritu siempre es por invitación. Nuestra sujeción continúa siendo voluntaria, aun cuando sea total e incondicional.

Lo que estamos diciendo es que el Espíritu no anula el yo ni absorbe el yo humano en el Yo divino. Este es el error del misticismo que Wesley rechazó tan rotundamente. Ser controlado por el Espíritu no quiere decir que sólo El actúe, y que el individuo se vuelva títere o un ser nulo. Al contrario, el individuo actúa, piensa, escoge, pero con la ayuda del Espíritu que está siempre allí.

¿Cómo pueden personas ser habitadas por otra persona que está siempre en comunicación, pero que es distinta? Este es un gran misterio, y sucede en una forma horrible y esclavizante en la posesión demoníaca. Esto resulta claro por lo que dicen la Escritura y todos los que en alguna ocasión lo han visto. Si se puede permitir que los demonios entren con su poder para destruir, ciertamente es razonable creer que el Espíritu puede habitar en nosotros con su habilidad para reparar y ennoblecer.[4]

3. *Espíritu y Cerebro*

Si pensamos en términos estrictamente científicos, enfrentamos lo que parece ser un asunto sólo físico, en el que el cerebro actúa como una computadora intrincada. La mente sana se vuelve casi equivalente de un cerebro sano; si se daña el cerebro, el funcionamiento de la mente es afectado. La cirugía en el cerebro puede alterar la conducta y, hasta cierto grado, aun el carácter. En algunos casos las drogas pueden mejorar el funcionamiento del cerebro; el resultado es una mejor memoria y capacidad para pensar. ¿Quiere decir esto que la conducta humana es sólo cuestión de química, electricidad y quizá sicocirugía?

Tal conclusión no se justifica. La condición del cerebro afecta la conducta, pero asimismo la conducta que se elija, puede dañar el cerebro. Además, los cerebros sanos no garantizan gente buena; la agudeza mental no es antídoto del egoísmo. Confiar en la neurobiología e ingeniería genética para resolver nuestros problemas sociales es una fe vana y crédula. Esa promesa es el atractivo mensaje del humanismo que lleva a la humanidad a la destrucción. Porque el pecado, el cual ni las medicinas ni el escalpelo pueden eliminar, explotará para mal cada avance en el control genético, como lo ha hecho con otros avances científicos del hombre. Por tanto, los cristianos no necesitan temer que la ciencia produzca santos y que las medicinas remplacen nuestra necesidad del Espíritu Santo.

No somos meros productos de la química. Aunque muchas actividades son reflejos automáticos, y hay poderosos impulsos subvolitivos que inducen acción en el nivel de la conciencia, todo el tiempo ocurre una clase de respuesta que no ha sido predeterminada para nosotros, pero que es seleccionada de entre múltiples posibilidades. El "yo" dirige los repetidos "mensajes" o el mecanismo directriz del cerebro, de manera que mi sensación de hambre puede ser satisfecha ahora o esperar hasta la hora de la comida; puedo leer un libro o escribir una carta; puedo seguir en la cama sin poder dormir o levantarme y caminar. Mientras mayor sea el desarrollo del yo integrado, mayor es el alcance del control (como lo demuestran las técnicas modernas de biorreacción).[5]

El Espíritu Santo estimula y refuerza este proceso de control. ¿Cómo lo hace? No lo sabemos. No entendemos el punto de contacto entre lo espiritual y lo físico, o el modo de operación de los actos del Espíritu. La idea de que el Espíritu influye en el ser aparece tantas veces en las Escrituras, y es aceptada de tal manera por la iglesia, que no puede discutirse. Podemos suponer que el cerebro es el instrumento primordial de comunicación. De serlo, Él actúa en el cerebro ya sea en forma mediata o inmediata. Si es mediata, su contacto directo es con el espíritu humano que después activa las células cerebrales como su instrumento de respuesta. Si es inmediata, su acción opera en las células mismas del cerebro, creando ideas e impulsos que el espíritu aprueba o resiste.

Sobre la base del monismo antropológico, la acción del Espíritu podría operar sólo de manera directa en las células del cerebro, y forzosamente sería irresistible. Si no hay un agente definido e independiente a quién recibir o rechazar, no podemos escapar del determinismo que se sugiere. La única diferencia entre éste y el determinismo de la conducta, sostenido por Skinner, sería que en lugar de que todos los estímulos sean sólo naturales, algunos serían sobrenaturales. Pero cualquiera que sea el origen de los estímulos, las células del cerebro activadas serían responsables por toda la actividad personal, y no habría base alguna para hablar de la responsabilidad personal por nuestra conducta. En tal caso, pecado y santidad serían sólo nombres dados a efectos producidos en robots, y por tanto, desprovistos de valor ético. Si insistimos en reconocer a una persona, un agente, o un yo que puede cooperar con el impulso en las células del cerebro o rechazarlo, retornamos a las deducciones dualistas.[6]

4. *Maneras en que el Espíritu Guía y Enseña*

Una vez que se le den al Espíritu los derechos plenos de residencia, y que se establezca el hábito diario de honrarlo, Él hará sentir y conocer su presencia. Despertará la mente, creará nuevos deseos de conocimiento, reprenderá la pereza y el letargo, y estimulará una actitud dócil y dispuesta a aprender. La resistencia en este punto obstruirá el proceso y destruirá la relación de "plenitud".

El Espíritu continúa estimulando el yo hacia la "actitud" de la que escribió Pablo (véase Flp. 3:15, *BA*), la cual con ansia se extiende "a lo que está delante" (v. 13). Esto crea un sentido de vigilancia y comprensión que convierte cada evento en una lección y cada situación en un salón de clase. El alma que está en comunicación y en armonía con el Espíritu siempre está siendo edificada por medio de la Palabra (principalmente), por medio de los testimonios de otros, y aun por medio de sermones débiles. El Espíritu ayuda al ser entero a organizar lo recibido para que sea un capital que produzca crecimiento y capacidad para servir. Los cristianos que están en la onda del Espíritu, ven sus propias faltas, ven las necesidades a su alrededor, sienten el impulso de hablar o de callar, y comprenden la verdad con percepción espiritual. Están rebosantes de vida. Tales personas aprenden a reconocer la dirección del Espíritu y a distinguirla de las ideas fanáticas. El Espíritu Santo anima, reprende, recuerda, despierta e ilumina. Andar "por el Espíritu" (Gl. 5:25), es "ir a la par con el Espíritu" en todo.

La estipulación más importante es que el Espíritu nunca enseñará o guiará algo contrario a la Biblia. Nunca elevará al cristiano a un nivel de conocimiento personal especial que trascienda y sustituya las Escrituras. Nunca aprobará un curso de acción que la persona santificada reprobaría en otros.

El Espíritu tampoco tolerará la propensión a desdeñar autoridades humanas y maestros a quienes Dios ha llamado y ordenado. "Si todo el cuerpo fuera ojo, ¿dónde estaría el oído?", pregunta Pablo (1 Co. 12:17). Lo que el Espíritu hará, será darnos discernimiento para evaluar a los maestros y sus doctrinas.

5. *Las Influencias Refinadoras del Espíritu*

El Espíritu que en el principio "se movía sobre la faz de las aguas", creando orden del vacío (Gn. 1:2), se moverá también sobre la personalidad humana. Alterará nuestros sistemas de valores, nos mostrará qué es importante y nos hará conscientes de las áreas caóticas de la vida. Creará deseo de superación por causa del Señor Jesús.

El Espíritu Santo manifestará interés en todos los aspectos de la vida. Si escuchamos, El desarrollará en nosotros un sentido de corrección. El nos reprobará y hará que sintamos vergüenza por la vulgaridad, la indecencia, la ordinariez y los estilos de vida desorganizados y sin propósito. "La dejadez", dijo Oswald Chambers, "es un insulto al Espíritu Santo". Por tanto, cuando El nos muestra gentilmente alguna área que necesita corrección, debemos obedecer.

6. *Pecados contra el Espíritu*

El pecado más serio contra el Espíritu es la desobediencia directa. Esto no sólo nos descalifica para continuar teniendo al Espíritu en nuestra vida (Hch. 5:32), sino que finalmente nos llevará al "pecado de muerte" (1 Jn. 5:16). Las dos formas de desobediencia a las que somos más vulnerables son (*a*) apagar al Espíritu (1 Ts. 5:19), y (*b*) entristecer al Espíritu (Ef. 4:30).

El primer texto literalmente significa: "No apaguen el fuego del Espíritu". La adoración pública debería caracterizarse por el calor de la libertad en el Espíritu. Esta libertad no debe ser destruida por el formalismo frío y muerto. Tenemos que alimentar el fuego del avivamiento, no apagarlo con la crítica y el desprecio. Nuestra oración privada debe fortalecerse con el interés y la preocupación por los demás. Nunca apaguemos este fuego con el frío del egoísmo. W. O. Klopfenstein dice: "Los movimientos del Espíritu pueden ser apagados por el ceremonialismo que substituye la sabiduría y el ingenio humanos en lugar de la mente de Cristo, y los rituales humanos en lugar de la voluntad de Dios".[7]

Apagar al Espíritu es una forma de entristecerlo o desagradarle. Otras formas son los pecados de los que nos advierten los versículos precedentes: La mentira, la ira reprimida, la pereza, la "palabra corrompida" (Ef. 4:25-29). Chistes de mal gusto, vulgaridades, y bromas acerca de cosas sagradas deben evitarse como la plaga. Son formas seguras de manchar el alma y hacer que se eclipse nuestra vida espiritual.

Una forma muy común de entristecer al Espíritu es no ser "bondadosos unos con otros, misericordiosos" (v. 32). Cuando estamos tensos e irritables, o adoptamos una actitud negativa, estamos actuando sin la dirección del Espíritu. No se necesitan muchas palabras duras para contristarlo.

Podemos entristecer al Espíritu también cuando hacemos a un lado sus órdenes o su represión. El dirige a orar, a dar un regalo monetario especial, a escribir una carta a alguien en necesidad, o a dar un testimonio personal. Cuando sentimos un impulso definido para hacer estas cosas, el no obedecer es pecado, no sólo contra el Espíritu, sino contra la persona o personas que necesitan nuestra ayuda.[8] De la misma manera experimentamos el toque del Espíritu que nos detiene y advierte internamente: No lo digas, no entres allí, no lo compres. Si no atendemos a estas advertencias, podemos enfrentar aun alguna calamidad; al menos es probable que experimentemos vergüenza y pesar.

El Espíritu Santo nos hace saber cuando lo contristamos. Experimentamos tinieblas y angustia profunda. La comunión se interrumpe. Si confesamos con humildad y contrición, El nos restaurará. Pero es cosa seria jugar con el Espíritu —en cualquier tiempo—. El es el Espíritu Santo y no tolerará nada que deshonre a Cristo. El es sensible a la resistencia y a los primeros pasos de retorno a la obstinación.

Los santificados rara vez apostatan, y de cierto nunca caen en formas vergonzosas de pecado, sin pasar primero por un período en que contristan al Espíritu. El Espíritu fiel enviará señales de advertencia en toda forma posible. Estas incluirán despertamiento de la conciencia, sentimiento de culpabilidad, amonestaciones por medio de la Escritura y los sermones, y la influencia de toda presión interna para evitar el desastre (véase p. 222). No obstante, la decisión final es aún nuestra como lo fue para Adán y Eva. Si entristecemos persistentemente al Espíritu, cometemos suicidio espiritual, pues con Él fuimos "sellados para el día de la redención" (Ef. 4:30). "Contristarlo", dice Charles W. Carter, "es romper este sello y, por tanto, perder la esperanza y los beneficios prometidos de la redención final".[9]

B. El Espíritu y Cristo

1. *Una Religión Centrada en Cristo*

La vida "en el Espíritu" no es una superreligión que implique un paso superior a "estar en Cristo". En los últimos años ha aparecido lo que Francis Schaeffer llama superespiritualidad. Al parecer, ésta supone que ser lleno con el Espíritu es graduarse de la relación con Cristo. Por el contrario, la misión del Espíritu es dirigir la atención hacia Cristo y unirnos a El. Jesús lo explicó: "El me glorificará, porque tomará de lo mío y os lo hará saber" (Jn. 16:14). Los cristianos que honran al Espíritu estarán más conscientes de Cristo y le darán el lugar central en su devoción y teología. Porque, aunque Pablo habló de los actos del Espíritu como "el Espíritu mismo" (Ro. 8:16), paradójicamente también dijo que esta persona era tanto "el Espíritu de Dios" como "el Espíritu de Cristo" (v. 9), e inmediatamente añadió: "Si Cristo está en vosotros" (v. 10; véase Col. 1:27).

2. *Conformidad a Cristo*

Nuestro destino divino es ser como Cristo y pertenecerle, a fin de que Él pueda ser "el primogénito entre muchos hermanos" (Ro. 8:29). Por cuanto Jesús, "el que santifica y los que son santificados, de uno son todos", y Él "no se avergüenza de llamarlos hermanos" (Heb. 2:11).

Esta unidad se basa no sólo en la justificación, sino también en la santificación, una verdadera afinidad de semejanza familiar. Tal semejanza es en definitiva obra del Espíritu Santo (2 Ts. 2:13; 1 P. 1:2).[10] Él la efectúa esencialmente en la segunda obra de gracia. Pero no se detiene allí. Nos disciplina y nos modela en una semejanza visible y reconocible.

"Donde está el Espíritu del Señor, allí hay libertad" (2 Co. 3:17), libertad para ser "transformados de gloria en gloria en su misma imagen, por la acción del Espíritu del Señor" (v. 18). Una vida profunda en el Espíritu se reflejará en el rostro, según el adagio: "El Dios a quien sirves escribe su nombre en tu rostro". En cierta ocasión un evangelista le preguntó a una creyente cómo estaba espiritualmente. Cuando ella respondió con tono triste: "¡Salvada y santificada!", el evangelista preguntó: "¿Dónde está el gozo?" Por el contrario, otros se manifiestan tan radiantes, tan gentiles y tan bondadosos en su santidad, que los pecadores sólo pueden concluir que Jesús está en ellos. Nunca lo han visto, pero intuitivamente lo reconocen en el creyente que es semejante a El.

C. Los Dones del Espíritu

La palabra *caris* tiene varios significados en el Nuevo Testamento. El más importante, por supuesto, es "gracia", esa palabra notable de la santa religión cristiana. Se nos recuerda que es "por gracia" que somos salvos (Ef. 2:5, 8). Pero una variación de *caris* es *carisma*, que significa "don".

1. *Dones de Servicio*

Aunque el Espíritu mismo es el Don de Dios, el Espíritu también concede dones a los cristianos. Estos dones son facultades o capacidades especiales para ejecutar funciones necesarias para la vida de la iglesia y para su ministerio de evangelismo. Se les llama "dones de servicio". En el inicio postpentecostal de la iglesia se concedieron muchos de estos dones, como confirmaciones divinas de la verdad del evangelio (Heb. 2:4).

En la medida en que los dones constituyen una característica permanente, de la manera en que el Espíritu obra en esta dispensación, debemos considerarlos habilidades especiales para ejecutar responsabilidades y tareas particulares. Pueden coincidir con los talentos naturales, pero no pueden definirse sólo como talentos naturales. Pertenecen a la iglesia, y su propósito es fortalecerla tanto en la edificación como en el evangelismo. Hay en ellos la marca distintiva de lo sobrenatural. Juntos constituyen "la manifestación del Espíritu" (1 Co. 12:7). La lista más conocida es:

"palabra de sabiduría"
"palabra de conocimiento"
"fe"
"dones de sanidades" (en el griego es plural)
"hacer milagros"
"profecía"

"discernimiento de espíritus"
"diversos géneros de lenguas" (o idiomas)
"interpretación de lenguas" (o idiomas) (1 Co. 12:8-10)
Con frecuencia se pasan por alto dos dones [*carismata*, plural de *carisma*] muy sencillos que Pablo agrega a la lista en esta misma discusión: "Los que ayudan" y "los que administran" (v. 28).[11]

2. *Principios Elementales*

Aunque no podemos hacer aquí un estudio completo del tema de los dones, es pertinente incluir un resumen breve de los principios. (*a*) Aunque son diversos en naturaleza y función, los dones tienen una fuente común, "el mismo Espíritu" (12:4, 8, 9, 11). Si es así, todos estarán en armonía con la santidad y honrarán a Cristo. Todo supuesto "don" que no realce el testimonio cristiano y no propague la santidad de la iglesia, no es del Espíritu Santo, sino de otro espíritu, y por tanto, no es auténtico. (*b*) Estos no están disponibles al capricho del creyente, sino que son concedidos por el Espíritu de acuerdo a su voluntad (véase Heb. 2:4). (*c*) Su diversidad y distribución amplia se explican en términos de la metáfora del cuerpo. La iglesia es un organismo, como un cuerpo con muchas funciones diferentes; por tanto, las capacidades deben ser tan numerosas y diversas como las funciones. (*d*) Si un creyente pudiera preferir en algún sentido, está bien que desee los mejores dones, pero éstos no son los más espectaculares, o los que los corintios consideraban de mucho valor. (*e*) El don más deseable para la gente común, que puede ser usado provechosamente por la mayoría de las personas y para edificación máxima, es el de profecía, que es la habilidad de declarar un mensaje de Dios. (*f*) Los dones no se dan para placer personal, sino para "el bien común" (1 Co. 12:7, *BA*). (*g*) Todo el asunto es secundario y no debe absorber la atención de la iglesia. Hay algo tan superior que si es considerado seriamente, la galaxia de dones perderá su fascinación. "Yo os muestro un camino mucho más excelente", dice Pablo (v. 31).

Esto lleva a lo que pudiera llamarse un principio más. (*h*) Pablo, sin menospreciar los dones, minimiza su importancia relativa y, por clara implicación, destruye la evidencia falsa: Que la posesión de dones es prueba de una espiritualidad superior. No lo es. Los cristianos pueden ser carnales aunque posean dones, y algunos cristianos espirituales quizá tengan pocos dones —al menos, no espectaculares.

3. *Relevancia para Nuestro Día*

En los últimos años se ha despertado nuevo interés en los dones en el escenario de la iglesia. A los cristianos carnales siempre les fascina más lo impresionante que lo santo. Les agrada lo espectacular. No es que falte hambre espiritual genuina por la realidad, pero resulta más fácil conformarse con lo sensacional y milagroso que alcanzar la realidad en el nivel de la santidad de corazón.

El interés contemporáneo ha sido motivado por el neopentecostalismo por un lado, y por el concepto de "la vida del cuerpo" por el otro. El concepto de la vida del cuerpo es apropiado, siempre y cuando se mantenga en la perspectiva correcta. Su valor está en que cambia la dependencia en una organización humana a una actividad espiritualmente vital que honra al Espíritu Santo. En esta forma algunas iglesias se han convertido en organismos del Espíritu. El concepto no sólo ha creado un nuevo tono espiritual, sino que el cristiano promedio ha descubierto su papel importante, porque ha aprendido que el Espíritu Santo desea trabajar por medio de él. Tal descubrimiento estimula el crecimiento espiritual y el entusiasmo renovado. Reafirma nuestro sentido intuitivo de que, si el Espíritu Santo no dirige y no está presente con cierto grado de autoridad y poder sobrenaturales, la iglesia pronto se vuelve formalista y fosilizada.

Sin embargo, cuando se hace un énfasis desproporcionado en los dones y se descuidan las virtudes, cuando la atmósfera se degenera en una búsqueda febril de señales y prodigios, y cuando el espectáculo religioso distrae la atención de la primordial necesidad de santidad, el resultado será la muerte. Se engendra orgullo espiritual antes que humildad. Este es el peligro cuando el concepto de la vida del cuerpo domina a los carismáticos.

Todo movimiento que centra su énfasis en las lenguas y en la sanidad divina, o que anima a buscar los dones como distintivos de poder espiritual, va en contra del sentir de Pablo en 1 Corintios. Los creyentes que son estimulados a seguir a quienes hacen milagros, serán blanco fácil de los falsos cristos y de los falsos profetas, quienes en los últimos tiempos explotarán lo sensacional y espectacular con el fin de engañar (Mt. 24:24; 2 Ts. 2:9; Ap. 13:13). Todavía es cierto que el destino en el día del juicio se basará en la santidad, no en la capacidad de decir: "Señor, Señor, ¿no profetizamos en tu nombre, y en tu nombre echamos fuera demonios, y en tu nombre hicimos muchos milagros?" (Mt. 7:22).

Toda la evidencia sugiere que los milagros más espectaculares, después del Pentecostés, caracterizaron el ministerio de sólo unos cuantos, no al creyente común lleno del Espíritu. Aun esta clase de manifestación parece haber comenzado a desvanecerse antes que finalizara la era apostólica. Aunque el Espíritu todavía distribuye sus dones, dará principalmente aquellos designados en la Biblia como los más importantes. Los milagros ocurrirán, pero no en forma tal que estimule la explotación dolosa por parte de charlatanes, o que den lugar a la codicia carnal de emoción religiosa.[12]

II. Una Vida de Amor

Decir que la vida de santidad es una vida llena del Espíritu equivale también a decir que es una vida de amor, porque no podemos tener una sin la otra. La discusión anterior sobre los dones del Espíritu nos llevó directamente al "camino mucho más excelente" (1 Co. 12:31), el camino del amor, descrito tan elocuentemente por el apóstol inspirado en el conocido capítulo de 1 Corintios 13. Se han escrito volúmenes buscando extraer el oro de este notable capítulo. Pero ninguna cantidad de conocimiento acerca del amor compensará la falta de amor. En este caso también, el Espíritu Santo es la clave.

A. La Naturaleza del Amor como Don

El amor es también un don. De hecho, es el don supremo. En comparación con el amor, los otros dones pierden importancia; y sin él, se convierten en ruido y frenesí, sin sentido (1 Co. 13:1-3). Es también el don universal del Espíritu (Ro. 5:5), así que es la única evidencia de la plenitud del Espíritu. Casi invariablemente, el testimonio de quienes son bautizados con el Espíritu es que obtienen un nuevo e irresistible bautismo de amor. El comisario Samuel Brengle testifica lo que experimentó la mañana después de haber recibido la entera santificación:

> Caminé por el Boston Commons antes del desayuno, llorando de gozo y alabando a Dios. Oh, ¡cuánto amor sentía! En esa hora conocí a Jesús, y lo amé tanto que parecía que mi corazón iba a estallar de amor. Fui lleno de amor por todas sus criaturas. Oí que los gorrioncitos cantaban; los amé. Vi una pequeña lombriz atravesarse en mi camino; alargué mi paso para no dañarla; no quería herir a ningún ser viviente. Amaba a los perros, amaba a los caballos, amaba a los pequeños pilluelos en la calle, amaba a los extraños que encontraba en mi camino, amaba a los paganos, ¡amaba a todo el mundo![13]

Clarence W. Hall pregunta: "¿Fue esta una mera visión, una exultación momentánea que se disiparía en un momento más calmado? Diez, veinte, treinta, cuarenta años y más pasaron, no obstante siguió dando ese testimonio con el mismo ahínco".[14]

Es cierto que hay un elemento volitivo en el amor. Es lo que se nos manda hacer: "Y amarás al Señor tu Dios con todo tu corazón, con toda tu alma, con toda tu mente y con todas tus fuerzas", y "a tu prójimo como a ti mismo" (Mc. 12:30-31). Pero en el caso del pecador, los mandatos de Dios no sólo implican que El lo capacita para cumplirlos, sino que también requieren esa capacitación. Es tan imposible que el hombre natural cumpla estos mandamientos por su propio esfuerzo, como lo es que añada "a su estatura un codo" sencillamente "con angustiarse" (Lc. 12:25).

B. Facetas del Amor

En su libro *The Four Loves*, C. S. Lewis discute *eros*, el amor entre un hombre y una mujer; afecto, lo que debe prevalecer en las familias; y amistad, el amor entre amigos. Todos estos son dones otorgados por una gracia común a la raza humana. Pero todos están manchados en algún grado por el pecado, y encuentran su verdadera perfección y preservación sólo cuando son santificados por la dimensión divina, el amor cristiano (que Lewis llama caridad). Sólo los cristianos conocen este amor, y sólo los que son enteramente santificados experimentan sus gozos y poder como el motivo principal de la vida. William R. Cannon, de la Universidad de Emory, interpreta la doctrina de la santificación enseñada por Wesley, como "la gracia purificadora interna que comienza en la justificación y que guía al hombre a la total santidad de vida al reducir todos sus motivos al motivo único del amor".[15]

1. *Amor Humano*

La naturaleza del amor es tal, que las cuatro clases o niveles de amor tienen características comunes. Hay en el amor —siempre— un elemento de ternura y compasión. La dureza de corazón y el amor se excluyen mutuamente. A la vez, el amor nos absorbe, nos controla, domina nuestros pensamientos. El objeto de nuestro afecto está en forma frecuente y natural en nuestras mentes. (¡Ningún joven normal negará esto!). Además, el deseo natural del amor es estar con la persona o las personas que amamos. Finalmente, sin egoísmo alguno, nos interesa su bienestar y felicidad. Deseamos ayudarlos, no hacerles mal. El amor verdadero nunca es sádico. "El amor no hace mal al prójimo", dice Pablo (Ro. 13:10). Esto se puede ver en el amor de la madre por su hijo, en el amor de un amigo por su amigo, e igualmente en nuestro amor a Dios. Pensamos en Él con frecuencia, deseamos estar con Él, y estamos intensamente interesados en dar honra a su nombre y en llevar adelante su reino.

2. Amor de Gracia

El amor cristiano actúa en la misma forma, pero tiene además la ventaja de la gracia. No depende de la reciprocidad, sino que puede amar cuando el amor no es respondido. Tampoco depende de la atracción inherente de su objeto; más bien, por la gracia de Dios, el cristiano puede sentir una cálida ternura y compasión hacia quienes personalmente carecen de atractivo y despiertan antipatía, incluyendo a los enemigos.

Es más, tal amor no está limitado a nuestra familia, raza o nacionalidad, sino que es capaz de interesarse en todas las personas, simplemente porque son seres creados a la imagen de Dios por quienes Cristo murió. Dios los ama, y por medio del Espíritu que mora en nosotros participamos en la corriente de su amor. Podríamos decir que Dios los ama por medio de nosotros, y que estamos conscientes del resplandor de su amor. Este amor tampoco está limitado a lo cercano, sino que podemos sentirlo por innumerables personas a quienes nunca hemos visto. Es obvio que tal amor es totalmente sobrenatural. No se obtiene por esfuerzo propio, sino que es creado por gracia.

3. Impulso Redentor del Amor

Nuestro amor, si es cristiano, se asemejará al de Dios en su orientación redentora. Veremos las multitudes como las vio Jesús, no sólo como gente que tiene hambre, sino como ovejas sin pastor y necesitadas de que se les enseñen "muchas cosas" (Mr. 6:34). Nuestros intereses principales serán asuntos morales y espirituales, y el bienestar eterno de las almas. La naturaleza del amor es desear lo mejor para su objeto; el amor cristiano comprende que lo mejor es la salvación por medio de Cristo, y no puede distraerse por objetivos inferiores. Su visión nunca es sólo temporal, ni sólo física, sino también y más profundamente espiritual y eterna. Por tanto, es superior al amor del hombre natural, porque ve la totalidad del hombre y la totalidad de la necesidad. C. E. B. Cranfield comenta: "Amor significa negarse a ver al prójimo, pensar acerca de él o tratar con él, excepto a la luz de lo que Cristo ha hecho por él, como el hermano por quien Cristo murió"[16] (véase Ro. 14:15; 1 Co. 8:11).

4. El Triángulo del Amor Cristiano

Esta clase de amor hacia el hombre nunca se encuentra —de hecho, es imposible encontrarlo—, excepto como resultado de una anterior devoción a Dios. Amar al prójimo es el segundo mandamiento, no el primero. Nuestro amor está dirigido principalmente, no hacia nosotros mismos ni hacia nuestro prójimo, sino hacia Dios. Nuestro amor a Dios purifica y controla el amor por nosotros mismos y por otros. El propósito de Dios no es que nuestras relaciones sean sólo en dos direcciones, sino en tres, siendo Dios el eje central. Cuando amamos a la gente a través de nuestro amor a Dios, los vemos como Dios los ve, y nuestro amor a Dios moldea nuestro amor por ellos. Sólo entonces es santo y seguro. Los amaremos no como queremos, sino como le place a Dios, y en perfecta armonía con sus leyes.

Esto imparte a nuestro amor, no sólo una intensidad más profunda, sino una calidad diferente. En el momento en que hacemos a un lado a Dios y principiamos a amar a la gente "en forma directa", por así decirlo, nuestro amor desciende a un nivel diferente y muy inferior. El agradarse a uno mismo se convierte en el factor dominante y determinante, que luego trata de agradar a los demás. El amor que queda tenderá a volverse egoísta y explotador. Esto sucede aun en el amor paternal, por sacrificado y sincero que éste sea. El elemento divino es vital para el bienestar del niño. Un día una joven fue en busca de consejo ante Joseph Sizoo, pastor en Nueva York. Cuando él le preguntó la razón de su visita, ella contestó que "tenía en su casa un bebé de 17 semanas. No quería que al pequeño le faltara algo que a ella le había faltado, y creía que ese algo era Dios".[17]

5. *Salvaguarda del Hogar*

Si la santidad ha de vivirse en algún lugar, debe ser en el hogar. Si no opera allí, será sólo apariencia y engaño fuera de él. Sólo el amor que es producto del Espíritu que mora en nosotros —amor que el prisma de la vida separa en su espectro de gozo, paz, paciencia, benignidad, bondad, fe, mansedumbre y templanza—, fortalecerá el hogar como una unidad inquebrantable y se opondrá adecuadamente a las fuerzas destructoras de nuestro día.

El amor romántico, en el que hombres y mujeres "caen" y del cual se libran con tanta facilidad, es demasiado frágil y temperamental. Se marchita ante las irritaciones y los malentendidos diarios. Todo hogar experimenta cierto nivel de presión y tensión.

El amor cristiano prefiere ser santo, antes que feliz, y desea honrar a Dios a todo costo. Por sobre todo objetivo terrenal, desea ayudar al cónyuge y a los hijos a llegar al cielo. Por eso es capaz de recibir ofensas y de hacer ajustes en un grado en que ninguna otra clase de amor puede aceptar. Tal amor es el "vínculo perfecto" en el hogar, así como en el carácter (Col. 3:14).

Esta diferencia hará mejores padres, pues su actitud estará fundamentada en una clase diferente de motivación. No serán dirigidos por vanidad y orgullo, o por placer y capricho personal, o por temor a los vecinos, a los otros padres o a las malas calificaciones. Más bien estarán motivados, primordial y más profundamente, por un sentido total de responsabilidad hacia el Dios todopoderoso y a las almas inmortales que Dios ha puesto al cuidado de ellos. Esto dará a los padres la fuerza para decir "no", cuando sería más fácil decir "sí", e imponer castigo cuando el camino de menor resistencia sería pasar por alto la ofensa. Les ayudará a ser firmes con valor y a la vez con amor, mientras cantan: "Yo tengo que proteger un alma inmortal".

6. *El Motivo para Servir*

Sólo un ferviente amor a Dios y a la gente nos impulsará a seguir cumpliendo nuestras responsabilidades de servicio cuando todos los demás incentivos fallen. Hay muchas motivaciones que mueven a la gente a la acción. Una conciencia culpable lleva a algunos a trabajar incansablemente, en tanto que el amor a la alabanza y a la posición da energía a otros. El orgullo impulsa a algunos a cumplir su deber, y otros se esfuerzan por "ganar puntos" con Dios. Sin embargo, tarde o temprano quedarán al descubierto los motivos indignos. El trabajo se volverá una carga molesta, tediosa y sin provecho. Cuando no hay la emoción de un proyecto especial, la obra del Señor se ejecuta sin entusiasmo. Sólo el amor mantiene el brillo y hace que lo tedioso se convierta en deleite.

Cuando un misionero le habló de Dios a un vendedor ambulante, él respondió rápidamente: "Este es mi dios", mientras hacía sonar las monedas en su bolsillo. Cuando amarró el enorme bulto y con mucho esfuerzo lo puso sobre sus espaldas, el misionero le preguntó: "¿No está pesada la carga?" El hombre de inmediato contestó: "No me molesta, y si usted amara a su Dios tanto como yo amo al mío, tampoco le molestaría llevar cargas pesadas". De pronto el misionero entendió la pobreza de su ministerio a través de los años. Pasó la noche en oración hasta que fue bautizado con el Espíritu —y con amor. El resultado fue un avivamiento que se extendió a otras misiones cercanas.

C. Amor Perfecto, pero Limitado

1. *Características del Amor Perfecto*

¿Cuándo se puede decir que el amor es perfecto? La respuesta no es si el amor es *agapeico* (amor de preferencia suprema), porque tal amor puede ser malo o bueno (véase Jn. 3:19; 2 Ti. 4:10; 1 Jn. 2:15). Para que sea perfecto como amor cristiano, el amor *agape* debe tener ciertas características indispensables.

(*a*) Cumple las normas de los grandes mandamientos. (*b*) Su fuente objetiva es el Espíritu Santo (Ro. 5:5). (*c*) Su fuente subjetiva —o "control de calidad"— es un "corazón limpio, de buena conciencia y fe no fingida" (1 Ti. 1:5). (*d*) Es práctico, aun sacrificado en su expresión (1 Jn. 3:17). (*e*) Es comunión con Dios que excluye el temor al juicio (4:17-18). (*f*) Está libre de lo opuesto al amor: Odio, amargura, resentimiento, injusticia, malas acciones y un espíritu que no perdona (Gl. 5:13-26). El amor de los cristianos carnales es cálido y frío, o es tibio, o está mezclado con emociones y actitudes contrarias al amor. Es precisamente esta condición la que se convierte para ellos en un descubrimiento doloroso y los hace conscientes de que necesitan "algo más".

Finalmente, (*g*) —a riesgo de repetición— el amor *agape* es dinámico, esto es, lo suficientemente poderoso para ser la fuerza motivadora en nuestra vida. Los motivos secundarios se sumergen en la pasión principal. Cuando nuestro servicio se vuelve lento, cuando nuestro trabajo cristiano nos parece aburrido, y cuando nos pagan bien pero hacemos un trabajo mediocre, algo anda mal. Cuando nos entusiasman más los trucos y ganancias que la causa misma, nuestro amor es tibio y ha dejado de ser perfecto. Las sonrisas fingidas, los testimonios artificiales y las personalidades impresionantes son sustitutos pobres de rostros radiantes, alabanzas espontáneas y servicio sincero para el Señor.

2. *Limitaciones del Amor Perfecto*

Las limitaciones más obvias son impuestas por nuestra finitud.[18] Al no conocer todos los hechos que puedan servirnos de base, a veces expresamos nuestro amor en forma imprudente y aun torpe. A menos que nuestro amor esté equilibrado por el don de discernimiento, a veces podemos ser crédulos y demasiado confiados debido a ese amor.

Nuestro amor está también limitado en su expresión por la escasez de recursos y energías. No podemos hacer todo lo que necesitamos o quisiéramos hacer. El abismo entre los recursos y la necesidad es con frecuencia tan grande, que nos atormenta un sentimiento de incapacidad y fracaso. Los que aman poco no tienen problema con la presión de las oportunidades perdidas, pero para la persona que ama mucho, el abismo es tormento constante.

En algún momento los cristianos que aman deben comprender que la salud, el tiempo y el dinero no son suficientes para satisfacer todas las demandas. Somos personas individuales, no múltiples, y sólo podemos estar en un lugar a la vez. En alguna manera, es cierto el dicho de que "dos deberes no luchan entre sí". A veces sencillamente tenemos que entregar a Dios las personas que nos necesitan y a quienes no podemos alcanzar. No obstante, no debemos llegar al punto de considerar nuestras limitaciones tan normales, que perdamos el empuje necesario para conservar la salud espiritual. No debemos conformarnos con una clase de vida cómoda que rehuya el dolor de amar.

D. Un Amor Creciente

1. *Hacia la Madurez del Fruto del Espíritu*

Ninguna de las características del amor perfecto mencionadas anteriormente es incompatible con el concepto del amor creciente. El amor, en sus ocho aspectos (Gl. 5:22-23), se experimenta primero como gozo y paz en la conversión. Después, gradualmente (siempre en aumento), bajo la ministración formadora y santificadora del Espíritu, se convierte en paciencia, benignidad y bondad (benevolencia).

Las que tardan más en madurar son las formas de amor manifiestas como fe, mansedumbre y templanza, que se relacionan con nuestra opinión de nosotros mismos y de nuestro mundo particular. Un cristiano lleno del Espíritu es fiel en sus obligaciones principales, pero a veces tarda en comprender la importancia de la fidelidad en asuntos secundarios. Estos podrían incluir puntualidad en compromisos, prudencia para guardar confidencias, seriedad para cumplir promesas, y regularidad en las devociones familiares y personales.

La gentileza o mansedumbre es, en un sentido, la virtud suprema, al ser como Cristo, quien dijo que debíamos aprender de El que era "manso y humilde de corazón" (Mt. 11:29; véase 5:5;

21:5; 1 P. 3:4; 1 Ts. 2:7; 2 Ti. 2:24). Los conflictos domésticos y las divisiones en la iglesia, resultan con más frecuencia por la falta de mansedumbre que por cualquier otra causa. En nuestra relación con Dios, la mansedumbre es "la disposición de espíritu, en la que aceptamos que sus tratos con nosotros son buenos y, por tanto, no luchamos ni resistimos", dice Vine.[19]

Muchos cristianos sumisos a Dios tienen dificultad en ser mansos en las relaciones interpersonales. Hay confusión para resolver problemas de autoestima, funciones (como masculinas y femeninas, propietario y subordinado), y la apropiada defensa de derechos e ideas. El Espíritu Santo enseñará esa firme serenidad y esa autovalía segura que se mantienen imperturbables cuando nuestro "lugar" es amenazado. Esto se vuelve cada vez más un asunto de perspectiva (¿cuán importante es?), reposo en el Señor (¡es su obra!), y comprensión amorosa de por qué otros nos están causando dificultades. Sólo la mansedumbre que nace de un amor vibrante y tierno nos permite ser atacados sin atacar en represalia. Esta es una forma de amor que necesita crecer en muchos de nosotros. "Tú guardarás en completa paz a aquel cuyo pensamiento en ti persevera, porque en ti ha confiado" (Is. 26:3). Esto incluye aquellas ocasiones en que somos mal interpretados, presionados y oprimidos. La prueba suprema de madurez es la capacidad de aceptar la crítica con serenidad y sacar provecho de ella.

Y ¿qué diremos de la templanza? El Espíritu Santo nos dará dominio propio. Insistirá en extender su práctica a las áreas de gastos, estados de ánimo, conversaciones, recreaciones, pasatiempos, y aun a lo que comemos. Un doctor no cristiano le dijo a un obrero cristiano: "Usted está muy gordo. Si adelgazara, lo que dice tendría más credibilidad".

2. *La Necesidad de Sabiduría*

Pablo oró por los filipenses: "Que vuestro amor abunde aún más y más en conocimiento y en toda comprensión, para que aprobéis lo mejor" (Flp. 1:9-10). Al ofrecer una disculpa por las peculiaridades de cierto predicador bien intencionado, su superintendente dijo con toda bondad: "Este hermano querido tiene más religión y menos sentido común que cualquier otra persona que yo haya conocido". Esta no es una dicotomía poco común. El amor imparte buena voluntad, pero no buen criterio. No crea por sí mismo la información o el conocimiento para hacer las cosas.

No era suficiente que los diáconos fueran llenos del Espíritu Santo; también debían ser llenos de sabiduría (Hch. 6:3). Lo uno no necesariamente asegura lo otro. Por tanto, Pablo estaba ansioso de que el amor de los filipenses creciera, no sólo en exuberancia emocional, sino en el control de la calidad. Necesitaba crecer en el área de conocimiento y profundidad de discernimiento. Si queremos vivir una vida de amor que sea útil, debemos aprender a ser comprensivos e interesarnos en los demás. Esto requiere amor disciplinado por la inteligencia.

Sólo por medio de ese amor inteligente podremos discernir lo mejor en cada situación. Hay un mínimo de verdad en la "ética de situación". La aplicación detallada de la ley divina es, hasta cierto grado, determinada por las particularidades del caso concreto. El error de la ética de situación, defendida por Joseph Fletcher y otros en la escena contemporánea, es la premisa de que el amor es la única ley que se necesita. Afirma que en cualquier situación, toda persona es capaz de ver la acción amorosa que debe efectuar, y efectuarla. Esto contradice por completo las duras realidades de la naturaleza humana pecaminosa. Sólo el amor de gracia, experimentado por la persona regenerada, y entronizado en el creyente lleno del Espíritu, es capaz de crear la disposición y la compasión para percibir la acción más amorosa. Pero aun tal amor errará si no es entrenado por el Espíritu en cuanto a las reglas básicas de la voluntad de Dios y el criterio ético (Heb. 5:14).

3. El Comportamiento Es Importante

Nuestro amor no sólo debe crecer en sabiduría, sino que debe estar respaldado por la cultura personal general. Un corazón amoroso puede quedar oculto tras una conducta ordinaria y brusca. Las personas incultas y descorteses con frecuencia ofenden con su apariencia extravagante (aun indecente), el bullicio, y el volumen alto de su voz. La risa estridente y sin control en lugares públicos, el hábito de interrumpir a la persona que está hablando, y la continua referencia a ellas mismas, son prácticas que ofenden a otros. Las personas obstinadas que siempre corrigen a las demás, o que arman escándalos en presencia de otros por detalles nimios, son indeseables ante la sociedad. Dios puede ver un corazón de oro, pero lo que la gente ve no es amor, sino rudeza. El cristiano tiene el deber de cultivar el tacto, la cortesía y los buenos modales por causa de Cristo.

En ningún lugar es más importante esto que en el hogar, donde con frecuencia no es la falta de amor la que causa irritaciones, sino la falta de tacto y de respeto. La desconsideración es la causa. Las personas llenas del Espíritu, sobre todo, deben mostrar la plenitud del Espíritu permitiendo que El les enseñe discreción y gentileza. Y deben cultivar el amor compasivo, no sólo hacia los millones de personas que mueren de hambre en otros continentes, sino hacia las personas muy humanas y sensibles que viven bajo su mismo techo.

El amor incluye la disposición para sentir por la otra persona —para estar alerta a sus sentimientos, protegerla y evitar avergonzarla frente a otros—. En suma, es ser bondadosos. Pero atrapados en la prisa y vertiginosidad de la vida complicada de hoy, con frecuencia olvidamos y herimos sin necesidad ni intención. Los esposos, apoyados en la oración, deben estudiar a su cónyuge para entender por qué reacciona en cierta forma ante algunas situaciones. Deben aprender a complacer a su pareja, en vez de demandar siempre que la pareja los complazca. Esta clase de religión en el hogar es santa, e imparte credibilidad a nuestra profesión de amor perfecto.

III. Una Vida Justa

Pablo dijo que el reino de Dios "no es comida ni bebida, sino justicia, paz y gozo en el Espíritu Santo" (Ro. 14:17). La "comida y bebida" recapitulan todos los asuntos prácticos menores que discuten los capítulos 14 y 15. Tienen relación con el culto, la alimentación, la cultura y la persona. No debemos elevarlos a un lugar definido en la religión, sino mantenerlos en la categoría de opinión personal y práctica variable (véase 14:5).

No es así con la justicia básica. Es aún más elemental que la paz y el gozo, porque éstos son ilusorios sin la justicia. Aun la comida y la bebida pueden convertirse en asuntos de la vida ética cristiana, si se sacan del contexto del culto y se evalúan en términos de temperancia, salud, ejemplo e influencia. "Mejor es no comer carne ni beber vino ni hacer nada que ofenda, debilite o haga tropezar a tu hermano" (14:21). Así que la comida y la bebida, sin importancia en un nivel, pueden ser vitales en el nivel de la justicia. Esto sucede especialmente en el nivel del amor, porque éste está dispuesto a ver las posibles implicaciones éticas en nuestra libertad personal, y actuar de acuerdo a ello.

A. La Demanda Etica

La norma ética que debe caracterizar la vida santa está resumida en muchos pasajes bíblicos, pero Romanos 12—13 es el que la presenta en forma más extensa.[20] El propósito primordial de esta recapitulación de los mandamientos: "No adulterarás, no matarás, no hurtarás... no codiciarás, y cualquier otro mandamiento" (Ro. 13:9-10), es mostrar que concuerdan con el amor. Por cuanto estas actividades prohibidas dañan a sus víctimas, y el amor es una disposición a protegerlas de tal daño, el amor no tendrá ningún conflicto con estas leyes. El amor cristiano no es liberación de ellas, sino liberación en ellas. El amor deseará cumplir todas sus obligaciones hacia el prójimo y evitar todo detrimento. Por tanto, es falso todo amor que se profese y que tienda a hacer a un lado la ley, y transgredir lo que es recto, justo y legal.

Quienes enseñan y exponen la santidad, sobre todo, deben estar absolutamente libres de culpa en las prácticas éticas. Esto incluye las relaciones con el sexo opuesto, que deben ser irreprochables. La libertad contemporánea entre los sexos puede ser saludable, pero también puede ser una trampa. Hay una línea muy delgada que separa la camaradería entre amigos que es hermosa y pura, y el libertinaje imprudente que puede, con impresionante sutileza y rapidez, arrastrarlos hacia un colapso moral. Los cristianos que quieran evitar el pecado deben proteger rigurosamente sus afectos.

En los negocios tampoco hay lugar para lo dudoso. Un axioma que gobierna a la persona santificada en todas sus relaciones de negocio es: *La gente es más importante que las ganancias*. Ya seamos compradores, vendedores o administradores, después de una transacción deberíamos poder testificar del Señor, o invitar a la iglesia, sin crear mala fama ni dar oportunidad a críticas. La santidad cumple su palabra, paga lo que debe y da medida buena. Hace que las cosas que vendemos o que instalamos estén a la altura de nuestras promesas. Trabaja honestamente la jornada completa. Es directa y franca, sin ardides ni duplicidad.

B. El Entrenamiento de la Conciencia

1. *La Brecha Etica*

A pesar de que la santidad, en teoría y en actitud personal, no permite una ética dudosa, es lamentable que a veces el sentido ético tarde en ponerse al nivel de la experiencia espiritual. Por ejemplo, un joven recientemente santificado da testimonio de su experiencia al amigo que va con él en su automóvil, ¡pero va manejando a 150 kilómetros por hora! Casi todos podemos mencionar casos de inconsistencias que hemos observado. La tragedia es que también los vecinos, los socios y, especialmente los jóvenes, se dan cuenta de ello, y las consecuencias son devastadoras.

¿Por qué existe esta brecha? Si no hay una fuerte motivación para vivir en rectitud, el corazón no es verdaderamente santo. Pero entre los santificados, la brecha ocurre por ignorancia y, en ocasiones, por limitaciones del intelecto. Algunas prácticas han sido parte integral de la vida por tanto tiempo, que uno ni siquiera se detiene a pensar en ellas. El descubrimiento de que algunas personas las consideren malas causa sorpresa.

Esto puede suceder en muchas áreas, como la forma de hablar, vestir, conducir el auto, la observancia del día domingo, el cumplimiento de promesas, la puntualidad y el manejo de dinero. Además, aun entre gente inteligente, no muchas personas inconversas tienen el hábito de pensar con claridad en los puntos delicados de situaciones éticas, como el pago de impuestos, informes de gastos, informes estadísticos, explicación de acciones y relato de eventos. En ocasiones esto se complica aún más por la capacidad limitada para pensar en forma inteligente. La santidad no eleva necesariamente el cociente de inteligencia.

2. *Cómo Cerrar la Brecha*

La iglesia tiene el deber de sentar normas éticas y de traer a la luz situaciones éticas, aunque sea tan sólo para cumplir su responsabilidad de enseñar. Los predicadores tienen el deber de predicar con frecuencia y claridad acerca de la honradez, pureza, justicia y conducta ejemplar. Ningún nuevo convertido debe desconocer estas cuestiones éticas.

El concepto detrás de todo esto es sencillo. Sea que tratemos con niños, jóvenes o nuevos miembros de la iglesia, debemos estar dispuestos a discutir estos asuntos, porque sólo así podemos enseñar a pensar éticamente. Se deben discutir las prácticas incorrectas y explicar las correctas. Los cristianos enteramente santificados están ávidos de tal instrucción y listos a adaptarse al nuevo estilo de vida. Los cristianos carnales tratarán de evadir y objetar, pero en ocasiones el Espíritu puede usar esa misma actitud de ellos para llevarlos al punto de convicción.

Sin embargo, el cristiano lleno del Espíritu tiene también un deber. No sólo debe escuchar la instrucción, sino estudiar las Escrituras para encontrar el estilo de vida que ejemplifica la santidad. Después, tiene que aprender a aplicar los principios bíblicos a la confusión y violencia de este siglo. Debe entrenarse para pensar en términos éticos. Si no lo hace, seguirá siendo una piedra de tropiezo para los demás.

La motivación para pensar éticamente se profundizará cuando este cristiano comprenda la destrucción que resultará en las vidas de otros si él no lo hace. El puede llegar al cielo, mientras que aquellos en quienes ha influido quizá se pierdan por la inconsistencia que vieron en él. Un adolescente recién convertido tenía en alta estima a un miembro de la iglesia, hasta que una noche, en una reunión social, oyó a su héroe hacer reír al grupo con una cadena de chistes de mal gusto. Sintiéndose decepcionado, le dijo a la anfitriona: "Esta es la clase de chistes que yo acostumbraba decir antes de convertirme". Quedó tan afectado por la experiencia que perdió la estabilidad espiritual y se fue de la iglesia.

¡La gente nos observa!

3. *La Relación de la Conciencia con el Amor y la Fe*

La Biblia enseña que el amor perfecto nos moverá a tener mayor conciencia. La falta de esa sensibilidad contradice toda declaración que uno haga de tener amor perfecto. El corolario es que la fe salvadora se cancela cuando se juega con la conciencia. En 1 Timoteo 1:19 se nos dice que la fe naufraga cuando se hace a un lado la buena conciencia. Wesley afirma que la buena conciencia "se aleja contra su voluntad. Siempre dice: 'No me lastimes'. Y los que la retienen, nunca naufragan en cuanto a su fe". Después agrega solemnemente: "Por tanto, estos fueron creyentes alguna vez, pero cayeron no sólo en forma vil, sino final".[21]

Pablo menciona dos ejemplos, Himeneo y Alejandro. Ellos evidentemente creían que la conciencia y la fe salvadora no tenían relación alguna; que la fe podía retenerse sin una buena conciencia. Es sorprendente que lo que hoy algunas personas llaman ortodoxia, el apóstol Pablo lo llamaba blasfemia.

C. La Santidad y los Asuntos Sociales

Un corazón santo está predispuesto a estar del lado de Dios en cada asunto moral, y a implementar hasta donde pueda lo que percibe como la voluntad de Dios. Un cristiano evangélico cree que el pensamiento de Dios en cuestiones de conducta y bienestar humano se encuentra en las Escrituras; por tanto, busca conformarse a esta autoridad. La participación en causas sociales populares será motivada por un profundo interés moral y un espíritu de obediencia, no sólo por el entusiasmo de unirse a lo que esté "de moda". Durante el último siglo y medio la lucha contra la esclavitud, la lucha en favor de los derechos de la mujer, en favor de la temperancia, de los derechos civiles y otros, han sido el centro de atención pública en diferentes períodos. Los temas que ocupan primer plano en la actualidad son el aborto, la homosexualidad, la eutanasia, la pobreza, la asistencia social, las minorías, el capitalismo, la separación de la iglesia y el estado, y la guerra.

En asuntos de los cuales la Biblia habla con claridad, el creyente santificado adopta la posición que le corresponde. Sin embargo, no se puede esperar que la gente santa siempre tenga la misma opinión en todos estos temas, porque mientras algunos asuntos son definidos, como el aborto y la homosexualidad, otros son complejos y comprenden múltiples aspectos. Personas buenas pueden diferir, tanto respecto a cuál es la verdadera posición bíblica, como respecto a los medios y métodos para efectuar cambios. La disposición de la persona santificada será pensar siempre primero en el honor de Cristo, el bienestar de la iglesia y del hogar, el carácter inviolable de la vida y personalidad humanas, y la salvación eterna de las almas. Estos serán los puntos fijos que le ayudarán a orientarse y a determinar la dirección a seguir.[22]

NOTAS BIBLIOGRÁFICAS

1. "Creemos que hay una distinción clara entre el corazón puro y el carácter maduro. El primero se obtiene instantáneamente como resultado de la entera santificación; el segundo es resultado del crecimiento en la gracia.

"Creemos que la gracia de la entera santificación incluye el impulso para crecer en la gracia. Sin embargo, este impulso se debe cultivar conscientemente, y se debe dar atención cuidadosa a los requisitos y procesos del desarrollo espiritual y mejoramiento de carácter y personalidad en semejanza a Cristo. Sin ese esfuerzo con tal propósito, el testimonio de uno puede debilitarse, y la gracia puede entorpecerse y finalmente perderse" (Manual, Iglesia del Nazareno).

2. Es verdad que es indicativo aoristo de *pleroo* en el versículo 2, e indicativo aoristo pasivo de *pimplemi* en el versículo 4, pero el sentido esencial es el mismo.

3. *Methusko*, emborrachar, implica estar lleno de vino. Si desea leer un comentario útil sobre la plenitud del Espíritu como estilo de vida, vea *CBB*, 9:252.

4. Es difícil entender el hecho de que un Espíritu Santo pueda ser igualmente asequible a millones de personas. Aún más asombrosa es la confianza de que poseemos al Espíritu como persona total, no simplemente una fracción de El. Si tratáramos sólo con una influencia divina, que emanara de Dios así como los rayos de luz emanan del sol, fácilmente podríamos imaginarnos a nosotros mismos en un punto dado de esos rayos. Pero el misterio está en la posibilidad de tener la presencia de una persona distinta, con quien podemos tener una relación de Yo-Tú sin disminuir el privilegio igual de otros creyentes. El Dios infinito no está sujeto al orden de existencia en el tiempo y espacio, pero El lo creó. Y, obviamente El puede adaptarse a una relación íntima con ese orden, y la omnipresencia llega a localizarse

en un lugar. Pero el hecho no es más sorprendente que la recepción del cuadro total en una pantalla de televisión, aunque sólo se transmita un cuadro en todas las direcciones y millares de receptores lo compartan. Un enfoque con simple sentido común supondría que cada receptor podría captar sólo una fracción de la imagen.

5. Es lamentable que muchos vivan mayormente en el nivel autónomo, más como animales que como seres humanos. Están casi totalmente controlados por impulsos, apetitos, estados de ánimo, sugestiones, estímulos y pensamientos inestables. El ser es llevado a la ventura con la corriente de las señales biológicas y sociológicas internas y externas. Tales personas son sujetos pasivos, no agentes activos. Pero si poseen inteligencia normal, deben responder por sus actos, pues el desvío a una personidad disminuida es el resultado de sus decisiones erróneas.

6. Lo que generalmente pasan por alto, en especial quienes tropiezan con el problema mente-cuerpo en la doctrina tradicional del hombre, es que el poder afectivo del Espíritu es en sí prueba de que una entidad inmaterial puede mover a una entidad material. "El problema fundamental del dualismo es la posibilidad de que una clase de sustancia actúe en otra clase de sustancia", escribe D. Gareth Jones en *Our Fragile Brains* (Downers Grove, IL: InterVarsity Press, 1981), p. 261. Pero la materia fue creada por el Dios que esencialmente no es materia. Todo milagro, incluyendo el nacimiento virginal y la resurrección, es una demostración del poder del espíritu puro para afectar la materia. Por tanto, aunque el fenómeno sea un misterio, no constituye un problema para el cristiano evangélico. Y la interacción de espíritu y cuerpo no es más difícil de concebir que la interacción del Espíritu Santo y la persona.

Un estudio fuerte en términos modernos de interaccionismo tradicional es *The Human Mistery*, por John C. Eccles (Berlín: Springer International, 1979). Dos estudios de neurocientíficos que tratan de preservar la personalidad y la responsabilidad en un enfoque integral son MacKay, *Brains, Machines, and Persons*, y Jones, *Our Fragile Brains*. Ninguno logra descartar las consideraciones dualistas.

7. *Wesleyan Bible Commentary*, ed. Chas. W. Carter (Grand Rapids: William B. Eerdmans Publishing Co., 1965), 5:541. Véase la lista de Wesley sobre las maneras en que el Espíritu puede ser contristado. *Works*, 11:424.

8. No debemos dar por sentado, sin embargo, que todo impulso es del Espíritu. El consejo es: "Probad los espíritus" (1 Jn. 4:1). Véase Richard S. Taylor, *La vida en el Espíritu*, pp. 167-169.

9. *Wesleyan Bible Commentary*, 5:417.

10. Véase *Wesleyan Bible Commentary* sobre Romanos 15:16.

11. Una lista menos conocida, pero igualmente importante, se encuentra en Romanos 12:6-8: Profetizar, servir, enseñar, exhortar, repartir, presidir, hacer misericordia.

12. Aunque la idea de desarrollar nuestro don es compatible con la discusión de Pablo en Romanos 12, no concuerda exactamente con los términos usados en 1 Corintios 12. En Romanos se recalcan las funciones, y los llamamientos o asignaciones más o menos permanentes para cumplir nuestra función particular. Por ejemplo, si el don de uno es enseñar, que enseñe; y de la misma manera, "el que preside", que lo haga "con solicitud". El pasaje es realmente un consejo a "hacer con nuestra capacidad lo que encuentren nuestras manos para hacer". Debemos aceptar nuestra función y cumplirla con alegría y eficiencia. Esto implica cultivar las habilidades necesarias requeridas, así como ejercitar el grado especial de capacitación del Espíritu. En el pasaje de Corintios, sin embargo, pareciera que los dones no se concedieran en forma permanente, para que los lleven y demuestren a voluntad (véase Heb. 2:4). No hay un don de sabiduría que eleve a unos sobre otros, sino una "palabra de sabiduría" dada cuando hay una necesidad especial; una "palabra de conocimiento" cuando se requiere una idea o información; un "don de fe" cuando

se necesita una fe especial que logre respuesta; un don de poder milagroso, como cuando Pablo hizo que Elimas quedara ciego (no siempre podía practicar este poder). Para conocer otros estudios útiles sobre el tema de los dones, véase W. T. Purkiser, *Los dones del Espíritu*; Wesley L. Duewel, *The Holy Spirit and Tongues*.

13. Brengle: *Portrait of a Prophet*, p. 59.

14. *Ibid.*

15. *The Journal of Religion* 42, N.º 3 (julio, 1962), p. 227.

16. *Theological Word Book of the Bible*, ed. Alan Richardson (New York: Macmillan Co., 1951), p. 136.

17. *Preaching Unashamed* (New York: Abingdon-Cokesbury Press, 1949), p. 41.

18. Nadie ha declarado más gráficamente las limitaciones del amor que Wesley. Véase *Works*, 11:397, 415, 417.

19. *Expository Dictionary*, 3:55.

20. Un epítome muy corto, en términos generales, es: La gracia de Dios "nos enseña que, renunciando a la impiedad y a los deseos mundanos, vivamos en este siglo sobria, justa y piadosamente" (Tit. 2:12).

21. *Explanatory Notes upon the New Testament*.

22. Para leer una explicación más detallada de la santidad y la ética, véase Richard S. Taylor, *La vida en el Espíritu*, pp. 196-235; Purkiser, Taylor y Taylor, *Dios, hombre y salvación*, pp. 554-585.

11

La Guerra Santa

La santidad de corazón nos condiciona para ver la vida a través de lentes bíblicos. Vemos la vida desde el punto de vista del Calvario y de la eternidad. Esto significa una orientación radicalmente nueva. El juicio de valores, las prioridades, los intereses personales y los objetivos son opuestos a los que prevalecen en la sociedad, o aun entre los creyentes nominales. Tenemos una nueva visión de las realidades de la situación humana.

Estamos involucrados en una guerra santa. Es una guerra real, no una escaramuza imaginaria. Y en esta guerra no hay tregua ni se da de baja, hasta que Dios mismo nos traslade del campo de batalla al trono de victoria.

La persona santa, cuyos ojos han sido purificados y completamente abiertos, ve todo con nítida claridad. No vive en un mundo ilusorio. Por eso no espera felicidad perfecta en este mundo. De hecho, sus motivaciones se elevan sobre ese objetivo, de manera que ya no lo aflige el deseo de alcanzar la felicidad. Su interés principal es ser santo delante de Dios y ser efectivo en esta guerra santa. Está dispuesta a ser usada en todo momento, a servir dondequiera, y a sacrificarse si fuera necesario. Las consideraciones de prestigio, posición y honor han perdido poder para ella.

La persona santa puede y debe estar gozosa, pero en el Espíritu (Ro. 14:17; 15:13; Gl. 5:22). Se siente alegre porque ha encontrado la respuesta a la vida, tanto para ella como para otros. Está en paz con su conciencia y con Dios. Pero no está en paz con el enemigo. No puede descansar confortablemente en un mundo de rapiña y violencia, de derramamiento de sangre y corrupción, de hambre y enfermedad. Por tanto, sufrirá en formas en que otros no sufren, aun otros cristianos. No podrá escapar de su sentido de responsabilidad y participación.

Esto continuará mientras el creyente santificado esté rodeado de almas perdidas y de la envolvente profanación causada por el pecado. Lo que quebranta el corazón de Dios quebrantará también el suyo. La verdadera santidad provee esta clase de hierro en nuestra sangre espiritual. Los cristianos que no están preparados para aceptar la guerra santa como estilo de vida, huirán de la batalla. Encontrarán una cueva o un claro distante del frente de batalla, donde puedan tener una vida fácil, tranquila, contentos y seguros con sus objetivos fútiles.

El hombre natural sueña con una existencia idílica. La persona santa ha rendido sus sueños y está dispuesta a sufrir "penalidades como buen soldado de Jesucristo" (2 Ti. 2:3). Muchos miembros del pueblo de Dios parecen vivir en relativa paz y seguridad, pero están comprometidos en la guerra santa por medio de oración, ofrendas y labores cristianas, usando sus energías y recursos.

I. La Lucha Interna

La guerra civil ha terminado. Sin embargo, muchos aspectos de la batalla contra el enemigo común continuarán afectándonos y en ocasiones agitándonos.

A. La Santidad y el Pecado

1. *La Posibilidad de Pecar*

Wesley insistía en que el nivel más bajo de la gracia salvadora era suficiente para dar victoria sobre el pecado.[1] Con esto quería decir la perpetración del pecado conocido, de acuerdo con su definición más estricta, que es "la transgresión voluntaria de una ley conocida".[2] Pero reconocía que los pecados del espíritu, como orgullo, ira y envidia, acosan a quienes aún no tienen el amor perfecto. En cualquier etapa podría haber una reversión gradual al pecado por negligencia y descuido.[3]

El peligro potencial del descuido está presente aun después de recibir la entera santificación. Debemos alimentar el fuego de la santidad con oración y lectura de la Biblia, asistencia a los medios de gracia, el hábito de permanecer vigilantes y una constante sensibilidad al Espíritu. Si estas condiciones para la victoria y el crecimiento se descuidan al sucumbir a las presiones prácticas de una vida ocupada, la llama se apagará. Se puede expresar en esta manera: Las fortificaciones serán minadas y la ciudadela del alma quedará vulnerable.

Nunca hay un estado de gracia en esta vida en que el pecado sea una imposibilidad. Juan dijo: "Estas cosas os escribo para que no pequéis". Después agregó: "Pero si alguno ha pecado, abogado tenemos para con el Padre" (1 Jn. 2:1). El "si" que implica posibilidad está siempre presente. Pero nuestro abogado es el mismo para nosotros como lo es para todos; El es también el sacrificio expiatorio por nuestros pecados. C. W. Ruth una vez me citó 1 Juan 1:9 ("si confesamos nuestros pecados, él es fiel y justo para perdonar nuestros pecados y limpiarnos de toda maldad"), y luego exclamó: "Esto es también para nosotros, ¿no es cierto? Ese "nuestros" ¿no nos incluye a nosotros?"

La cuestión del pecado es peculiarmente aguda para los cristianos enteramente santificados, porque sobre todas las cosas, temen y odian el pecado. Son sensibles a formas de pecado que para otros no tendrían importancia. La conciencia es doblemente sensible y fácilmente herida. Cuando los creyentes de santidad se dan cuenta de que han contristado al Espíritu, lo correcto es que enfrenten la falta con seriedad y la llamen pecado. Nunca deben endurecer el corazón o practicar el innoble arte de racionalizar o excusarse cuando no actúan con serenidad, cuando son dominados por la impaciencia, cuando experimentan la represión interna por algún chisme desconsiderado, cuando pasan por alto la amonestación del Espíritu, o cuando el Espíritu los insta a testificar y desobedecen. Deben pedir perdón de inmediato si la situación lo demanda, y deben confesarlo a Dios de inmediato y suplicar su perdón.

2. *El Efecto del Pecado después de la Santificación*

¿Se cancela inmediatamente la salvación debido al pecado, o sólo se rompe la relación con Dios? ¿Puede uno perder la entera santificación sin perder la justificación? Estas son preguntas comunes que han preocupado a muchos. Los maestros de santidad se han dividido en sus respuestas. J. B. Chapman, por ejemplo, creía que uno podía perder el amor perfecto y la victoria sin haber apostatado por completo. Otros han argüido con vehemencia que el pecado siempre trae como resultado la muerte espiritual total. Las opiniones respecto a la restauración han sido también diversas. Unos dicen que la recuperación completa puede experimentarse en seguida, otros insisten en que la persona debe experimentar otra vez las dos crisis de gracia.

Cuando personas buenas y capacitadas discrepan sobre un tema, el dogmatismo es impropio. Sin embargo, puede evitarse el dogmatismo al afirmar que la respuesta no es un simple sí o no. Por supuesto, "el pecado, siendo consumado, da a luz la muerte" (Stg. 1:15). Si no hay arrepentimiento ni se busca el perdón, aun un solo pecado puede costar la salvación. Y los pecados graves y declarados son evidencia poderosa del estado de apostasía.

Pero tales pecados no ocurrirán sin que haya primero una apostasía parcial interna, durante la cual hay una advertencia de gracia. El Espíritu no se ha alejado, pero lucha por detener el arrastre de la corriente (véase pp. 198-199). Durante este período pueden haber pecados de regresión, de negligencia, o las primeras señales de mala voluntad y obstinación. Quizá broten resentimiento y amargura hacia alguien, aun hacia Dios. Obviamente, este es el estado de un cristiano enfermo. En realidad no puede testificar de la "plenitud de la bendición". En su corazón sabe que todavía es hijo de Dios, porque continúa orando aunque sea en forma débil, y cumple sus deberes religiosos. Sin embargo, ¡es un cristiano derrotado!

No sabemos con certeza cuánto tiempo puede luchar una persona en esta condición sin perder por completo aun la gracia justificadora. Pero de seguro es temporal. La lucha tendrá que resolverse en una forma u otra. Si el cristiano inclinado al mal se detiene y toma tiempo para orar hasta lograr la victoria, no hay razón por la que su recuperación no pueda ser total, hasta alcanzar la plenitud del Espíritu.

Esto ocurre especialmente si la sombra espiritual no es causada por un período de regresión, sino por una falta aislada, poco común en la persona, quien de inmediato la reconoce y la "pone bajo la sangre de Jesucristo". Quien se tuerce una muñeca no necesita fracturársela para que el médico la cure. El alpinista que resbala y retrocede unos pasos, no tiene que descender al pie de la montaña para comenzar otra vez. Sin embargo, si el distanciamiento se ha convertido en apostasía declarada y reversión al pecado, y ha durado por algún tiempo, es más razonable hablar de la necesidad de "volver a hacer las primeras obras": tanto el arrepentimiento como la consagración. Aún así es imposible declarar que uno ha sido restaurado, a menos que haya retornado a "la medida completa de luz".[4]

A fin de comprender el cuadro completo, también debemos tomar en cuenta la fina línea de separación entre el pecado real a los ojos de Dios y las faltas inocentes como humanos. Cristianos conscientes pero supersensibles quizá sufran sentimientos de culpa sin necesidad. Si el adversario no logra que caigan en un adormecimiento espiritual, procurará restallar el látigo de la acusación continua. En este caso es necesario pensar con claridad. No hay ninguna virtud en confesar continuamente pecados que no son pecados; aunque por supuesto, este error es preferible a nunca confesar pecados que sí lo son.

B. La Lucha con la Tentación

1. *Las Ventajas del Santificado*

Es un error decir que la tentación para el enteramente santificado "es externa, nunca interna". Toda tentación implica deseo de alguna clase o cierto grado de lucha *en* nosotros (Stg. 1:14).[5] Nuestros pensamientos y emociones están involucrados. Es *nuestra* determinación la que está siendo atacada, no la de otro. No obstante, la frase pudiera expresar cierta verdad en sentido figurado. Los cristianos enteramente santificados han detectado una diferencia entre antes y después, aunque a menudo es indefinible.

Primero, hay una diferencia en la clase de tentación que nos atormenta. Las corrientes predominantes de la tentación se sentirán mayormente en las relaciones interpersonales, en las circunstancias difíciles, y aun en la clara conciencia de nuestras limitaciones. La tentación procederá en menor grado de la atracción de valores y placeres mundanos. Algunas cosas que antes parecían importantes pierden atractivo, por tanto, ya no constituyen avenidas de la tentación. Pertenecen al pasado.

Segundo, se revela también una fuerte diferencia en nuestra respuesta a la tentación. El ardor de la entrega espiritual, la intensidad de nuestro amor por Cristo, el deseo de agradar a Dios en lo más recóndito de nuestro ser, el celo por el honor de Dios, su buen nombre y el bienestar de la iglesia, el no querer defraudar la confianza de otros, la perspectiva del cielo y la eternidad que siempre modela nuestras ideas. Todas estas son motivaciones poderosas para resistir la tentación. El agradar a Dios remplaza el agradarnos a nosotros mismos como nuestro valor supremo constante. El abuso de confianza se considera una falta terrible.

2. Las Avenidas de la Tentación

Hay primordialmente tres avenidas de tentación: Los apetitos, las enfermedades y las propensiones naturales del yo.

a. Los apetitos siempre demandan ser satisfechos, por tanto, deben mantenerse en sujeción. Pablo dijo: "Golpeo mi cuerpo y lo pongo en servidumbre, no sea que, habiendo sido heraldo para otros, yo mismo venga a ser eliminado" (1 Co. 9:27).

Los santificados, como las otras personas, están conscientes de los instintos sexuales. En parte, esto se debe a una actividad biológica subvolitiva, normal y creada por Dios, que desafía todo recurso de gracia. Pero, en parte, también es el magnetismo profundo y misterioso entre el hombre y la mujer, que en su dimensión particularmente humana es espiritual, intelectual y también biológica. Es un sentimiento de empatía por el sexo opuesto, de admiración y compatibilidad, que hasta cierto punto puede conducir a relaciones saludables, hermosas e inocentes.

Para el pueblo santo la tentación normalmente no se desarrolla por pasión, sino por la vía del afecto y del aprecio. Quizá afinidad sea la palabra correcta. Pero la afinidad es dinamita. En ella hay un potencial explosivo y destructivo. Por tanto, para permanecer santo, el pueblo de Dios necesita proteger sus afectos y estar vigilante para evitar relaciones dudosas y situaciones comprometedoras. Ellos no deben jugar neciamente con fuego. Y deben ser doblemente cuidadosos para evitar fantasías que no llevarían a cabo en la vida real.

b. La debilidad física nos hace más vulnerables a las tentaciones, pero en este caso, éstas afectarán más bien en el nivel del espíritu. El dolor intenso o la fatiga tienden a ofuscar la mente. La vida pierde su perspectiva. La realidad se desfigura y el alma es presa de impresiones e imaginaciones falsas, aun de alucinaciones. El resultado pueden ser conductas o palabras imprudentes.

No tenemos derecho de gastar nuestras energías hasta que la desorientación gradual nos domine. Ocasionalmente circunstancias fuera de nuestro control nos forzarán a tal situación, en cuyo caso sólo podemos clamar de continuo a Dios en nuestro espíritu para que Él nos sostenga. Pero asegurémonos de que sean circunstancias fuera de nuestro control y no causadas por nosotros mismos. El celo que nos destruye no es celo inspirado por el Espíritu.

c. Las propensiones naturales del yo se vuelven avenidas para la tentación. En todos nosotros hay instintos de autoexpresión y de comunidad. La persona normal desea luchar contra los obstáculos, desea tener éxito, desea obtener conocimiento y adquirir habilidades personales. La codicia o el deseo de poseer parece ser innato en el yo. Es natural el deseo de tener mi cónyuge, mi casa, mi trabajo; libros, herramientas y otras posesiones.

De la misma manera el yo espontáneamente desea y busca amor. Sin amor, el ser se marchita, mengua y se tuerce hasta adquirir formas grotescas. Hay algo en el ser que necesita reconocimiento y aceptación. Quiere ser parte de un grupo. En un programa televisivo discutían el tema: "Lo que más temo". Educadores eruditos y hombres de negocio hablaron de la guerra y de los diversos peligros para el hombre moderno. Un hombre permaneció callado hasta que le pidieron insistentemente su participación. Entonces dijo con calma: "Lo que más temo es no ser amado". Esta es una forma de decir que Dios ha puesto necesidades grandes y profundas en la psique humana, y éstas deben satisfacerse para que la persona esté saludable; la mayor de ellas es el amor. La santidad no quita esas necesidades, sino que condiciona el alma para que encuentre satisfacción dentro de la voluntad de Dios.

Asimismo, en las personas enteramente santificadas, la reacción espontánea del yo es negativa a ciertas cosas, y es positiva a otras. Reacciona negativamente al vandalismo, a tirar basura donde no se debe, a la crueldad, a la injusticia y a la desenfrenada violación de la ley. Por ejemplo, pueden sentir disgusto e irritación contra un conductor que pone en peligro vidas humanas por manejar sin cuidado.

Además, está el área muy personal e íntima de las preferencias naturales de los santificados y de los no santificados. Preferimos éxito antes que fracaso, alabanza antes que culpa, ser comprendidos antes que ser mal interpretados, salud antes que enfermedad, placer antes que dolor, libertad de movimiento antes que estar encadenados (Hch. 26:29), circunstancias confortables antes que de necesidad.

Podríamos agregar otras, como la preferencia a estar casados en vez de solteros, a estar con los que amamos en vez de ir a tierras extrañas, a comer alimentos conocidos en vez de desconocidos.[6] En estos aspectos y muchos más de naturaleza similar, el yo está activo en los santificados como en quienes no lo son. La santidad no quiere decir que nos tiene que gustar todo lo que experimentamos o lo que somos llamados a hacer. Por medio de la gracia podemos regocijarnos en nuestros sacrificios menores por causa de Cristo, y aun regocijarnos en nuestros sufrimientos; pero lo hacemos por medio de la gracia, no por nuestra naturaleza. En su madurez espiritual, Pablo pudo testificar: "He aprendido a contentarme, cualquiera que sea mi situación" (Flp. 4:11).

Y por supuesto, no podemos omitir las grandes crisis de la vida. Tal vez padezcamos dolor y deseemos que Dios nos sane y nos restaure a la vida normal. Pero quizá El nos diga lo que le dijo a Pablo: "Bástate mi gracia" (2 Co. 12:9). Peor aún, tal vez alguien a quien amamos esté sufriendo. Sabemos que Dios podría sanarlo si quisiera, y nos preguntamos por qué no lo hace. Quizá ocurra lo peor: Que la muerte se lleve a nuestro ser amado. La gente santa sufre como todos los demás y derrama lágrimas sinceras de angustia. Ser santo no significa que recibiremos con alegría los golpes de la vida.[7]

Pero cada uno de estos asuntos que preferimos o eludimos, que nos agradan o desagradan, llega a ser una avenida de tentación. Quizá seamos tentados a dudar del cuidado de Dios, a desconfiar de la gente, a perder la fe en nosotros mismos, o a ceder a sentimientos de desaliento y luego de depresión.

O tal vez seamos tentados a evitar ciertas experiencias desagradables, y para ello manipulamos la providencia, o huimos de los deberes que nos disgustan. El pastor que no desea votos en su contra se ve tentado a dejar de predicar sobre asuntos poco populares. Le gusta la comunidad y la casa en que vive, y no quiere irse. Estos son deseos perfectamente naturales (no carnales), pero peligrosos. Son las realidades de la vida del yo que deben mantenerse en el altar día tras día, año tras año, si no queremos entronizar al yo otra vez.

C. Cómo Derrotar al Enemigo

La guerra santa sería más sencilla si sólo estuvieran involucrados el yo y el medio ambiente. Pero "no tenemos lucha contra sangre y carne, sino contra principados, contra potestades, contra los gobernadores de las tinieblas de este mundo, contra huestes espirituales de maldad en las regiones celestes" (Ef. 6:12). El propósito del "escudo de la fe" es "apagar todos los dardos de fuego del maligno" (v. 16). Cristo oró para que sus discípulos fueran protegidos precisamente de este "maligno" (Jn. 17:15, *BA*). En él estaba pensando Pablo cuando advirtió: "Ni deis lugar al diablo" (Ef. 4:27). El enseñó que debemos aprender a luchar espiritualmente para "estar firmes contra las asechanzas del diablo" (6:11; véase 1 Jn. 5:19).[8]

Negar que haya adversario no es bíblico; actuar como si no existiera es insensatez. Hay dos extremos que son igualmente erróneos: (1) Actuar como si no existiera, o (2) estar tan obsesionado con el diablo que se viva con temor. El consejo de Pablo, Santiago y Pedro en el Nuevo Testamento, es que estemos conscientes de la naturaleza de nuestro enemigo y que sepamos cómo tratarlo. "No ignoramos sus maquinaciones", dice Pablo (2 Co. 2:11), pero ese es precisamente el problema, la mayoría de nosotros las ignoramos.

1. *Los Modos de Ataque de Satanás*

Es evidente que Satanás tiene acceso a nuestra mente y puede influir en nuestro proceso de pensamiento. El entiende perfectamente bien el poder de la sugestión. Siembra ideas de autocompasión y exagera las injusticias que hayamos sufrido. Procura mantener nuestra mente enfocada en las heridas para que no podamos atender los deberes prácticos. Nos mantiene en una constante actitud de tristeza, hasta que nuestro problema parece desproporcionadamente mayor de lo que es en realidad.

Satanás acusa a Dios y a otros ante nosotros, sembrando sospechas y desconfianza. Crea sentimientos de compulsión para que hagamos esto o lo otro inmediatamente. Engendra un espíritu impulsor que da lugar al fanatismo y causa trastornos mentales. Convierte los deseos normales en deseos febriles. Todo esto puede ser influencia del poder demoníaco o satánico en nuestros procesos mentales. "Ananías", preguntó Pedro, "¿por qué llenó Satanás tu corazón para que mintieras al Espíritu Santo?" (Hch. 5:3).

El peligro mayor está en no discernir la fuente de tales pensamientos. Si sabemos "quién habla", sabremos cómo responder. Pero, por supuesto, Satanás nunca se anuncia diciendo: "Te habla el diablo". Nosotros debemos discernir lo que está sucediendo. El peligro está en suponer que nuestra razón nos está dirigiendo en un desarrollo lógico de pensamiento. Si damos esto por sentado, seguiremos el hilo de pensamiento hasta llegar a actitudes equivocadas y acciones insensatas. Santiago nos aconseja: "Resistid al diablo, y huirá de vosotros" (Stg. 4:7). Pero, ¿cómo podremos resistir a quien no reconocemos?[9]

Satanás nos ataca no sólo en nuestros pensamientos, sino también en nuestros cuerpos. Jesús anduvo "haciendo bienes y sanando a todos los oprimidos por el diablo" (Hch. 10:38). Muchas enfermedades sicosomáticas, que de otra manera no se pueden explicar, son de origen satánico. Aun personas llenas del Espíritu pueden estar sujetas a opresión demoníaca en sus espíritus, lo cual es peligroso para el alma si no se reconoce y resiste. Pueden tener también síntomas físicos peculiares, cuyo fin es incapacitarlos para hacer la obra de Dios y aun eliminarlos de la forma o área de trabajo al que han sido llamados.

2. *Nuestro Modo de Lucha*

Fundamentalmente, por supuesto, nuestra fe es nuestro escudo. Debemos creer en la suficiencia y poder de la sangre de Cristo, y en el hecho de que Satanás es un enemigo derrotado en sentido absoluto. Está encadenado aun en sus rugidos (como se ilustra en *El progreso del peregrino*). No puede llegar a nosotros sin el permiso de Dios, y no puede entrar en nosotros sin nuestro permiso. Nuestro sometimiento debe ser a Dios en Cristo, nunca a influencias extrañas ni a líderes religiosos cuestionables.

La manipulación de la mente y de la voluntad humanas en una receptividad pasiva (como en la meditación trascendental) es una maniobra satánica. Nuestras mentes deben estar dirigidas activamente por nuestra voluntad santificada. La desobediencia a Cristo en algún punto, por pequeña que sea, proveerá una grieta para el engaño de Satanás. Toda desobediencia entorpecerá nuestros sentidos espirituales. Por tanto, será menos probable que reconozcamos la naturaleza demoníaca de las sugestiones que vienen a nuestra mente. Nuestra salvaguarda está en la pureza, confianza, obediencia y vida conforme a la Palabra de Dios.

Además, debemos entender el poder de nuestras armas: La sangre de Cristo, la Palabra y la oración. Un antiguo adagio dice: "El diablo huye cuando ve de rodillas al santo más débil". ¡Debemos creerlo! De la misma manera, Satanás se acobarda ante la cruz y carece de poder para resistir la Palabra.

Junto con esto es importante ver la autoridad que tenemos como personas llenas del Espíritu. Cristo nos ha dado esta autoridad y debemos ejercerla sin temor. Podemos reprender a Satanás en una situación dada y ordenarle que se vaya. Debemos aprender qué significa resistir. Satanás no tiene poder alguno cuando lo resistimos con oración, con pureza de corazón, en el nombre de Jesús y con la autoridad de la sangre y la Palabra. Esto puede parecer extremo a las mentes no espirituales, pero no es increíble para quienes se han enfrentado en batalla contra Satanás y lo han visto acobardarse ante la autoridad espiritual.

Es trágicamente cierto que muchas iglesias se han desintegrado por poderes extraños, y muchos obreros cristianos han perdido la salud física y emocional sin causa médica. Muchas victorias potenciales se han perdido sencillamente por descuido, porque el pueblo de Dios "no se dio cuenta de las maquinaciones" del adversario y no supo cómo luchar en esta fase de la guerra santa.

II. Proseguimos a la Madurez

Una cosa es gozar por fe la bendición de la santidad de corazón, y otra es estar afirmado en ella. Es aún otra cosa alcanzar un nivel de madurez esencial para la felicidad y utilidad máximas. Idealmente los cristianos llenos del Espíritu deberían ser capaces de olvidarse de ellos mismos y preocuparse de los demás. Es cierto que ya no son egoístas en un sentido carnal, pero para que ocurra el crecimiento de acuerdo con 2 Pedro 3:18, deben dar atención deliberada al proceso, especialmente en los primeros años, después de recibir la santificación.[10]

A. La Disciplina en la Vida del Santificado

Aun una persona verdaderamente santificada puede arrastrar a la vida santa muchos vestigios de hábitos pasados. Algunos no son pecaminosos por ellos mismos, ni siquiera son evidencias de carnalidad; sin embargo, obstaculizan la eficiencia y el crecimiento. Años después de graduarse del seminario, un estudiante escribió: "He llegado a la conclusión de que la mayoría de mis preguntas sobre el tema [de la santidad] no son intelectuales, sino confusión por tratar de vivir una vida santa con una ética descuidada. La rebelión nunca ha sido mi problema, sólo el descuido, pero los resultados han sido igualmente costosos".

Un consejero profesional en una escuela secundaria, que por 25 años había luchado para afirmarse en la experiencia de la santidad de corazón, comenzó a estudiar lo que a veces se ha llamado terapia de responsabilidad. Cuando principió a aplicarla a sí mismo en la vida diaria, descubrió que por casualidad había encontrado la clave para conservar la victoria. Para principiar, aceptó la responsabilidad de una sólida vida de oración, incluyendo el levantarse más temprano para cumplirla. Su vida fue revolucionada, y con ello, el alcance de su influencia.

La disciplina es el gobernador que mantiene las ruedas de la vida en su sitio. Si no hay aplicación a la tarea de ser ordenado, el desorden será la consecuencia por abandono. Debemos organizar nuestro horario para dar lugar a la oración y a la lectura de la Biblia. De otra manera nunca tendremos tiempo. Dios y nuestras almas quedarán con las sobras y fragmentos, y desaparecerá la vitalidad espiritual. Debemos organizar nuestro trabajo, o nos destruirá. Debemos organizar nuestros gastos. Estos deben estar gobernados por una comprensión inteligente de nuestra mayordomía como personas consagradas. De lo contrario, los gastos imprevistos e irreflexivos arruinarán nuestra solvencia y nuestro testimonio.

La característica suprema de una persona disciplinada es quizá doble: (a) La capacidad de decirnos no a nosotros mismos, y (b) la capacidad de hacer lo que debemos hacer cuando debemos hacerlo, sin importar cómo nos sintamos. Es un grave error suponer que por ser santificados, no es necesario el esfuerzo personal para llegar a ser disciplinados.

B. La Sabiduría para Enfrentar las Circunstancias

Casi podríamos decir que en el progreso espiritual hay tres niveles de gracia: Gracia que convierte, gracia que purifica, y gracia que nos ayuda a enfrentar las circunstancias. Esta última es la habilidad para conducirse como cristiano en "los trajines" de la vida diaria. Se declara firmemente que la gracia purificadora crea condiciones internas adecuadas para aprender a enfrentar las circunstancias. Estas declaraciones se justifican. Si la experiencia de la santificación no produjera un cambio en nuestra respuesta a las irritaciones y frustraciones comunes de la vida, su valor sería cuestionable. La diferencia fundamental, por supuesto, es que el egoísmo excesivo del yo ha sido removido. Muchas de las irritaciones de la vida resultan cuando la gente se interpone en nuestro camino, complica nuestra vida y arruina nuestros planes. O puede ser cuando sus acciones o afirmaciones reflejan sutilmente que nuestro criterio o conducta son incorrectos. Un ego enfermo siempre salta en su defensa.

El primer requisito, por tanto, para aprender a enfrentar las circunstancias es asegurarse de mantener el yo "clavado a la cruz". Cuando estamos libres de una mente dividida, del peso de un corazón hambriento, de la presión de la ambición carnal, de la envidia, codicia, malicia y hostilidad, no sólo hay amor a Dios y al

hombre, sino también hay libertad de toda tensión. En lo exterior será cada vez más evidente:
Una conducta más reposada
Un temperamento más alegre
Un espíritu más humilde
Un mayor interés en otros
Una nueva capacidad para sentir empatía

Tal persona ya no procura impresionar a los demás ni necesita ser lo que no es. Además, posee la humildad que es como aceite en aguas tempestuosas. Una "respuesta suave aplaca la ira" (Pr. 15:1). Puede ahora aprender de sus errores y aun de sus humillaciones más dolorosas, pues sólo "al humillarnos aprendemos de la experiencia".[11]

1. *Enfrentamos las Obligaciones de la Vida*

La santidad de corazón no creará una habilidad instantánea para hacer frente a los detalles más esenciales o a las crisis mayores en la vida. Sin embargo, asegurará la determinación firme de ser leal a Dios y mantener un espíritu correcto (2 Ti. 1:7), y constituirá sumisión al Espíritu Santo como nuestro Maestro. Pero no impedirá algunas experiencias dolorosas de aguda tensión emocional y de frustración.

En la vida y en el servicio efectivo hay un aspecto humano, así como un aspecto de gracia. Algunas cosas deben aprenderse, y enfrentar las circunstancias es una de ellas. La habilidad de hacer frente a la vida sin desfallecer depende de la combinación adecuada de varios factores: Tener (*a*) energía suficiente para nuestras tareas; (*b*) una obligación proporcional a nuestro conocimiento, nuestras habilidades y nuestra capacidad; y (*c*) cierto grado de control sobre los eventos y las circunstancias.

Cuando fracasa alguno de estos factores, aumenta la presión y decae el desempeño. Consideremos, por ejemplo, el nivel de energía. La mayoría de las personas tratan de hacer demasiado con poca energía. E. Stanley Jones sufrió un colapso físico total cuando era un joven misionero. Eso lo forzó a reconocer que no era superhombre y que necesitaba dormir ocho horas diarias. Sabiamente hizo los cambios apropiados en su estilo de vida, lo que tuvo mucho que ver con su continua productividad hasta su muerte a los 83 años.

Las habilidades requeridas también son básicas. La serenidad para hacer frente a los conflictos y a las situaciones difíciles, viene de la capacidad natural más la educación y entrenamiento, combinados con la sabiduría que da la experiencia. Si antes hemos logrado vencer esta clase de situación, podemos enfrentarnos más fácilmente a ella. Si es una experiencia nueva, quizá nos sintamos abrumados. Afortunadamente el Espíritu Santo puede acudir en nuestra ayuda cuando nuestros recursos personales están por agotarse. Aun así, muchas personas santificadas han fracasado más de una vez en trabajos de la iglesia (quizá por declaraciones o acciones imprudentes en el proceso), antes que sus habilidades finalmente estuvieran al nivel de su deseo de trabajar.

No hay manera de cumplir nuestras responsabilidades en la vida sin sentir en ocasiones que "es más de lo que podemos hacer". Esto le sucede al pastor joven, a la esposa y madre, al padre que sostiene el hogar, al adolescente, al concienzudo obrero de la iglesia, al profesional y al hombre de negocios. No obstante, debemos esforzarnos por mejorar nuestra habilidad para enfrentar las circunstancias, porque nuestro testimonio está en juego. Esto incluirá una estimación honesta y realista de la energía que necesitamos, las habilidades y limitaciones que poseemos, y los recursos en nuestra situación. Además, necesitamos una humilde disposición para estructurar nuestras tareas dentro de estos límites. En otras palabras, tenemos que buscar nuestro propio paso.

2. *Enfrentamos lo Inesperado*

Aunque hayamos aprendido a enfrentar nuestro trabajo y los deberes de rutina, aún debemos tener en cuenta lo inesperado. ¿Cómo reaccionamos cuando nuestro pequeño mundo se derrumba por eventos repentinos? Pudiera ser una muerte, un accidente o un incendio. Quizá hayamos planeado las vacaciones, y a última hora uno de nuestros hijos enferma gravemente, la casa es saqueada, alguien choca el automóvil, o el jefe dice: "Hay una situación imprevista, y debo pedirte que pospongas tu viaje". O quizá llegan los invitados, y la energía eléctrica se corta antes que la comida esté lista.

Para salir victoriosos en tales circunstancias necesitamos asirnos firmemente de Romanos 8:28, aun para las cosas pequeñas. Si pensamos que somos víctimas de un destino cruel, quizá nos irritemos y nos quejemos. Si estamos en comunión y en armonía con Dios, con una fe que realmente cree que Él tiene el control, aprenderemos a aceptar lo inesperado como una oportunidad no planeada.

Asimismo, si nuestro centro son "nuestros" planes, nos molestará la interrupción; pero si nuestro centro es permitir que la providencia de Dios modele nuestras vidas, podemos literalmente regocijarnos "en el Señor siempre" (Flp. 4:4). Una característica de la vida llena del Espíritu es la capacidad de dar "siempre gracias por [lit., "por encima de" o "acerca de"] todo al Dios y Padre, en el nombre de nuestro Señor Jesucristo" (Ef. 5:20). Esto es posible si vemos los sucesos desde arriba y no desde abajo. Desde el punto de vista de la eternidad, el cristiano, aun en sus circunstancias más calamitosas, tiene siempre infinitamente mayor razón para alabar que para entristecerse.

Esto no quiere decir que nuestras reacciones emocionales espontáneas sean siempre ideales. La promesa es: "Tú guardarás en completa paz a aquel cuyo pensamiento en ti persevera, porque en ti ha confiado" (Is. 26:3). Esto sucederá literalmente, si cumplimos las condiciones. Pero cuando nuestra primera reacción es sentirnos heridos, disgustados, atribulados o aun irritados, entonces debemos decidir que actuaremos en forma responsable, a pesar de lo que sintamos.

Se requiere la perspectiva de la madurez para ver la supuesta calamidad en su relación más amplia. Cuando una joven esposa luchaba con la filtración de agua en su apartamento debido a la saturación del terreno, le dijo malhumorada a su madre: "Mamá, ¡oramos para que Dios parara la lluvia! ¿Por qué permitió Él este problema?" La madre, quien tenía más experiencia, le dijo con calma: "Querida, esto no es un problema; es sólo una inconveniencia".

Es más probable que aprendamos si tenemos el apoyo de (*a*) el espíritu genuinamente sumiso que corresponde a la santidad; (*b*) la práctica de la presencia de Dios, como enseñaba el hermano Lawrence;[12] y (*c*) el hábito de ver los propósitos y la provisión de Dios (2 Co. 12:7).[13]

3. *Enfrentamos Problemas Sicológicos*

La mente cristiana, o una mente enteramente renovada, desea siempre agradar a Cristo como la motivación fundamental y dominante de la vida. Por tanto, aprecia más la santidad que la felicidad, y la obediencia más que la libertad. Pero aquí vemos la mente como una actitud, o "sentir" (véase Flp. 2:5), un *fronema*. Es la manera en que uno piensa habitualmente en cuanto a Dios y la vida.

Sin embargo, uno puede tener una mente cristiana en este sentido, y al mismo tiempo tener una mente atribulada o confundida, o cierto grado de enfermedad mental. Estamos pensando ahora en el órgano de cognición y razón, por el cual utilizamos nuestros sistemas nerviosos para relacionarnos a la vida. La santificación de "espíritu, alma y cuerpo" definitivamente implica la limpieza del hombre total de todo pecado; pero no todo lo que necesita corrección es pecado. En la mente hay sepultados muchos recuerdos y traumas que afectan la manera en que funciona como organismo personal. Hay fobias, quizá temor a perros o a lugares cerrados. Quizá hayan complejos, o sensibilidad excesiva a ciertos temas, personas o situaciones.

Además de estos problemas menores pueden desarrollarse problemas patológicos de desorientación, quizá por arterioesclerosis u otras enfermedades o características heredadas que se desarrollan progresivamente. Como consecuencia, algunas personas santas pueden tener peculiaridades indeseables en su personalidad, y en caso de enfermedades degenerantes puede resultar una conducta que esté lejos de ser cristiana. Pero respecto al estado espiritual real delante de Dios, debe reconocerse lo que las personas eran antes de enfermar mentalmente.[14]

Mientras tanto, en el área de problemas menores, debemos aprender a entendernos a nosotros mismos para poder hacer frente a las circunstancias. Esto subraya la necesidad de un análisis más detallado de lo carnal y lo humano.

C. Lo Carnal y lo Humano

Un enfoque que a veces ayuda es usar el modelo de los síntomas. Aunque un síntoma puede sugerir una enfermedad específica, por sí solo quizá no sea evidencia suficiente para un diagnóstico seguro, pues puede estar asociado a otras enfermedades. Un médico sabio, por tanto, se reserva su opinión hasta que suficientes síntomas lo lleven a la misma conclusión, o se confirmen sus sospechas por los análisis de laboratorio, los rayos X y otros exámenes.

De la misma manera, al diagnosticar nuestro estado espiritual o el de otros, es bueno tener en mente que, aunque ciertas características indeseables señalen un problema carnal, éstas no son necesariamente pruebas. Debido a su naturaleza, quizá se deban a una enfermedad, no al pecado.

Primero debemos estar conscientes de las manifestaciones de la mente carnal que identifica la Biblia. La siguiente lista puede servirnos como guía, aunque no sea exhaustiva:

Incredulidad (Ro. 11:20)
Desobediencia (Heb. 4:6, 11)
Celos y contiendas (1 Co. 3:1-4)
Mundanalidad (Ro. 8:6; Stg. 4:4; 1 Jn. 2:15)
Tibieza espiritual (Ap. 3:15)
Avaricia (Lc. 12:15; Ef. 5:5; Col. 3:5; Heb. 13:5)
Amargura (Ef. 4:31; Heb. 12:15)
Divisiones (2 Co. 12:20)
Rebeldía (Jer. 5:23, Heb. 3:7-19)
Ante estas evidencias claras están los siguientes síntomas:

1. *La Obstinación*

La terquedad habitual de una persona en cuanto a trivialidades, sólo porque por naturaleza le disgusta ceder en algún punto ante otra persona (Dios o ser humano), indica por cierto un espíritu pecaminoso. Algunos tienen un ego tan enfermo que siempre "deben tener la razón". Pero la negativa a ceder en un punto de convicción personal, por fidelidad valerosa, es cualitativamente diferente. A veces tal obstinación pudiera ser insensata en lugar de sabia, sin embargo, no es señal de un espíritu malo. Desgraciadamente otros a menudo ven la "falta" como simple testarudez carnal.

2. *La Irritabilidad Nerviosa*

Por su temperamento, algunas personas se enardecen fácilmente. Así como hay diferencia cualitativa entre pereza y debilidad (aunque a veces no se discierne con facilidad), también hay diferencia cualitativa entre un mal genio destructivo y rencoroso, y una perturbación emocional moderada ante una situación difícil. La irritabilidad habitual y el mal humor que nacen de hostilidad general, susceptibilidad egoísta y resentimientos ocultos, no se justifican. Pero las reacciones apresuradas debido a una enfermedad nerviosa o una naturaleza hipertensa, requieren paciencia y comprensión, no necesariamente condenación. El equilibrio emocional en medio de una crisis de excesiva presión se adquiere por crecimiento, no es un don de gracia instantáneo.

3. *El Temor y la Ansiedad*

Sin duda muchos temores y ansiedades se originan en la incredulidad o en una conciencia atribulada. Pero no todos. Así como mucha gente tiene menos tolerancia al dolor, algunos tienen menos tolerancia al temor. El perfecto amor echa fuera el temor al juicio final, pero no necesariamente todo temor, como el temor al cáncer, a los huracanes, etc. Tampoco elimina la ansiedad cuando nuestros hijos adolescentes están fuera de casa en la noche; y no debe eliminarla.

Pablo dijo: "De fuera, conflictos, y de dentro, temores" (2 Co. 7:5). Si tomamos seriamente nuestras responsabilidades, el interés por otros produce cierto grado de ansiedad. La ansiedad que puede y debe evitarse por la gracia divina es la que incapacita y paraliza (2 Ti. 1:7). Estar habitualmente preocupado y ansioso no honra a Dios.

4. *La Depresión*

Generalmente los cristianos llenos del Espíritu deberían ser capaces de evitar la depresión seria. La mejor medicina preventiva es el hábito de alabar a Dios. También lo son la rapidez para obedecer y el mantener una conciencia alerta a los peligros. Pero pueden haber períodos de decaimiento emocional, de apatía e inercia. Desde el punto de vista espiritual, estos períodos se han llamado a veces "la noche oscura del alma", y en ocasiones pueden ser de origen satánico. En tales casos, mantener una fe firme, tarde o temprano nos ayudará a salir de ese estado. Pero otras veces, la depresión quizá se deba a fatiga excesiva. Uno está emocionalmente exhausto. La cura es el descanso, no la oración y el ayuno. En otras ocasiones, la depresión quizá se deba a una seria causa mental o física, en cuyo caso se requiere atención médica.

Entonces, ¿cuándo es la depresión señal de enfermedad espiritual? Cuando las causas son la preocupación por uno mismo y la autocompasión neuróticas. Asimismo, a veces la persona se deja dominar por su timidez natural y rehúsa valerse de la gracia divina para hacer lo que Dios le manda hacer. Al no obedecer, se aleja, y este alejamiento tarde o temprano la aísla de los medios de ayuda. Al fin la hundirá en una profunda depresión. El problema ahora es físico, pero la causa original fue espiritual.

5. *La Inquietud*

Si una persona experimenta hambre espiritual o insatisfacción profunda y oculta, ésta fácilmente puede manifestarse como inquietud o descontento, y quizá como inestabilidad. Por otro lado, la inquietud puede ser innata; puede ser una característica de familia. O puede causarla un temperamento impulsor y activo que siempre busca nuevas áreas de conquista. También puede originarla el Espíritu Santo, quien procura estimular a la persona a cierta clase de acción. Por tanto, la inquietud es un síntoma, pero en sí es demasiado ambigua para considerarla evidencia de estado carnal.

6. La Impaciencia

Esta es similar a la irritabilidad nerviosa, pero quizá sea más temperamental. La impaciencia adopta tres formas: (*a*) Incapacidad para esperar silenciosa y serenamente a otros o a la providencia divina. (*b*) Incapacidad para perseverar. Este es el significado básico de *hupomone* (Stg. 1:3; Heb. 12:1). Algunas personas nunca finalizan lo que emprenden en la vida. Es una costumbre que desarrollaron en la niñez y juventud. Cuando encuentran dificultades, les es más fácil irse y principiar en otro lugar. Esta es una gran debilidad de carácter, aunque en sí, no es prueba de un estado no santificado. El Espíritu Santo con el tiempo tratará esto. (*c*) Incapacidad para ser gentil en circunstancias molestas. Para el perfeccionista es difícil tolerar las faltas de otros.

La impaciencia puede nacer de un egoísmo básico que lo hace a uno obstinado, impetuoso, arrogante, exigente, desconsiderado, incontrolable y explosivo. Por otro lado, la impaciencia puede ser producto de un celo carente de sabiduría. Tales personas tienden a ser intolerantes con lo que para ellas es torpeza inexcusable. Quizá hablen con precipitación en vez de cautela, ya sea por ignorancia, falta de madurez o por un temperamento pronto a enojarse. Piensan que su deber es actuar de inmediato, pero al actuar hacen más daño que bien. Les ayudaría mucho más aprender que con "paciencia ganaréis vuestras almas" (Lc. 21:19), esperar y permanecer callados. Mientras esa impaciencia sea causada por un espíritu correcto, es posible que no sea pecaminosa. Sin embargo, puede hacer mucho daño y necesita ser corregida. La paciencia es una característica muy significativa de la madurez.

D. Las Señales de Crecimiento

Un organismo sano naturalmente crece en forma más normal y, en algunos casos, más rápidamente que un organismo enfermo. Esto también se aplica a los cristianos. La santidad es la salud del alma. Un cristiano saludable no se toma el pulso a cada momento ni vive introvertidamente. La naturaleza de la santidad es dirigir el alma hacia afuera y hacia arriba. Uno esta más consciente de su misión respecto a la Gran Comisión. El objetivo no es tener reputación de santo, sino ser útil. Uno no busca cierta imagen personal, sino honrar a Cristo; no busca éxito profesional por el éxito mismo, sino ganar personas para Cristo por el bien de ellas.

El objetivo de la persona santa no es la realización propia. Sin embargo, ciertas características son visibles si hay crecimiento.

1. La Relación con las Autoridades

Estudios recientes sobre sicología del desarrollo de Piaget, Kohlberg, Stewart y otros, no sólo han analizado los estados normales de maduración, sino que han recalcado la importancia del pensamiento y la decisión independientes para alcanzar madurez. En la santificación son centrales la emancipación de la dependencia servil de lo que otros opinan, y la confirmación de la personalidad independiente. Pero tal desarrollo se detendrá, en vez de acelerarse, si la legítima autonomía de la decisión propia no encuentra su equilibrio al relacionarse con las autoridades bíblicamente identificadas. Por primera vez (en el caso del creyente enteramente santificado) uno tiene el valor de permitir que Dios sea Dios, rompiendo todos los lazos esclavizantes. Pero esto no cancela (para el joven) la obligación relativa a la autoridad de los padres, o (para los adultos) el reconocimiento de la autoridad relativa del estado y de la iglesia. Una de las características de quienes reciben la plenitud del Espíritu es la capacidad de someterse unos a otros "en el temor de Dios" (Ef. 5:21).[15]

2. El Discernimiento

Una traducción de Filipenses 1:10 dice que nuestro amor debe crecer en conocimiento y discernimiento, de tal manera que podamos escoger "lo mejor" (BA). Muchos parecen incapaces de distinguir entre lo vital y lo negociable, entre las cosas que realmente importan y las que sólo parecen importar (o sólo importan a ciertas personas). Por esto siempre elevan lo secundario al rango de primario y les dan a ambos el mismo nivel de atención. En consecuencia, lo que debería relegarse a la categoría de opinión, preferencia o costumbre, se convierte en asunto de convicción, resultando en un divisionismo innecesario. Hay divisiones pecaminosas, sensibles y necias. El cristiano maduro discierne la diferencia.

3. La Tensión del Amor

Amar en forma cristiana cuesta, porque requiere que subordinemos los derechos personales al bienestar de los demás. Nunca olvida el principio de la mayordomía de la influencia. Con agrado sacrifica las libertades personales si ve que éstas serán piedra de tropiezo para personas más sensibles.

Pero la tensión es también una lucha entre nuestra compasión por el pecador y nuestro odio al pecado. El amor, para ser cristiano, debe amar lo recto así como a la gente. ¿Cómo manejamos la crisis delicada que resulta cuando, por defender lo recto, ofendemos a la gente?

Se ha dicho que Jesús nunca permitió que los principios se antepusieran a la gente; pero no es cierto. El amó al joven rico. Sin embargo, su amor estuvo gobernado por principios, no sólo por compasión. Fueron principios los que dictaron los términos morales del discipulado que Jesús estableció. Y rehusó cambiar de opinión cuando el joven se fue triste. El amor supremo comprende que comprometer los principios, a la larga, nunca es un acto de bondad, sino de crueldad. Una señal de madurez es la inteligencia que discierne las necesidades de la gente en relación a los principios, y el valor para amar sin transigir.

4. La Sensibilidad Creciente

Esta es dual: Una sensibilidad creciente a la dirección del Espíritu Santo, y un conocimiento creciente de los temperamentos, necesidades y anhelos de la gente que nos rodea. Es cuestionable cualquier "crecimiento" que no nos transforme de manera que sea más fácil vivir y trabajar con nosotros. El esposo se vuelve más atento a las necesidades emocionales de su esposa. Los miembros de la iglesia son más sensibles al clamor silencioso de adolescentes y adultos vacilantes que necesitan ayuda. Hay una humildad personal cada vez más profunda que facilita decir: "Lo siento". Hay prontitud para "arreglar las cosas", ya sea con Dios o con la gente.

Esta sensibilidad creciente incluye también mayor aprecio por la cultura personal. Ya no despreciamos el refinamiento de las buenas costumbres, sino que lo consideramos parte de una mayordomía más amplia. Algunas cosas que antes nos interesaban, ahora no nos interesan; otras que no nos interesaban, ahora nos interesan. Sólo los cristianos inmaduros piensan que el lenguaje correcto, la ropa apropiada y los buenos modales son asuntos insignificantes.

5. La Autoimagen Sana

Hoy se reconoce universalmente la necesidad de autoestima para tener buen rendimiento. La persona madura ha aprendido a evaluarse (*a*) en términos del amor de Dios (que la hace realmente importante), y (*b*) en términos de un inventario honesto y realista de sus características positivas y negativas como persona (que será un antídoto efectivo contra el orgullo). Debe haber un equilibrio saludable entre la humildad y el amor propio. Es no tener "más alto concepto" de nosotros que el que debemos tener (Ro. 12:3), pero al mismo tiempo es estar conscientes de nuestras habilidades. La fuerza estabilizadora es el reconocimiento aún más profundo de nuestra debilidad sin Dios, y el conocimiento de que sin importar cuáles sean nuestras capacidades, nuestro valor final y fundamental para el reino no será mayor que la unción del Espíritu sobre nosotros. Por tanto, ni nos despreciamos a nosotros mismos ni nos exaltamos. Nos aceptamos como instrumentos de Dios. Estamos contentos con el lugar que El nos dé en la jerarquía de la vida, ya sea alto o bajo.

6. *La Responsabilidad de Comunicar*

No todos son llamados a predicar detrás de un púlpito, y no todos los que son santos, son igualmente elocuentes. Sin embargo, todo cristiano es llamado a ser un comunicador de Cristo, no sólo mediante el ejemplo, sino también usando palabras. No podemos evadir el propósito del poder pentecostal: Ser testigos (Hch. 1:8). Esto debe manifestarse en una habilidad creciente para hablar de cosas santas, si no en público, al menos en privado, ante familiares, amigos y vecinos. Debe manifestarse también en creciente sabiduría en el estilo y forma de nuestro testimonio público de la gracia justificadora y santificadora de Dios.

Wesley enseñó que los cristianos santificados no pueden eludir "con clara conciencia" el costo del testimonio público. Sin duda, dice, tales personas "deben hablar". Y explica:

> El hombre no enciende una vela para ponerla debajo de un almud; mucho menos el Dios infinitamente sabio. El no levanta tal monumento de su poder y amor para ocultarlo de la humanidad. Al contrario, es su intención que sea una bendición general a los de sencillo corazón. Su propósito pues, es no solamente la felicidad de ese solo individuo, sino de animar y alentar a otros a seguir en pos de la misma bendición... No hay otra cosa debajo del cielo que anime más a los justificados, que conversar con aquellos que han experimentado una salvación más alta aún. Esto pone aquella salvación plenamente ante su vista, y aumenta su hambre y sed de obtenerla; una ventaja que se hubiera perdido del todo, si la persona así salvada permaneciera callada.[16]

7. *La Profundización de la Devoción*

Aquí llegamos a la clave indispensable, tanto para la vida de santidad como para la guerra santa, ya sea para conservar la victoria personal o para lograr el avance del reino de Dios. Todas las líneas de doctrina, testimonio, estilo de vida y vitalidad interna se cruzan en el punto de contacto personal con Dios. Esta es la relación de "Yo-Tú" que impedirá que nuestras relaciones humanas sean sólo "Yo-Eso".

La oración y la Palabra juntas son los medios señalados para recibir y transmitir poder. Nuestra religión no es más profunda ni más auténtica que la realidad de nuestra vida de oración. Nuestro trabajo para Dios será sólo un "címbalo que retiñe", a menos que sea activado por el Espíritu Santo en respuesta a la oración. La santidad es conocer a Dios o, de lo contrario, es una parodia inútil. La pasión dominante y continua siempre debe ser el deseo de conocer mejor a Dios.

Sólo cuando oramos el Espíritu Santo nos puede enseñar, amonestar, corregir, formar, perfeccionar, fortalecer, animar y afirmar.

Sólo la persona que ora es transformada a la imagen de Cristo, "de gloria en gloria" (2 Co. 3:18).

Sólo el hombre o la mujer de oración sabrá totalmente lo que significan estas palabras: "La senda de los justos es como la luz de la aurora, que va en aumento hasta que el día es perfecto" (Pr. 4:18).

NOTAS BIBLIOGRÁFICAS

1. *Works*, 6:15, y otros.
2. *Ibid.*, 11:396.
3. *Ibid.*, 7:341, y otros.
4. Pero, ¿qué relación hay entre esa resantificación y la pecaminosidad heredada? No hay relación en el mismo sentido de la primera experiencia. La depravación que necesita ser purificada es autogenerada, pero igualmente virulenta.
5. La palabra *epithumia* significa "deseo fuerte" y, en este caso, no debe traducirse "concupiscencia", como si un deseo tentador fuera necesariamente un deseo maligno. Véase Richard S. Taylor, *La vida en el Espíritu*, pp. 224-236.
6. No es racismo tener preferencia natural por quienes son como nosotros, por la sencilla razón de que con ellos tenemos más en común. Sin embargo, los salvos "son del mismo linaje" en un nivel más profundo y fundamental, sin tomar en cuenta la nacionalidad, el color o la raza. Por tanto, la gracia puede trascender la preferencia natural (e inocente) por las afinidades culturales y raciales, creando una nueva clase de afinidad.
7. Aun Pablo oró tres veces por la remoción de su aguijón. Pudo regocijarse en él sólo cuando lo reconoció como medio para glorificar a Dios.
8. La mayoría de las referencias al "diablo" en el Nuevo Testamento son traducciones de *daimonion* y deben traducirse "demonio". Los demonios son muchos, probablemente ángeles caídos; ellos constituyen el reino del mal. Cuando el Nuevo Testamento se refiere al archidemonio, Satanás, generalmente se usan los

términos *diabolos* y *satanas*. "Satanás no es simplemente la personificación de influencias malignas en el corazón, porque él tentó a Cristo, en cuyo corazón nunca habría podido surgir un pensamiento maligno (Jn. 14:30; 2 Co. 5:21; Heb. 4:15). Además, tanto el Antiguo como el Nuevo Testamento, especialmente este último, afirman que Satanás es una persona. Si el lenguaje del Antiguo Testamento fuera figurado, el Nuevo Testamento lo declararía" (Vine, *Expository Dictionary*, 3:320).

9. La realidad de esta guerra y la astucia del enemigo, así como algunos de sus métodos, serían más gráficos para nosotros al leer *Screwtape Letters*, de C. S. Lewis. Marion H. Nelson, M.D., ofrece una discusión excepcionalmente útil respecto a nuestra confrontación con Satanás, *Why Christians Crack Up*, ed. rev. (Chicago: Moody Press, 1967), pp. 145-160.

10. Aun Juan Wesley afirmaba que "no es imposible que una persona lo pierda [el estado de santidad] más de una vez, antes de ser establecida en él" (*Perfección cristiana*, p. 92). El escribió sus "Consejos a los Santificados" para ayudar a sus metodistas a evitar este problema. Toda persona que tome seriamente 2 Pedro 3:18 debe leerlos con frecuencia (*Perfección cristiana*, pp. 92-104).

11. Helmut Gollwitzer, *The Demands of Freedom* (New York: Harper and Row, Publishers, 1965), p. 71.

12. *The Practice of the Presence of God*, publicado por Peter Pauper Press, New York. "El hermano Lawrence" era Nicholas Herman de Lorraine, quien fue un hermano laico entre los carmelitas descalzos en París en 1666.

13. Esto incluye una revelación clara de lo que es importante para Dios. Cuando la esposa de un ministro se sintió frustrada al no poder cumplir con sus deberes durante un período de enfermedad, oró diciendo: "Señor, debería estar ayudando a otros en lugar de recibir ayuda todo el tiempo. Debería estar trabajando para ti". El Señor le susurró: "Hija mía, tu amor y devoción son más importantes para mí que tu servicio". Paul Tournier nos previene contra una "teología del éxito" que no sea una "teología de la cruz". Al hablar del énfasis actual en la utilidad, dice: "La idea de armonía interna ha sido substituida por la idea de archivos de éxitos" (*The Whole Person in a Broken World* [New York: Harper and Row, Publishers, 1964], pp. 128-129).

14. Libros que pueden ser útiles para conocernos a nosotros mismos y a otros en un marco de referencia sicológico (aunque con frecuencia sin una perspectiva de santidad), son: C. J. Adcock, *Fundamentals of Psychology* (Baltimore: Penguin Books, 1964); Tournier, *The Whole Person in a Broken World*; Nelson, *Why Christians Crack Up*; C. B. Eavey, *Principles of Mental Health for Christian Living* (Chicago: Moody Press, 1956); W. Curry Mavis, *The Psychology of Christian Experience* (Grand Rapids: Zondervan Publishing House, 1964).

15. Tournier dice: "Por tratar de justificar la ley del más fuerte en nombre de la naturaleza, hoy hemos minado el concepto total de armonía, de sacrificio, de orden, y finalmente de comunidad. Veo muchos matrimonios en conflicto... Si no ocurre una verdadera revolución espiritual en la pareja, nuestros esfuerzos serán en vano. Pues lo que los obstaculiza es precisamente esta idea, tan en boga hoy, de que uno debe ser fuerte a fin de no ser derrotado, y que ceder es prueba de debilidad. La idea de que hacer concesiones es señal de grandeza, que el perdón es una victoria real, y que renunciar a la voluntad propia es un gozo, todas son ideas que casi han desaparecido en la actualidad" (*The Whole Person*, p. 129).

16. *Perfección cristiana*, pp. 46-47. Un consejo excelente sobre la importancia y manera adecuada de testificar de la entera santificación se encuentra en J. A. Wood, *Amor perfecto*, pp. 134-151. El insiste en que el claro testimonio de la gracia no puede retenerse sin el reconocimiento humilde y claro de ello en ocasiones apropiadas. La falta de un testimonio positivo y gozoso refleja incertidumbre en el corazón (y con frecuencia vaguedad en el púlpito).

Bibliografía Selecta

Agnew, Milton S. *More than Conquerors: The Message of Romans—Chapters 1—8*. Chicago: Salvation Army, 1959.

———. *The Holy Spirit: Friend and Counselor*. Kansas City: Beacon Hill Press of Kansas City, 1980.

Aikens, Alden. "Wesleyan Theology and the Use of Models", *Wesleyan Theological Journal*, otoño de 1979.

Aldrich, Joseph C. *Life-Style Evangelism*. Portland: Multnomah Press, 1981.

Anderson, T. M., comp. y red. *Our Holy Faith*. Kansas City: Impreso para Asbury College por Beacon Hill Press of Kansas City, 1965.

Arndt, William F. y F. Wilbur Gingrich. *A Greek-English Lexicon of the New Testament and Other Early Christian Literature*. Chicago: University of Chicago Press, 1957.

Arthur, William. *Tongue of Fire*. London: Epworth Press, J. Alfred Sharp, s.f.

Augsburger, Myron S. *Quench Not the Spirit*. Scottsdale, PA: Herald Press, 1961.

Baldwin, Harmon A. *Holiness and the Human Element*. Kansas City: Beacon Hill Press, 1919.

Bangs, Carl. *Arminius: A Study in the Dutch Reformation*. Nashville: Abingdon Press, 1971.

Barker, John H. J. *This Is the Will of God: A Study in the Doctrine of Entire Sanctification as a Definite Experience*, ed. rev. London: Epworth Press, 1956.

Bassett, Paul y William M. Greathouse. *Explorando la Santidad Cristiana*. Vol. 2, *Los Fundamentos Históricos*. Trad. por H. T. Reza. Kansas City: Casa Nazarena de Publicaciones, 1994.

Bonhoeffer, Dietrich. *The Cost of Discipleship*. New York: Macmillan Company, 1963.

Bonner, Harold, comp. *Proclaiming the Spirit*. Kansas City: Beacon Hill Press of Kansas City, 1975.

Boyd, Myron F. y Merne A. Harris, comps. *Projecting Our Heritage*. Kansas City: Beacon Hill Press of Kansas City, 1969.

Brengle, Samuel L. *Heart Talks on Holiness*. New York: Salvation Army Publishing House, 1900.

———. *The Way of Holiness*. New York: Salvation Army Printing and Publishing House, 1920.

Brice, Joe. *Pentecost*. Salem, OH: Convention Book Store, 1973.

Bridges, Jerry. *The Pursuit of Holiness*. Colorado Springs, CO: Navpress, 1978.

Brockett, Henry E. *Scriptural Freedom from Sin*. Kansas City: Nazarene Publishing House, 1941.

———. *The Christian and Romans 7: Bondage to Sin versus Freedom in Christ*. Kansas City: Beacon Hill Press of Kansas City, 1972.

Brokke, Harold J. *Saved by His Life: An Exposition of Paul's Epistle to the Romans*. Minneapolis: Bethany Fellowship, Inc., 1964.

Brown, Charles Ewing. *The Meaning of Sanctification*. Anderson, Indiana: Warner Press, 1945.

Burtner, Robert W. y Robert E. Chiles. *John Wesley's Theology: A Collection from His Works*. Nashville: Abingdon Press, 1983.

Byrum, R. R. *Christian Theology*, ed. rev. Red por Arlo F. Newell. Anderson, IN: Warner Press, Inc., 1982 (original, 1925).

Carter, Charles Webb. *The Person and Ministry of the Holy Spirit*. Grand Rapids: Baker Book House, 1974.

———, red. *A Contemporary Wesleyan Theology*. 2 vols. Grand Rapids: Francis Asbury Press of Zondervan Publishing House, 1983.

———, red. *The Wesleyan Bible Commentary*. 7 vols. Grand Rapids: William B. Eerdmans Publishing Company, 1967.

Cattell, Everett Lewis. *The Spirit of Holiness*. Grand Rapids: William B. Eerdmans Publishing Company, 1963.

Cell, John Croft. *The Rediscovery of John Wesley*. New York: Henry Holt and Company, 1935.

Chadwick, Samuel. *The Call to Christian Perfection*. Kansas City: Beacon Hill Press, 1943.

———. *The Way to Pentecost*. New York: Fleming H. Revell Company, s.f.

Chamberlain, William Douglas. *An Exegetical Grammar of the Greek New Testament*. New York: Macmillan Company, 1960.

Chambers, Leon y Mildred. *Holiness and Human Nature*. Kansas City: Beacon Hill Press of Kansas City, 1975.

Chambers, Oswald. *Biblical Ethics*. Fort Washington, PA: Christian Literature Crusade, 1947.

———. *If Thou Wilt Be Perfect*. London: Simpkin Marshall, Ltd., 1939.

———. *My Utmost for His Highest*. New York: Dodd, Mead and Company, 1935.

Chapman, James B. *Holiness, the Heart of Christian Experience*. Kansas City: Beacon Hill Press, 1941.

———. *The Terminology of Holiness*. Kansas City: Beacon Hill Press, 1947.

Christensen, Bernhard. *The Inward Pilgrimage*. Minneapolis: Augsburg Publishing House, 1976.

Church, John R. *Earthen Vessels*. Louisville: Pentecostal Publishing Company, 1942.

Clark, Dougan. *The Inner and Outer Life of Holiness*. Red. por Anna Louise Spann. Portland: Evangel Publishers, 1945.

———. *The Offices of the Holy Spirit*. Philadelphia: National Association for the Promotion of Holiness, 1879.

———. *The Theology of Holiness*. Chicago: Christian Witness Company, 1893.

Clarke, Adam. *Christian Theology*. Salem, OH: Convention Book Store, publicado originalmente en 1835.

———. *The Holy Bible with a Commentary and Critical Notes*. 6 vols. New York: Abingdon Press, s.f.

Coleman, Robert E. *The Mind of the Master*. Old Tappan, NJ: Fleming H. Revell Company, 1977.

Colson, Charles W. *Loving God*. Grand Rapids: Zondervan Publishing House, 1983.
Cook, Thomas. *New Testament Holiness*. London: Epworth Press, 1948.
Cookman, Alfred. *The Higher Christian Life*. Boston: Christian Witness Company, 1900.
Corlett, D. Shelby. *God in the Present Tense: The Person and Work of the Holy Spirit*. Kansas City: Beacon Hill Press of Kansas City, 1974.
Corlett, Lewis T. *Holiness, the Harmonizing Experience*. Kansas City: Beacon Hill Press, 1948.
Cox, Leo G. *El Concepto de Wesley Sobre la Perfección Cristiana*. Trad. por Josué Mora. Kansas City: Casa Nazarena de Publicaciones, 1986.
Curtis, Olin Alfred. *The Christian Faith*. Grand Rapids: Kregel Publications, 1956.
Dawson, Grace. *Set Among Princes: The Royal Road to Spiritual Riches*. Kansas City: Beacon Hill Press of Kansas City, 1979.
Dayton, Wilber T. "Entire Sanctification", *A Contemporary Wesleyan Theology*, vol. 1. Red. por Charles W. Carter. Grand Rapids: Francis Asbury Press of Zondervan Publishing House, 1983.
DeWolf, L. Harold. *Responsible Freedom: Guidelines to Christian Action*. New York: Harper and Row, Publishers, 1971.
Dieter, Melvin Easterday. *The Holiness Revival of the Nineteenth Century*. Metuchen, NJ: Scarecrow Press, 1980.
Doty, Thomas K. *The Two-fold Gift of the Holy Spirit*. Chicago: T. B. Arnold, 1891.
Duewel, Wesley L. *The Holy Spirit and Tongues*. Winona Lake, IN: Light and Life Press, 1974.
Dunning, H. Ray y William M. Greathouse. *An Introduction to Wesleyan Theology*. Kansas City: Beacon Hill Press of Kansas City, 1982.
Earle, Ralph. *The Quest of the Spirit*. Norwood, MA: Norwood Press, 1940.
Edman, V. Raymond. *They Found the Secret*. Grand Rapids: Zondervan Publishing House, 1968.
Ellyson, E. P. *Bible Holiness*. Kansas City: Beacon Hill Press of Kansas City, 1952.
Field, Benjamin. *Handbook of Christian Theology*. New York: Methodist Book Concern, s.f.
Fletcher, John. *Works*. Salem, OH: Schmul Publishers, 1974 (reimp.).
Ford, Jack. *What the Holiness People Believe*. Birkenhead, Cheshire: Emmanuel Bible College and Missions, 1954.
Foster, Randolph S. *Christian Purity: Or the Heritage of Faith*. New York: Eaton and Mains, 1869.
Forsyth, Peter T. *Positive and Modern Mind*. New York: George H. Doran Company, 1907.
Franco, Sergio, red. *Comentario Bíblico Beacon*. 10 vols. Trad. por Adam Sosa y otros. Kansas City: Casa Nazarena de Publicaciones, 1981-1984.
Friberg, Barbara y Timothy Friberg. *Analytical Greek New Testament*. Grand Rapids: Baker Book House, 1981.
Friedrich, Gerard, red. *Theological Dictionary of the New Testament*. Trad. por Geoffrey W. Bromiley. Grand Rapids: William B. Eerdmans Publishing Company, 1972.

Gamertsfelder, S. J. *Systematic Theology*. Harrisburg, PA: Evangelical Publishing House, 1921.

Gardner, John E. *Personal Religious Disciplines*. Grand Rapids: William B. Eerdmans Publishing Company, 1966.

Geiger, Kenneth, red. *Further Insights into Holiness*. Kansas City: Beacon Hill Press, 1963.

———, red. *Insights into Holiness*. Kansas City: Beacon Hill Press, 1962.

———, red. *The Word and the Doctrine*. Kansas City: Beacon Hill Press of Kansas City, 1965.

Gordon, A. J. *The Ministry of the Spirit*. New York: Fleming H. Revell Company, 1894.

Gould, J. Glenn. *The Whole Counsel of God*. Kansas City: Beacon Hill Press, 1945.

Gray, Frederick Albert. *Christian Theology*. 2 vols. Anderson, IN: Warner Press, 1946.

Greathouse, W. M. *Desde los Apóstoles Hasta Wesley*. Trad. por Sergio Franco. Kansas City: Casa Nazarena de Publicaciones, 1978.

———. *The Fullness of the Spirit*. Kansas City: Nazarene Publishing House, 1958.

———, Donald S. Metz y Frank G. Carver. *Romanos y 1—2 Corintios*, vol. 8 del *Comentario Bíblico Beacon* (10 vols.). Trad. por Sergio Franco y Adam Sosa. 1.ª ed. rev. Kansas City: Casa Nazarena de Publicaciones, 1991.

Grider, Kenneth, red. asoc. *Diccionario Teológico Beacon*. Kansas City: Casa Nazarena de Publicaciones, 1995.

———. *Entera Santificación: La Doctrina Distintiva del Wesleyanismo*. Trad. por Gladys de Aparicio y José Pacheco. Kansas City: Casa Nazarena de Publicaciones, 1991.

———. *Repentance unto Life*. Kansas City: Beacon Hill Press of Kansas City, 1965.

Hadley, Norval. *Sin and the Sanctified*. Kansas City: Beacon Hill Press of Kansas City, 1980.

Hall, Clarence W. *Samuel Logan Brengle: Portrait of a Prophet*. New York: Salvation Army, Inc., 1935.

Harper, Albert F. *Holiness and High Country*. Kansas City: Beacon Hill Press, 1964.

Harrison, Everett F., red. *Baker's Dictionary of Theology*. Grand Rapids: Baker Book House, 1968.

Hartley, John E. y R. Larry Shelton, reds. *An Inquiry into Soteriology from a Biblical Theological Perspective*. Vol. 1 de *Wesleyan Theological Perspectives*, Arlo F. Newell, red. gen. Anderson, IN: Warner Press, Inc., 1981.

Hegre, T. E. *The Cross and Sanctification*. Minneapolis: Bethany Fellowship, Inc., 1960.

Henry, Carl F. H., red. *Baker's Dictionary of Christian Ethics*. Grand Rapids: Baker Book House, 1973.

———. *The Christian Mindset in a Secular Society: Promoting Evangelical Renewal and National Righteousness*. Portland: Multnomah Press, 1984.

Hills, A. M. *Fundamental Christian Theology*. 2 vols. Pasadena, CA: C. J. Kinne, 1931.
———. *Holiness and Power*. Jamestown, NC: Newby Book Room, 1983.
Hogue, Wilson T. *The Holy Spirit*. Chicago: W. B. Rose, 1916.
Hopkins, Evan Henry. *The Law of Liberty in the Spiritual Life*. London: Marshall Brothers, 1905.
Hopkinson, Arthur W., red. *The Pocket William Law*. London: Latimer House Limited, 1950.
Hordern, William E. *New Directions in Theology Today*, vol. 1. Philadelphia: Westminster Press, 1966.
Howard, Richard. *Newness of Life*. Kansas City: Beacon Hill Press of Kansas City, 1975.
Huffman, J. A. *The Holy Spirit*. Marion, IN: Standard Press, 1944.
———. *The Meaning of Pentecost*. Marion, IN: Standard Press, 1940.
Jessop, Harry E. *Foundations of Doctrine in Scripture and Experience*. Chicago: Chicago Evangelistic Institute, 1938.
———. *We, the Holiness People*. Chicago: Chicago Evangelistic Institute, 1948.
Jones, E. Stanley. *Victory Through Surrender*. Nashville: Abingdon Press, 1966.
Jones, Charles Edwin. *The Holiness Movement* (bibliografía). Metuchen, NY: Scarecrow Press, 1974. Publicado en cooperación con *The American Theological Library Associaton*.
Joy, Donald M. *The Holy Spirit and You*. New York: Abingdon, 1965.
Keller, W. Phillip. *A Laymen Looks at the Love of God: A Devotional Study of First Corinthians 13*. Minneapolis: Bethany House Publishers, 1984.
Kempis, Tomás de. *The Imitation of Christ*. New York: E. P. Dutton, s.f.
Knight, John A. *The Holiness Pilgrimage*. Kansas City: Beacon Hill Press of Kansas City, 1973.
———. *In His Likeness*. Kansas City: Beacon Hill Press of Kansas City, 1976.
Koberle, Adolf. *The Quest for Holiness: A Biblical, Historical and Systematic Investigation*. Trad. de la 3.ª ed. alemana por John C. Mattes. Minneapolis: Augsburg Publishing House, 1936.
Kuhn, Harold B. *"God: His Names and Nature"*. Monografía publicada por *Christianity Today*, s.f.
Kuyper, Abraham. *The Work of the Holy Spirit*. New York: Funk and Wagnalls Company, 1900.
Law, William. *A Serious Call to a Devout and Holy Life*. Philadelphia: Westminster Press, 1958.
Lawrence, Hermano (Nicholas Herman of Lorraine, laico carmelita en París, 1666). *The Practice of the Presence of God*. Mount Vernon, NY: Peter Pauper Press, 1963.
Lightfoot, J. B., trad. y red. *The Apostolic Fathers*. Red. y completado por J. R. Harmer. Grand Rapids: Baker Book House, 1962.
Lindstrom, Harald. *Wesley and Sanctification*. London: Epworth Press, 1946.
Lowrey, Asbury. *Possibilities of Grace*. Chicago: Christian Witness Company, 1884.

MacKay, Donald M. *Brains, Machines and Persons*. Grand Rapids: William B. Eerdmans Publishing Company, 1980.

Mahan, Asa. *The Baptism of the Holy Ghost*. New York: George Hughes and Company, 1870.

———. *Scripture Doctrine of Christian Perfection*. Boston: Waite, Pierce and Company, 1844.

Malony, H. Newton. *Humbleness and Holiness: Readings in the Psychology/Theology of Mental Health*. Grand Rapids: Baker Book House, 1983.

Mavis, W. Curry. *The Holy Spirit in the Christian Life*. Grand Rapids: Baker Book House, 1977.

———. *The Psychology of Christian Experience*. Grand Rapids: Zondervan Publishing House, 1964.

McCumber, W. E. *Holiness in the Prayers of St. Paul*. Kansas City: Beacon Hill Press, 1955.

———. *Holy God—Holy People*. Kansas City: Beacon Hill Press of Kansas City, 1983.

McLaughlin, George A. *Inbred Sin*. Chicago: Christian Witness Company, 1902.

Meadley, T. D. *Top Level Talks: The Christian Summit Meeting; Studies in Scriptural Holiness or the Doctrine of Entire Sanctification*. London: Epworth Press, 1969.

Merritt, Timothy. *The Guide to Christian Perfection*. Boston: T. Merritt and S. D. S. King, 1839.

Metz, Donald S. *Studies in Biblical Holiness*. Kansas City: Beacon Hill Press of Kansas City, 1971.

Miller, H. V. *His Will for Us*. Kansas City: Beacon Hill Press, 1949.

———. *The Sin Problem*. Kansas City: Nazarene Publishing House, s.f.

Mitchell, T. Crichton. *Great Holiness Classics*. Vol. 2, *The Wesley Century*. Kansas City: Beacon Hill Press of Kansas City, 1984.

Morris, Leon. *Testaments of Love: A Study of Love in the Bible*. Grand Rapids: William B. Eerdmans Publishing Company, 1981.

Murray, Andrew. *The Believer's Holiness: The Full Blessing of Pentecost*. Minneapolis: Bethany House Publishers, 1984.

———. *The Believer's Secret of Holiness*, ed. rev. (título anterior: *Holy in Christ*). Minneapolis: Bethany House Publishers, 1984.

Neely, Thomas B. *Doctrinal Standards of Methodism*. New York: Fleming H. Revell Company, 1918.

Nelson, Marion H. *Why Christians Crack Up*, ed. rev. Chicago: Moody Press, 1967.

Nelson, Wilbur E. *Believe and Behave*. Nashville: A Sceptre Book, Division of Royal Publishers, 1979.

Newell, Arlo F. *Receive the Holy Spirit*. Anderson, IN: Warner Press, Inc., 1978.

Ockenga, Harold John. *Power Through Pentecost*. Grand Rapids: William B. Eerdmans Publishing Company, 1959.

Orr, J. Edwin. *Full Surrender*. London: Marshall, Morgan, and Scott, 1957.

Outler, Albert C. *Theology in the Wesleyan Spirit*. Nashville: Tidings, 1975.

Owen, John. *The Holy Spirit: His Gifts and Power*, reimp. Grand Rapids: Kregel Publications, 1954.
Palmer, Phoebe. *Faith and Its Effects: Or Fragments from My Portfolio*. New York: Impr. privada en 200 Mulberry St., 1854.
———. *The Way of Holiness*. Red. y abrev. por Alathea Coleman Jones. Wilmore, KY: Asbury Theological Seminary, 1981.
Peck, Jessie T. *The Central Idea of Christianity*. Louisville, KY: Pentecostal Publishing Co., s.f.
Perkins, Hal. *Leadership Multiplication*. 8 vols. Kansas City: Beacon Hill Press of Kansas City, 1983.
Peters, John Leland. *Christian Perfection and American Methodism*. New York: Abingdon Press, 1956.
Peterson, Michael L. "Orthodox Christianity, Wesleyanism, and Process Theology", *Wesleyan Theological Journal*, otoño de 1980.
Pope, William Burt. *A Compendium of Christian Theology*. 3 vols. London: Wesleyan Conference Office, 1880.
———. *A Higher Catechism of Theology*. New York: Phillips and Hunt, 1884.
Porter, James. *A Compendium of Methodism*. New York: Carlton and Porter, 1851.
Purkiser, W. T. *Beliefs That Matter Most*. Kansas City: Beacon Hill Press, 1959.
———. *Conceptos en Conflicto sobre la Santidad*, ed. rev. Trad. por José Y. Soltero e Ira L. True. Kansas City: Casa Nazarena de Publicaciones, 1990.
———. *Explorando la Santidad Cristiana*. Vol. 1, *Los Fundamentos Bíblicos*. Trad. por H. T. Reza. Kansas City: Casa Nazarena de Publicaciones, 1988.
———, red. *Explorando Nuestra Fe Cristiana*. Trad. por M. Pérez Rivas. Kansas City: Casa Nazarena de Publicaciones, 1979.
———. *Los Dones del Espíritu*. Kansas City: Casa Nazarena de Publicaciones, 1979.
———, Richard S. Taylor y Willard H. Taylor. *Dios, Hombre y Salvación*. Trad. por H. T. Reza, 2.ª reimp. Kansas City: Casa Nazarena de Publicaciones, 1991.
———. *Sanctification and Its Synonyms*. Kansas City: Beacon Hill Press, 1961.
Ralston, Thomas Neely. *Elements of Divinity*. Red. por T. O. Summers. Nashville: Cokesbury Press, 1924.
Roberts, B. T. *Holiness Teachings*. Salem, OH: H. E. Schmul, 1964.
Rose, Delbert R. *A Theology of Christian Experience*. Minneapolis: Bethany Fellowship, 1965.
Rush, H. T. *The Way into Blessing*. London: Marshall, Morgan and Scott, Ltd., s.f.
Sangster, W. E. *The Path to Perfection*. New York: Abingdon-Cokesbury Press, 1943.
———. *The Pure in Heart*. New York: Abingdon Press, 1954.
Sanner, A. Elwood y Albert F. Harper, reds. *Explorando la Educación Cristiana*. Kansas City: Casa Nazarena de Publicaciones, 1994.

Shaw, George. *The Spirit in Redemption*. Cincinnati: Press of Jennings and Graham, 1910.

Simpson, A. B. *Christ Our Sanctifier*. Harrisburg, PA: Christian Publications, 1947.

———. *The Fullness of Jesus*. New York: Christian Alliance Publishing Company, 1890.

———. *The Holy Spirit*. 2 vols. New York: Christian Alliance Publishing Company, 1924.

Smith, Allister. *The Ideal of Perfection*. London: Oliphants, Ltd., 1963.

Smith, Joseph H. *Pauline Perfection*. Chicago: Christian Witness Co., 1913.

Smith, Timothy L. *The Promise of the Spirit; Charles G. Finney on Christian Holiness*. Minneapolis: Bethany Fellowship, Inc., 1980.

———. *Revivalism and Social Reform*. New York: Abingdon Press, 1957.

———. "How John Fletcher Became the Theologian of Wesleyan Perfectionism", *Wesleyan Theological Journal*, vol. 10, N.º 1, primavera de 1980.

Starkey, Lycurgus M., Jr. *The Holy Spirit at Work in the Church*. New York: Abingdon Press, 1963.

Stauffer, Joshua. *When He Is Come*. Berne, IN: Light and Hope Publications, 1948.

Steele, Daniel. *Gospel of the Comforter*. Boston: Christian Witness Company, 1897.

———. *Love Enthroned*. Boston: Christian Witness Company, 1877.

———. *Milestone Papers*. New York: Phillips and Hunt, 1878.

———. *Mistakes Respecting Christian Holiness*. Chicago: Christian Witness Company, 1905.

———. *A Substitute for Holiness, or Antinomianism Revived*. Chicago: Christian Witness Company, 1899.

Stewart, James S. *Winds of the Spirit*. Grand Rapids: Baker Book House, 1984.

Taylor, J. Paul. *Holiness, the Finished Foundation*. Winona Lake, IN: Light and Life Press, 1963.

Taylor, Jeremy. *The Rule and Exercises of Holy Living*. New York: E. P. Dutton and Co., 1876.

Taylor, Richard S., red. *Diccionario Teológico Beacon*. Kansas City: Casa Nazarena de Publicaciones, 1995.

———. *The Disciplined Life*. Kansas City: Beacon Hill Press, 1962.

———, red. *Great Holiness Classics*. Vol. 3, *Leading Wesleyan Thinkers*. Kansas City: Beacon Hill Press of Kansas City, 1985.

———. *La Vida en el Espíritu*. Trad. por Lucía G. de Costa. Kansas City: Casa Nazarena de Publicaciones, 1985.

———. *A Right Conception of Sin*. Kansas City: Nazarene Publishing House, 1945.

———. *Tongues: Their Purpose and Meaning*. Kansas City: Beacon Hill Press of Kansas City, 1973.

Taylor, Willard H., red. asoc. *Diccionario Teológico Beacon*. Kansas City: Casa Nazarena de Publicaciones, 1995.

Tenney, Mary Alice. *Blueprint for a Christian World*. Winona Lake, IN: Light and Life Press, 1953.

Torrey, R. A. *The Baptism of the Holy Spirit*. New York: Fleming H. Revell, s.f.

———. *How to Obtain Fullness of Power in Christian Life and Service*. New York: Fleming H. Revell, 1897.

Tournier, Paul. *A Whole Person in a Broken World*. New York: Harper and Row, Publishers, 1964.

Tozer, A. W. *That Incredible Christian*. Harrisburg, PA: Christian Publications, 1964.

———. *Keys to the Deeper Life*. Grand Rapids: Zondervan Publishing House, 1957.

———. *The Knowledge of the Holy*. New York: Harper and Row, 1961.

———. *The Pursuit of God*. Harrisburg, PA: Christian Publications, 1948.

Turner, George Allen. *Christian Holiness: In Scripture, in History, and in Life*. Kansas City: Beacon Hill Press of Kansas City, 1977.

———. *The Vision Which Transforms*. Kansas City: Beacon Hill Press, 1964.

———. *Witnesses of the Way*. Kansas City: Beacon Hill Press of Kansas City, 1981.

Vine, W. E. *Expository Dictionary of New Testament Words*. Westwood, NJ: Fleming H. Revell Company, 1966.

Walker, James B. *The Doctrine of the Holy Spirit*. Cincinnati: Walden and Stowe, s.f.

———. *Philosophy of the Plan of Salvation*. Cincinnati: Jennings and Pye, s.f.

Watson, Philip S. *The Message of the Wesleys*. New York: Macmillan Company, 1964.

Watson, Richard. *Theological Institutes*. 2 vols. New York: T. Waugh and T. Mason, 1834.

Wesley, Juan. *Explanatory Notes upon the New Testament*. Naperville, IL: Alec R. Allenson, Inc., 1958.

———. *La Perfección Cristiana*. Trad. por Mary Fawcett de Payano. Kansas City: Casa Nazarena de Publicaciones, 1990.

———. *The Works of John Wesley*. 14 vols. Kansas City: Nazarene Publishing House, s.f. (Reproducido de una edición autorizada publicada por la *Wesleyan Conference Office* en Londres, Inglaterra, en 1872).

White, Jerry. *Honesty and Morality and Conscience*. Colorado Springs, CO: Navpress, 1979.

Wilcox, Leslie D. *Be Ye Holy*. Cincinnati: Revivalist Press, 1965.

———. *Profiles in Wesleyan Theology*. Vol. 1. Salem, OH: Schmul Publishing Company, Inc., 1983.

Wiley, H. Orton. *Christian Theology*. 3 vols. Kansas City: Nazarene Publishing House, 1940.

———. *The Epistle to the Hebrews*. Rev. por Morris A. Weigelt. Kansas City: Beacon Hill Press of Kansas City, 1984.

Williams, Colin W. *John Wesley's Theology Today*. London: Epworth Press, 1960.

Williams, Roy T. *Sanctification, the Experience and the Ethics*. Kansas City: Nazarene Publishing House, 1928.

Wirt, Sherwood E. *Afterglow: The Excitement of Being Filled with the Spirit.* Grand Rapids: Zondervan Publishing House, 1975.

———, red. *Spiritual Disciplines.* Westchester, IL: Crossway Books, 1983.

Wood, J. A. *A Christian Perfection as Taught by John Wesley.* Boston: McDonald and Gill, Publishers, 1885.

———. *El Amor Perfecto.* Trad. por W. R. Abell. Kansas City: Casa Nazarena de Publicaciones.

———. *Purity and Maturity.* Boston: Christian Witness Company, 1899.

Wood, Laurence W. *Pentecostal Grace.* Wilmore, KY: Francis Asbury Publishing Co., 1980.

Wynkoop, Mildred Bangs. *Foundations of Wesleyan-Arminian Theology.* Kansas City: Beacon Hill Press of Kansas City, 1967.

———. *A Theology of Love.* Kansas City: Beacon Hill Press of Kansas City, 1972.

Índice de Temas

Abraham . 15, 24, 117, 121-122, 135
Absolutismo ético 59
Adán . . 20, 36-38, 40, 42, 49-52, 55-57, 62, 65, 73, 75-76, 78-81, 84, 88, 91, 94, 96-98, 109
Adikia 62, 65, 90
Adopción . . . 41, 113, 141-142, 150
Afectos 52, 164, 193, 213, 224
Agustinianismo. 75, 78, 80, 95
Alma 33, 37, 45, 93, 95-97, 139
Altar, Teología del 184
Amargura 222
Amor 17, 23, 53, 188, 203, 238
  creciente 209
  impulso redentor del 25, 205
Amor perfecto. . . 58, 143, 161-162, 215, 220-221, 236
  características del 208
  limitaciones del. 208
Anarquía ética 58
Anomia 62, 65, 90
Antinomianismo 62, 77, 111
Apeitheia 64
Apetitos. 193, 224
Apostasía. 62-63, 155, 174-175 198, 221-222
Arminianismo. 75, 96
  wesleyano 79, 80, 92
Arrepentimiento 43, 139-140, 149-150, 162
  de los creyentes 173
Artículos Arminianos. 75, 80
Asebeia 66, 90
Autodisciplina 86
Autoimagen 239
Autonomía 55, 74
Autoridades, relación con 238

Bautismo 76, 107, 127, 160
  con el Espíritu Santo . . . 93, 127, 133, 147, 149, 158
  nomenclatura 159
Benevolencia 17, 20, 23

Caída, la 42, 52, 79, 88, 92-95 97-99, 110, 162
Calvinismo/calvinista. 61, 75, 77, 138, 144
Cambio real 41, 142-143
Cambio relativo 41, 142
Carácter 17, 34-35, 38-39, 42, 45, 66, 86, 143, 155, 168, 237
  personal. 65
Carismata. 164, 200-201
Carnal 82, 93, 193, 234
  cristiano 135, 142, 154, 201-202, 208, 214
  mente. 60, 65, 85, 109, 144, 152, 155, 168, 174
Carnalidad 93, 95, 165
  síntomas de. 235
Carne, obras de la 115
Castigo eterno. 28
Catolicismo romano. 75
Celibato. 95
Celo 224
Circuncisión del corazón 114, 116, 119
Comunicación. 33, 34, 46
Comunión. 37, 40-41, 57, 198
Conciencia . . 26, 62, 86, 132, 164, 166, 199, 213, 215, 219, 221, 235, 236
Concupiscencia. 93
Confianza. 168, 181, 182, 228
Conformidad a Cristo 199
Conocimiento 50, 51
Consagración 112, 152, 162, 167-168, 175-176, 178-179, 184
Consolador 147, 158, 167
Conversión 139, 141, 143, 145
Corazón. 45, 82, 164
  estado del 45
  pureza de 45, 164-165
Corrección, sentido de 197
Cósmica, consecuencia 39
Creación 17, 74

creacionismo 96
Crecimiento 196, 235, 237
en la gracia 92-93
    teoría de la santificación
    como 146
Criatura 30, 32, 38
Crisis 42
    y proceso 148
    experiencias de 192
Cristiano 121
carnal . 135, 142, 154, 201-202, 208, 214
Cristo
religión centrada en 199
Santificador 186
semejanza a 107
Cristocentrismo 154
Cristología calcedonia 154
Criterio 161
Cruz 25, 42, 121, 133
Cuerpo 93, 109, 227
Concepto de vida del cuerpo . . 202
Cuerpo de Cristo 128
Culpa 57, 66, 76, 79, 91
    sin culpa 169
Culpabilidad 139
    sentimiento de 199, 223
Culto mosaico 116, 130
Cultura 211, 239

Debilidad física 224
Debilidad 60, 61, 75, 89
Deficiencias 63, 64, 188, 189
Degenerar 88, 98
Demérito 59
Depravación 86, 90, 93
    adquirida 143, 144
    amoral 92
    heredada 144
    total 77, 89
Depresión 236
Desarrollo 42, 47
    sicología del 86, 151
    teoría del 73-75, 79
Deseo 175
Desobediencia 20, 52, 197, 228
Despertamiento 138
Destino 31

Determinismo 60, 196
Devoción, profundización 240
Diez Mandamientos 114
Dios
autorrevelación 13
juicio 23, 26
providencia 18-23
santidad y amor 13-28
soberanía 16-17, 24, 54, 57
Discernimiento 197, 238
Disciplina(s) 199, 230
Disciplinario 25
Dispensación . . . 123-126, 164, 200
del Espíritu 120, 124, 129, 146
Dispensacionalismo 123
Disposición para lo espiritual . . 46
Doble ánimo 150
Dominio propio 210
Dones del Espíritu 200-201
Dos naturalezas 153
    teoría de las 150
Dos problemas de pecado 149
Duda 52-53

Edificación espiritual 141
Egocentrismo 66, 103, 154, 165
Egoísmo 90, 97, 99, 165, 167, 178, 195
Egolatría 92, 150
Encarnación 42
Enemistad contra Dios 89
Entera santificación 45, 47, 92, 95, 100, 158, 161, 166-168, 203, 220
Epifenomenalismo 97
Equilibrio emocional 235
Erradicación 93, 107, 149, 160
Errores 161
Espíritu humano 33, 37, 195
    correcto 231
    y cerebro 104, 194
Espíritu Santo
apagar al 197
bautismo con el (véase Bautismo
    con el Espíritu Santo)
dirección del 196-197
dispensación del 120, 123, 124, 129, 146
dones del 172, 200-201

entristecer al 197
influencia refinadora del 197
llenos con el 128, 130, 132-133, 146,
        159, 214, 228-229, 236
nacer del 122, 138, 146
pecados contra el 197
recibir al 147
retorno del 42
testimonio del 186, 187
Estado perdido 42
Estilo de vida 45, 214
Etica 45, 192, 229
de situación 211
judeo cristiana 84
Etica(o) 65
brecha 213
criterio 211
demanda 212
escogimiento 152
normas 214
pecado 62, 63
vida 212
Eva 36, 38, 42, 49-52, 55-57,
        62, 73, 88, 98
Evangélico 114
Evangelio 71
Evangelismo/evangelización . . 132,
        139-140, 200
Evidencias 186-189
Expansión religiosa 132
Experiencia 166, 192
religiosa 133, 140
Expiación . . 15, 25-26, 80, 108, 110-
        112, 115, 220
limitada 77
teoría gubernamental de la 112

Fallas, faltas 45, 196
Fe . . 52, 84, 119, 140, 152, 162, 172,
        179, 184
apropiadora 182
de expectación 181
salvadora 215
Felicidad 219, 233
Fiat divino 18
Filosofía substancialista 157
Finitud, teoría de la 61, 73-75
Flaquezas 42, 46, 60, 92, 161

Fruto del Espíritu, madurez del. 209

Genética, teoría 95
Gnóstico, gnosticismo 61, 96
Gracia 36, 40-41, 77-81, 84, 95,
        162, 164, 200, 236
amor de 205, 211
común 101, 204
declarativa 111, 144
irresistible 112
justificadora 222
obras de 45, 144, 149
operativa 111, 144
para enfrentar las circunstancias .
        230-231
preveniente 79-82, 89, 90-92
        112, 123, 125, 139
principio 117

Hamartia 63-65, 90
Hamartiología 75, 76
Hogar 206, 211, 216
Hombre natural 220
Humanidad 89, 105, 108
Humanismo . . . 54, 78, 88, 192, 195
Humano(a) 81-82
amor 204
naturaleza . 30, 34-37, 42, 57, 71-72,
        81-85, 89, 104, 108, 153, 181
ser 30, 162
Humildad . . 106-107, 177, 231, 239

Idolatría 54, 174
Iglesia 134
crecimiento de la 132
Imagen de Dios 14, 37, 41,
        89, 90, 205
Impaciencia 237
Impiedad 90
Imputación . . . 40, 45, 105, 110, 111
Incapacidad 76
Incredulidad . . 20, 52-53, 64, 66, 92
Infante 91-92
Injusticia 90
Inmortalidad 33
Inquietud 236
Integridad 191
Ira 83, 87-88, 156, 198, 220

Irritabilidad nerviosa 235

Judaísmo 126, 167
Judaizantes 116
Juicio 23, 24, 26
de valores 219
Justicia . . . 22, 40, 84, 106, 115, 117, 122, 134, 212
imputada 109, 111, 156
por obras 112, 119
Justificación. 41, 47, 111, 141, 142, 199
concomitantes de la 41
por la fe 40, 121

Legalismo 61, 119
Lenguas. 186, 201
Ley 50, 81-82, 113-115
divina 48
formal 116
material 115
natural. 26
no respetar la 90
Ley y gracia. 117
Libertad 16, 18, 22, 55-57, 60, 73-74, 77-78, 97, 188, 197, 199, 212-213, 230-231, 233
Libertades personales 238
Libre 56, 194
agente 35, 66
Libre albedrío 28, 78, 80, 91
Limpiar, limpieza. . . . 95, 110, 122, 128, 143, 144
Lucha, modo de 228
Luteranismo 61, 75

Madurez 42, 87, 108, 229, 233, 237-240
Mal, maldad . 18, 24, 48, 65, 71, 90
Maldición, la. 20
Malévolo. 32
Mayordomía 176, 230, 239
Mediador. 113, 114
Medio ambiente 43
teoría del 71, 75, 79
Medios de gracia 220
Mente. 194-196, 227-228
carnal. 65, 85, 109, 144, 152, 155, 168, 234-235
Metodología 172, 184
Milagros. 19, 43, 164
Misericordia y justicia 24
Modelos 160
Monergismo 77-78
Moral, moralidad . . . 14-16, 19, 78, 84, 136
agente. 39, 46, 59, 60, 91
brecha 102
carácter 14, 51, 86, 88
gobierno 16, 18, 24
imagen 34, 41-42, 90
impotencia 86
incapacidad. 77, 90, 91
naturaleza 49, 87, 90, 91
nueva. 88
poder 115
precondicionamiento 36
pureza 95
Morir 91, 144
Muerte. 33
espiritual. 57
Mundanalidad 175

Nacer del Espíritu . . 122, 138, 146, 148
Natural 83, 87
Naturaleza 66, 83, 85, 87, 100
humana 84, 211
pecaminosa. 63
Nuevo nacimiento . . 122, 124-125, 130, 145
concomitantes del. 141
Nuevo pacto 113, 123

Obediencia 17, 52, 162, 168, 228, 233
Obra de gracia, doble. 44
Obstinación. 155, 235
Opinión. 212
Oposición a Dios 85, 86
Oración 174, 198, 220, 241
Orgullo . . . 54, 66, 89, 92, 107, 156, 192, 240
Pacto. 16, 40, 43, 113
mosaico. 114-116, 123
Padres 207

Palabra 241
de Dios 53
Parabasis 65
Paracleto 194
Parakoe................. 64
Paraptoma 63
Paz................. 188, 219
Pecado 48-49, 52, 58-62, 66,
                     71, 100, 125
acto de.................. 55
contra el Espíritu 197
del espíritu 61, 151
después de la santificación ... 221
efectos del................. 57
en creyentes 149
innato .. 36, 81, 89, 96, 98, 153, 165
legal.................. 59, 61
ley del 63, 90, 115
original 49, 75, 92-95, 100, 149
por ignorancia 59
que está en mí............... 81
racial 71
residuos del............ 143, 152
subvolitivo 99
terminología 90
Pecaminosidad.. 41, 48, 61, 75, 81,
                     94, 99, 150
Pecar, posibilidad de 220
Pelagianismo 38, 77-79, 80, 99
Pentecostés .. 42, 120-121, 123-124,
126-135, 146, 158-160, 164, 167, 187
Perfección 161-162, 188-189
Perfeccionismo 78, 237
Personalidad 32, 34
Plenitud 193, 194, 196
del Espíritu . 43, 127, 130-133, 161,
                     172-174, 193
Poder................. 163, 165
investidura de.......... 132, 163
para santidad 41
para testificar de Cristo 163
Predestinación 77
Predisposicional............. 99
Preexistencia............... 96
Premoral 75
Principios 239
Prioridades 176, 219
Problemas sicológicos 233

Proceso 169
Promesa.............. 158, 183
Propiciación 25, 112
Providencia.............. 18, 27
Pureza 165, 228
de corazón.............. 45, 164
Purificación 143, 167, 175

Racismo.................. 241
Realismo................... 76
Realista 95
Rebelión 92
Recapitulación 89
Reconciliación.............. 40
Rectitud ... 15, 23, 36, 60, 105-106,
                     175, 214
Redención 25, 40-41, 44
Reforma............... 129, 155
Regeneración .. 41, 45, 77, 80, 120,
122, 133, 142-143, 145, 149, 175
Reino de Dios 120, 123, 134,
                     163, 212
Relación 36-37, 40, 162, 180,
                     194, 241
cambio de 185
Relacional 66, 99
Relaciones interpersonales ... 223
Relativismo................. 62
ético.................... 58, 62
Religión centrada en Cristo... 199
Religión cristiana 163
Rendición total 148
Rendir cuentas 59
Representante............ 79, 91
Representativas, teorías....... 95
Responsabilidad .. 78, 82, 100, 196
Resurrección................ 42
Revelación............... 42, 59
Reverencia 14

Sabiduría 210, 211
Salvación 105, 122, 126
Salvador.......... 105, 121, 140
                    Santidad
ceremonial 44
de corazón.............. 164, 215
divina.................. 13-28
ética 38, 39, 43, 112

impartida 110, 114-115
moralista................... 44
movimiento de.............. 95
original 35, 44
parcial 145, 166
poder para la 41, 133-134, 163
posicional 143
progresiva................. 125
subética.................... 38
total...................... 144
vida de 192
Santificación . 41, 63, 108, 111, 114, 117, 160, 167, 172, 179, 199, 238
entera. 135, 143, 145, 151, 166, 181, 185
inicial 41, 142-144, 166
pecado después de la........ 221
posicional 142
teoría del crecimiento........ 146
Satanás . 32, 39, 51, 55, 65, 227, 228
Satisfacción................. 193
Segunda
bendición............... 145, 162
crisis 151
obra de gracia .. 145, 149, 153, 199
Segundo Adán 40, 110
Seguridad 181, 183
incondicional 77
Semipelagianismo 98
Sensibilidad 239
Serenidad 210, 231
Servicio 207
Sexo 93, 94, 102
Sicología del desarrollo 238
Sicoterapia 101
Soberanía 16

Sociales, asuntos............. 215
Soteriología............ 133, 186

Teísta 18
Temor y ansiedad............ 235
Tentación 38, 46, 49, 51-52, 95, 223-224
Teodicea 23
Teología cristiana 25
Teología de proceso 102
Testigos 163, 240
Testimonio .. 83, 166, 198, 232, 240
de santidad................ 240
Traducianismo 96

Unción, ungimiento..... 127, 131, 159, 163, 240

Verdad.................. 56, 62
Vida
cristiana.................. 43, 46
espiritual................ 58, 192
estilo de 45, 66, 214
religiosa................ 129, 130
Volitivo 36, 60
Voluntad 55, 66, 99, 193-194

Wesleyanismo 80, 91, 95, 99, 100, 186

Yo 86, 90, 100, 154, 193-197, 220, 224-225, 230
conciencia de sí mismo 32
crucifixión del.............. 177
entronización del 54, 55, 226

Indice de Personas

A
Adcock, C. J. 242
Aikens, Alden 169
Allport, Gordon 101
Arminio, Jacobo 79
Arndt y Gingrich 66, 70
Arthur, William 87
Agustín, Aurelio 75, 76, 80, 93
Aulen, Gustaf 119

B
Bangs, Carl 80
Barrett, C. K. 109
Barth, Karl 28
Berkhof, L. 103
Bonar, Andrew 119
Bonhoeffer, Dietrich 144
Brengle, Samuel Logan .. 177, 178, 183, 203
Bresee, Phineas F. 11
Bromiley, Geoffrey W. 170
Browning, Raymond 191
Buswell, James Oliver, Jr. 182

C
Cannon, William R. 204
Cantril, Hadley 101
Calvino, Juan 111
Carter, Charles W. ... 137, 199, 217
Chamberlain, William Douglas .. 169
Chambers, Oswald 32, 197
Chapman, J. B. 221
Cherbonnier, E. La B. 70, 101
Clark, Gordon H. 15
Clarke, Adam 29, 136, 137
Coine, Geoffrey 101
Coker, William B. 28
Collins, Gary 86
Coulter, George 191
Cowman, Charles 165
Cox, Leo George 109
Cranfield, C. E. B. 205
Cremer 70
Cullmann, Oscar 47
Curtis, Olin 86, 98, 102, 140

D
Deschner, John 136
DeWolf, L. Harold 70, 71, 74
Dieter, Melvin Easterday . 190, 191
Dostoyevski, Fedor 103
Duewel, Wesley L. 218

E
Earle, Ralph 135
Eavey, C. B. 242
Eccles, John C. 217
Edman, V. Raymond 190
Ellyson, E. P. 156

F
Finney, Charles G. 73, 77, 181
Fletcher, John. .. 122-124, 126, 133, 136-137
Fletcher, Joseph 211
Forsyth, P. T. 14, 118
Friedrich, Gerard 170
Fuhrman, Eldon 190

G
Glover, Robert Hall 29
Gollwitzer, Helmut 242
Gould, J. Glenn 84
Gray, James M. 182
Gray, Ronald 72
Greathouse, William M. 70, 118
Grider, J. Kenneth .. 103, 135, 144, 156, 157, 169, 190, 191

H
Hall, Clarence W. ... 177, 178, 183, 204
Harper, A. F. 102
Harper, Michael 191
Harris, Merne A. 104
Hartshorne, Charles 86
Hastings, James 171
Heick, Otto W. 79, 101, 103
Henry, Matthew 137
Herman, Nicholas 242
Hills, A. M. 47
Howard, Richard E. 92

I
Ireneo 76

J
Johnson, H. W. 78
Jones, Alathea Coleman 191
Jones, D. Gareth 217
Jones, E. Stanley 13, 156, 231
Jones, Rufus 34

K
Kane, J. Herbert 29
Kierkegaard, Soren 85
Kimmel, William 101
Kinlaw, Dennis.............. 191
Klopfenstein, W. O. 198
Knight, John A. .. 122, 123, 124, 126
Knox, David Broughton 102
Koberle, Adolf 112, 140
Kromminga, Carl G. 70
Kuhn, Harold B. 15, 23, 25

L
Lederer, Henry.............. 108
Lewin, Kurt 101
Lewis, C. S. 26, 47, 204, 242
Locke, John................. 72
Lockyer, Herbert W.. 103

M
MacKay, Donald M. 104, 217
Macquarrie, John 47, 101
Martinson, Floyd 72
Mavis, W. Curry............. 242
Menninger, Karl.......... 48, 86
Metz, Donald S. 70, 103
Milton, John 35
Mueller, David L.............. 28
Mueller, George 177
Müller, Julius 96

N
Nelson, Marion H........... 242
Newman, John Henry 84
Niebuhr, Reinhold 61, 71, 101
Nakada, Juji 165
de Nouy, Lecomte 85

O
Ockenga, Harold John .. 150, 173, 178
Orígenes 76, 96
Orr, J. Edwin................ 148
Otto, Rudolf 15

P
Palmer, Phoebe 184, 185, 191
Pelagio............ 35, 76, 79, 80
Peters, John Leland 190, 191
Peterson, Michael L. 157
Piaget, Jean................. 238
Pope, William Burt......... 37, 92
Purkiser, W. T. .. 47, 69, 70, 83, 103, 118, 156, 218

R
Rafferty, Max 103
Rahner, Karl................ 98
Ramsey, Ian 160
Redding, David A............ 85
Reid, Isaiah............ 152, 153
Richardson, Alan 218
Robertson, A. T. 70
Robinson, Robert 151
Rodgers, John H.............. 28
Rogers, Carl 101
Rose, Delbert R. 191
Ruth, C. W................. 221
Rutherford, Samuel 118

S
Sanner, A. Elwood 102
Sauer, Eric.................. 31
Schaeffer, Francis 199
Sizoo, Joseph 206
Smeaton, George 138
Smith, C. Ryder 70
Smith, Timothy L. ...... : 136, 137, 190, 191
Steele, Daniel 147
Steir, Rudolph 171
Stevenson, Robert Louis 154
Strathmann, H............... 170
Sugden, E. H................ 169

T

Taylor, J. Paul 28, 69, 171
Taylor, John. 36, 45
Taylor, Richard. . . . 47, 69, 70, 104, 118, 156, 157, 217, 218, 241
Taylor, Willard H. 47, 70, 118, 121, 136, 156, 218
Tertuliano 76
Thayer, John Henry 65
Thompson, Francis. 86
Titus, Harold H. 104
Torrey, R. A. 170
Tournier, Paul 85, 242
Toynbee, Arnold. 102
Tozer, A. W. 60, 172, 173, 186
Trench, Arzobispo 168
Trueblood, Eldon 56
Turner, Goerge Allen 14, 70

V

Vine, W. E. 70, 136, 210, 242

W

Watson, Richard 90, 91
Wesley, Juan. 10-11, 36, 38, 41, 45, 59, 69, 75, 79, 91-92, 103-104, 108-109, 118-119, 123, 133, 135-136, 145, 149, 152, 156, 161, 169, 173, 180-182, 185, 187-189, 194, 204, 215, 220, 240, 242
Wilcox, Leslie D.. 169
Wiley, H. Orton 9, 14, 25, 36, 47, 90, 92, 96, 98, 109, 128, 137, 145, 156
Wirt, Sherwood E. 187
Wood, J. A. 173, 242
Wood, Laurence W. 104, 120, 135, 170
Wynkoop, Mildred Bangs 126

Indice de Referencias Bíblicas

Génesis: *1:2* 197
1:4, 10, 12, 18, 21, 25 17
1:26 30
1:28 49, 73
1:31 17, 51
2:7 30
2:15-17 50, 57
2:25 94
3:1 51, 52
3:4-8 52, 53, 57, 58, 94
3:21 94
5:3 83
5:22, 24 131
6:5 83
8:21 83
15:16 24
18:25 15

Exodo:
15:26 27
19 137
29:37 185
31:1-2 131
32:22 83

Levítico:
4:2 59
5:14-17 59
11:44-45 15
18—19 13
19:2 15
20:7 15

Números:
15:27-31 59

Deuteronomio:
4:24 15
9:3 15
9:6-7 83
9:24-27 83
30:6 114, 145
32:4 17

1 Samuel:
10:9 122
12:24-25 125

2 Samuel:
7:14 27

1 Reyes:
8:31-32 24

2 Crónicas:
19:5-7 24

Salmos:
8:3-6 31
18:33 100
42:7 37
51:5 82
62:12 26
119:45 57

Proverbios:
4:18 241
14:9 49
15:1 231
16:7 28
24:12 26

Isaías:
6:1-6 13
6:3 28
26:3 210, 233
33:14 15
53:6 71

Jeremías:
2:19, 30, 35 27
4:18 27
5:23 235
17:9 82
31:31-34 113

Ezequiel:
36:25-27 90, 114

Oseas:
11:7 83
11:9 18

Jonás:
4:2 24

Miqueas:
6:8 121

Hageo:
1:9-11 27

Malaquías:
3:9-12 27

Mateo:
1:21 105
3:11 186
3:15 107
5:5-8 106, 164, 175, 209
5:13-14 128
5:22 61
5:28 61
5:48 162
6:9-10 135
6:12 64
6:14-15 64, 67
6:19-33 107, 134, 176
7:1 68
7:16-18 104
7:20-22 144, 202
8:5-10 179
9:29 179
10:1 164
11:11 135
11:29 107, 209
12:31 63
12:33-35 46, 104
13:5-6 140
13:20-21 140
16:16 121
16:18 127
17:20 64
18:3 144, 152
18:20 127
21:5 210
21:12-13 118
23:13-39 118
23:19 184, 185
24:7-8 27
24:24 202
25:25-30 68
25:41-46 68

Marcos:
1:8 186
1:15 139
6:34 106, 205
7:21-22 45, 67, 68, 82

9:1 134
9:24 64
12:30-31 204
16:14 64

Lucas:
3:16 186
4:1 193
5:12 193
7:28 135
7:29 159
11:1 130
11:4 63, 70
11:13 147, 173, 174
12:15 235
12:25 204
12:32 127
12:50 159
16:9 65
17:21 134
21:19 237
22:20 113
24:45-53 126
24:49 163, 172

Juan:
1:19-34 121
1:33 159
3:1-8 81, 138, 145
3:16 25
3:19 208
4:21, 23 130
4:48-50 179
5:14 27
6:68 121
7:17-18 70
7:39 133
8:46 106
9:39-41 70
12:24 177
12:31 40
14 194
14:12 132
14:15-26 126, 146, 156
14:30 40, 242
15 194
15:1-8 128

Indice de Referencias Bíblicas / 263

15:3, 5 167, 171
15:26-27 126
16 194
16:5-15 126
16:7-8 126, 129
16:11 40
16:13-14 129, 199
17:14-23 106, 109, 128, 166, 180, 226
19:30 110

Hechos:
1:4-8 126, 127, 132, 158, 163, 240
2:2, 4 110, 127, 159, *193*
2:14, 16-18 131
2:17, 33 158, 159
2:33-34 156
2:38-39 132, 147, 152, 158, 172
2:41-47 131
3:21 156
4:12 105
5:3 227
5:12 164
5:32 173, 197
5:41 164
6:3 156, 211
7:56 156
7:60 63
8:16 159
9:3 156
10:35 136
10:38 228
11:16-17 158
15:8-10 116, 165, 170, 179
16:31 64
17:30 69
19:1-6 174
20:24 177

20:32 171, 180
22:10 177
26:18 112, 171, 179
26:29 225

Romanos:
1:18 65, 70
1:20 13
1:24-26 68
1:28 85
1:29 65, 67, 68
1:30, 31 67, 68, 69
2:4 113
2:6-8 26, 65
3:3 64
3:5 65
3:9 63, 71
3:23 71
3:25-28 25, 113
4:15 65
4:20 64
5:1 40
5:2 179
5:5 188, 203, 208
5:9-10 41
5:11 41
5:12-19 63, 64, 65, 70, *81*, 110.
5:21 63
6:1-2 63
6:6 90, 103, 109
6:12 63
6:13 65, 152, 172
7 60, 63, 115, 148
7:7-25 63, 67, 81, 86, 90, 109
8:2-7 63, 65, 85, 90, 115, 118, 235
8:9-14 90, 146, 199

8:16 142, 199
8:28 22, 232
8:29 199
8:31-39 107
10:4 117
11:20 235
11:22 23
11:30, 32 64
12 212, 217
12:1-3 152, 172, 173, 175, 240
12:6, 8 217
12:17-19 69
13 212
13:1-4 67
13:9-10 68, 205, 213
13:14 45
14:5 212
14:15 205
14:17 134, 212, 219
14:21 212
14:23 62
15:3 107
15:13 219
15:16 217

1 Corintios:
1:2 155
1:30 108
2:6 40
2:14 138, 147
3:1-4 156, 166, 235
5:11 68
6:9-10 67, 68
6:11 155, 171
7:5 95
7:9 95
7:32-36 103
8:11 205
9:5 103
9:27 224
11:25 113
11:29-32 27
12 217
12—14 187
12:4 201

12:7 200, 201
12:8-11 201
12:13 169
12:17 197
12:28 201
12:31 201, 203
13 188, 203
13:1-3 164, 203
15:24 28, 136
15:56 63

2 Corintios:
1:22 110
2:11 227
3:17-18 199, 200, 241
5:5 110
5:21 242
7:1 90, 95, 166, 168, 171, 172
7:5 236
10:6 64
11:3 52
12:7 233
12:9 226
12:13 65
12:20 235

Gálatas:
2:20 118, 177
3:2 173, 179
3:6-16 117, 179
3:19 117
3:21 115, 117
3:23 116
3:24 116, 121
5:13-26 67, 68, 90, 115, 117, 118, 188, 197, 208, 209, 219
6:1 62, 63
6:7 25
6:7-8 116
6:14 118

Efesios:
1:14 110
2:2-3 64, 82

2:5, 8   200
3:16-19   179, 192
4:19   67
4:22-32   67-68, 82, 90, 197-199, 226, 235
5:4-6   64, 68, 235
5:18-21   164, 172, 192, 193, 233, 238
5:22-33   103
5:25-29   118, 180
6:5-7   68
6:11-12   40, 226
6:16   226

Filipenses:
1:9-10   210, 238
2:3   68, 69
2:5-8   176, 233
2:12-14   46, 67, 68, 192
3:4-10   177
3:13   196
3:15   196
4:4   233
4:11   226

Colosenses:
1:13   142
1:15-19   13
1:22   118
1:27   199
3:5-6   67, 68, 235
3:9   90
3:14   207
3:18-21   103

1 Tesalonicenses:
2:7   210
3:10   179
4:16   156
5:14   68

5:19   197
5:23-24   166, 179

2 Tesalonicenses:
1:7   15
2:8-12   65, 70, 202
2:13   41, 111, 117, 167, 180, 199
3:11   68

1 Timoteo:
1:5   208
1:10   68
1:13   64
1:19   215
2:14   52, 65
3:8   67
4:1-5   67, 103
5:14   103
6:4   68

2 Timoteo:
1:7   231, 236
2:3   220
2:21   168
2:24   210
3:2-4   67, 68, 69
3:13   68
4:1-5   68
4:10   208

Tito:
1:12   67
2:11-14   43, 118, 165, 180, 218

Hebreos:
1:2-3   13, 18
1:8   17
2:2-4   64, 68, 200, 201, 217
2:10-11   110, 199
2:14-15   40, 118

3:7-19   235
3:12-13   63, 68, 151
3:15   67
4:6, 11   64, 235
4:15   242
5:14   211
5:9   162
6:1   161
6:6   63, 67
7:25   105
8:6   113
8:10-13   65, 113, 123
10:4   121
10:10   118
10:14   118
10:26-31   15, 26, 136
11   121
11:4   84
11:6   64, 180
12:1-2   90, 148, 188, 237
12:6   27
12:10   21
12:14   189
12:15-16   68, 235
12:29   15
13:4-5   103, 235
13:12   118, 180

Santiago:
1:3   237
1:8   150
1:14   223
1:15   63, 222
1:21-26   68, 90
2:1-9   66
2:23   122
3:9   31
3:14-17   151
4:4   67, 235
4:7   227
4:8   90, 150, 168, 172

4:17   62
5:16   63

1 Pedro:
1:2   118, 168, 180, 199
1:15-16   13, 15, 45
2:1   67
2:24   118
3:4   210
4:8   63

2 Pedro:
2:1   67
2:10   67, 68
2:13   65
3:7-9   24
3:18   229, 242

1 Juan:
1:7   46, 118
1:9   65, 66, 70, 183, 221
2:1   168, 221
2:15   208, 235
3:3-4   63, 65, 118, 172
3:6-10   70, 118, 149
3:17   208
4:1   217
4:4   107
4:17-18   208
5:16-19   62, 197, 227

Apocalipsis:
2:16   159
3:15-16   69, 235
4:8   28
6:12-16   27
12:9   51
12:10-11   40
13:13   202
15:4   17
20:2   51
20:14-15   28
21:8   67

www.ingramcontent.com/pod-product-compliance
Lightning Source LLC
Chambersburg PA
CBHW051647040426
42446CB00009B/1016